TABLE ALPHABÉTIQUE

DES MATIÈRES

DU CODE CIVIL DES FRANÇAIS,

Rédigée sur l'Édition originale et seule officielle.

Précédée des Lois Transitoires, et de l'Arrêté contenant le Tableau des distances de Paris à tous les chefs-lieux des Départemens pour l'exécution des Lois.

PRIX : 3 francs. — 4 francs, *franc de port.*

A PARIS,

CHEZ RONDONNEAU, AU DÉPÔT DES LOIS,

CI-DEVANT PLACE DU CARROUSEL,

MAINTENANT HÔTEL DE BOULOGNE,

RUE SAINT-HONORÉ, N°. 75, PRÈS SAINT-ROCH.

AN XII. — 1804.

AVIS.

Deux Exemplaires de cette Table ont été déposés à la Bibliothèque nationale, pour m'assurer le droit de propriété, et chaque Exemplaire est signé par moi.

Il paraîtra dans le courant de Vendémiaire prochain, une Table alphabétique des Procès-verbaux du Conseil d'État. Le prix sera indiqué dans l'annonce de la mise en vente.

On reçoit simplement des soumissions pour cette Table.

Rondonneau

LOIS TRANSITOIRES.

LOI

RELATIVE aux Adoptions *faites avant la publication du Titre VIII du Code civil.*

Du 25 Germinal an XI.   (Bulletin des lois, n°. 271.)

AU NOM DU PEUPLE FRANÇAIS,

BONAPARTE, premier Consul, proclame loi de la République le décret suivant; rendu par le Corps législatif le 25 germinal an XI, conformément à la proposition faite par le Gouvernement le 17 germinal dernier, communiquée au Tribunat le lendemain.

DÉCRET.

ARTICLE PREMIER.

Toutes adoptions faites par actes authentiques depuis le 18 janvier 1792 (*vieux style*) jusqu'à la publication des dispositions du Code civil relatives à l'adoption, seront valables, quand elles n'auraient été accompagnées d'aucune des conditions, depuis imposées pour adopter et être adopté.

2. Pourra néanmoins celui qui aura été adopté en minorité, et qui se trouverait aujourd'hui majeur, renoncer à l'adoption dans les trois mois qui suivront la publication de la présente loi.

La même faculté pourra être exercée par tout adopté aujourd'hui mineur, dans les trois mois qui suivront sa majorité.

Dans l'un et l'autre cas, la renonciation sera faite devant l'officier de l'état civil du domicile de l'adopté, et notifiée à l'adoptant dans un autre délai de trois mois.

3. Les adoptions auxquelles l'adopté n'aura point renoncé, produiront les effets suivans :

Si ces droits ont été réglés par acte ou contrat authentique, disposition entre-vifs ou à cause de mort, faits sans lésion de légitime d'enfant, transaction ou jugement passé en force de chose jugée, il ne sera porté aucune atteinte auxdits acte, contrat, disposition, transaction ou jugement, lesquels seront exécutés selon leur forme et teneur.

4. En l'absence ou à défaut de toute espèce d'actes authentiques spécifiant ce que

CORPS LÉGISLATIF. *Du* 17 *germinal.* Exposé des motifs par BERLIER, Conseiller d'Etat.
TRIBUNAT. *Du* 22. Rapport par BOUTTEVILLE.
CORPS LÉGISLATIF. *Du* 25. Discours par GILLET, Tribun.

l'adoptant a voulu donner à l'adopté, celui-ci jouira de tous les droits accordés par le Code civil, si, dans les six mois qui suivront la publication de la présente loi, l'adoptant ne se présente devant le juge de paix de son domicile, pour y affirmer que son intention n'a pas été de conférer à l'adopté tous les droits de successibilité qui appartiendraient à un enfant légitime.

Cette faculté d'affirmer l'intention, est un droit personnel à l'adoptant, et n'appartiendra point à ses héritiers.

5. Dans le cas où l'adoptant aurait fait l'affirmation énoncée dans l'article précédent et dans le délai prescrit par cet article, les droits de l'adopté seront, quant à la successibilité, limités au tiers de ceux qui auraient appartenu à un enfant légitime.

6. S'il résultait de l'un des actes maintenus par l'article 3, que les droits de l'adopté fussent inférieurs à ceux accordés par le Code civil, ceux-ci pourront lui être conférés en entier par une nouvelle adoption dont l'instruction aura lieu conformément aux dispositions du Code, mais sans autres conditions de la part de l'adoptant, que d'être sans enfans ni descendans légitimes, d'avoir quinze ans de plus que l'adopté, et si l'adoptant est marié, d'obtenir le consentement de l'autre époux.

7. Les articles 341, 342, 343, 345 et 346 du Code civil, au titre de *l'Adoption*, sont au surplus déclarés communs à tous les individus adoptés depuis le décret du 18 janvier 1792 et autres lois y relatives.

Collationné à l'original, par nous président et secrétaires du Corps législatif, à Paris, le 25 germinal an XI de la République française. *Signé* FAULCON, *président*; F. A. TRUMEAU, HÉMART, GRAPPT, LIGNIVILLE, *secrétaires*.

SOIT la présente loi revêtue du sceau de l'Etat, insérée au Bulletin des lois, inscrite dans les registres des autorités judiciaires et administratives, et le grand-juge, ministre de la justice, chargé d'en surveiller la publication, A Saint-Cloud, le 5 floréal an XI de la République.

Signé BONAPARTE, *premier Consul.* Contre-signé, *le secrétaire d'Etat*, HUGUES B. MARET. Et scellé du sceau de l'Etat.

Vu, *le grand-juge, ministre de la justice*, signé REGNIER.

LOI

Relative aux Divorces *prononcés ou demandés avant la publication du titre VI du Code civil.*

Du 26 Germinal an XI.   (Bulletin des lois, n°. 272.)

A·U NOM DU PEUPLE FRANÇAIS,

BONAPARTE, premier Consul, proclame loi de la République le décret suivant, rendu par le Corps législatif le 26 germinal an XI, conformément à la proposition faite par le Gouvernement le 18 du même mois, communiquée au Tribunat le lendemain.

Corps législatif. Du 10 germinal. Exposé des motifs par RÉAL, Conseiller d'Etat.
Tribunat. Du 24. Rapport par SAVOYE-ROLLIN.
Corps législatif. Du 26. Discours par SAVOYE-ROLLIN.

DÉCRET.

Tous divorces prononcés par des officiers de l'état civil, ou autorisés par jugement avant la publication du titre du Code civil relatif au divorce, auront leurs effets conformément aux lois qui existaient avant cette publication.

A l'égard des demandes formées antérieurement à la même époque, elles continueront d'être instruites, les divorces seront prononcés, et auront leurs effets conformément aux lois qui existaient lors de la demande.

Collationné à l'original, par nous président et secrétaires du Corps législatif. A Paris, le 26 germinal an XI de la République française. *Signé* Faulcon, *président ;* F. A. Trimeau, Hémart, Grappe, Licniville, *secrétaires.*

Soit la présente loi revêtue du sceau de l'Etat, insérée au Bulletin des lois, inscrite dans les registres des autorités judiciaires et administratives, et le grand juge, ministre de la justice, chargé d'en surveiller la publication. A Saint-Cloud, le 6 floréal an XI de la République.

Signé Bonaparte, *premier Consul.* Contre-signé, *le secrétaire d'Etat,* Hugues B. Maret. Et scellé du sceau de l'Etat.

Vu, *le grand-juge, ministre de la justice,* signé Regnier.

LOI

Relative au mode de réglement de l'état et des droits des Enfans naturels ; *dont les pères et mères sont morts depuis la loi du 12 brumaire an II ; jusqu'à la promulgation des titres du Code civil, sur la Paternité et la Filiation, et sur les Successions.*

Du 14 Floréal an XI. (Bulletin des lois, n°. 278.)

AU NOM DU PEUPLE FRANÇAIS,

Bonaparte, premier Consul, proclame loi de la République le décret suivant, rendu par le Corps législatif le 14 floréal an XI, conformément à la proposition faite par le Gouvernement le 9 du même mois, communiquée au Tribunat le lendemain.

DÉCRET.

ARTICLE PREMIER.

L'état et les droits des enfans nés hors mariage, dont les pères et mères sont morts depuis la promulgation de la loi du 12 brumaire an II, jusqu'à la promulgation des titres du Code civil sur la *Paternité et la Filiation,* et sur les *Successions,* seront réglés de la manière prescrite par ces titres.

Corps législatif. Du 9 floréal. Exposé des motifs par Treilhard, Conseiller d'Etat.
Tribunat. Du 2. Rapport par Huguet.
Corps législatif. Du 14. Discours de Grenier, Tribun.

2. Néanmoins les dispositions entre-vifs ou testamentaires, antérieures à la promulgation des mêmes titres du Code civil, et dans lesquelles on aurait fixé les droits de ces enfans naturels, seront exécutées, sauf la réduction à la quotité disponible aux termes du Code civil, et sauf aussi un supplément, conformément à l'article 51 de la loi sur les *Successions*, dans le cas où la portion donnée ou léguée serait inférieure à la moitié de ce qui devrait revenir à l'enfant naturel, suivant la même loi.

3. Les conventions et les jugemens passés en force de chose jugée, par lesquels l'état et les droits desdits enfans naturels auraient été réglés, seront exécutés selon leur forme et teneur.

Collationné à l'original par nous président et secrétaires du Corps législatif. A Paris, le 14 floréal an XI de la République française. *Signé* Viénot-Vaublanc, *président ;* Terrasson, Borie, Mallien, Blareau, *secrétaires.*

Soit la présente loi revêtue du sceau de l'État, insérée au Bulletin des lois, inscrite dans les registres des autorités judiciaires et administratives, et le grand-juge, ministre de la justice, chargé d'en surveiller la publication. A Saint-Cloud, le 24 floréal an XI de la République,

Signé Bonaparte, *premier Consul.* Contre-signé, *le secrétaire d'État,* Hugues B. Maret. Et scellé du sceau de l'Etat.

Vu, *le grand-juge, ministre de la justice,* signé Regnier.

ARRÊTÉ

Sur le mode de délivrance des Dispenses relatives au Mariage.

Du 20 Prairial an XI.　　　　　　　(Bulletin des lois, n°. 285.)

Le Gouvernement de la République, vu les articles CXLIV, CLVII et CLXIII du premier livre du Code civil ;

Sur le rapport du grand-juge, ministre de la justice,

Le Conseil d'Etat entendu, arrête :

ARTICLE PREMIER.

Les dispenses pour se marier avant dix-huit ans révolus pour les hommes, et quinze ans révolus pour les femmes, et celles pour se marier dans les degrés prohibés par l'article CLVII du premier livre du Code civil, seront délivrées par le Gouvernement, sur le rapport du grand-juge.

2. Le commissaire du Gouvernement près le tribunal de première instance de l'arrondissement dans lequel les impétrans se proposent de célébrer le mariage, lorsqu'il s'agira de dispenses dans les degrés prohibés, ou de l'arrondissement dans lequel l'impétrant a son domicile, lorsqu'il s'agira de dispenses d'âge, mettra son avis au pied de la pétition tendante à obtenir ces dispenses, et elle sera ensuite adressée au grand-juge.

3. Les dispenses de la seconde publication de bans, dont est mention dans l'article CLXIII du même livre du Code civil, seront accordées, s'il y a lieu, au nom du Gouvernement, par son commissaire près le tribunal de première instance dans l'arrondissement duquel les impétrans se proposent de célébrer leur mariage ; et il sera rendu compte, par ce commissaire, au grand-juge, ministre de la justice, des causes graves qui auront donné lieu à chacune de ces dispenses.

4. La dispense d'une seconde publication de bans sera déposée au secrétariat de la commune où le mariage sera célébré. Le secrétaire en délivrera une expédition, dans laquelle il sera fait mention du dépôt, et qui demeurera annexée à l'acte de célébration de mariage.

5. L'arrêté du Gouvernement portant la dispense d'âge, ou celle dans les degrés prohibés, sera, à la diligence du commissaire du Gouvernement et en vertu d'ordonnance du président, enregistré au greffe du tribunal civil de l'arrondissement dans lequel le mariage sera célébré. Une expédition de cet arrêté, dans laquelle il sera fait mention de l'enregistrement, demeurera annexée à l'acte de célébration de mariage.

6. Le grand-juge, ministre de la justice, est chargé de l'exécution du présent arrêté, qui sera inséré au Bulletin des lois.

Le premier Consul, *signé* BONAPARTE. Par le premier Consul, *le secrétaire d'Etat*, signé HUGUES B. MARET.

Le grand-juge, ministre de la justice, signé REGNIER.

ARRÊTÉ

Contenant le tableau des distances de Paris à tous les chefs-lieux des départemens, évaluées en kilomètres et lieues anciennes.

Saint-Cloud, le 25 Thermidor an XI. (Bull. des lois, n°. 312.)

LE Gouvernement de la République, sur le rapport du grand-juge, ministre de la justice ;
Vu l'article 1er du Code civil ;
Le Conseil d'État entendu,

ARRÊTE :

ARTICLE PREMIER.

Le tableau ci-joint des distances de Paris à tous les chefs-lieux des départemens, évaluées en kilomètres, en myriamètres et lieues anciennes, sera inséré au Bulletin des lois, pour servir de régulateur et d'indicateur du jour, où, conformément à l'article premier du Code civil, la promulgation de chaque loi est réputée connue dans chacun des départemens de la République.

2. Le grand-juge, ministre de la justice, est chargé de l'exécution du présent arrêté, qui sera également inséré au Bulletin des lois.

Le premier Consul, signé BONAPARTE. Par le premier Consul : *le secrétaire d'État*, signé HUGUES B. MARET.

Le grand-juge, ministre de la justice, signé REGNIER.

(Suit le Tableau.)

TABLEAU

Des distances de Paris à tous les chefs-lieux des départemens, évaluées en kilomètres et lieues anciennes.

NOMS DES		DISTANCE EN		
DÉPARTEMENS.	CHEFS-LIEUX.	Kilomètres.	Myriamètres.	Lieues anciennes.
Ain	Bourg	432	43 2	86 $\frac{2}{5}$.
Aisne	Laon	127	12 7	25 $\frac{2}{5}$.
Allier	Moulins	289	28 9	57 $\frac{4}{5}$.
Alpes. (Basses)	Digne	755	75 5	151 //
Alpes. (Hautes)	Gap	665	66 5	133 //
Alpes-maritimes	Nice	960	96 //	192 //
Ardèche	Privas	606	60 6	121 $\frac{1}{5}$.
Ardennes	Mézières	234	23 4	46 $\frac{4}{5}$.
Arriége	Foix	752	75 2	150 $\frac{2}{5}$.
Aube	Troyes	159	15 9	31 $\frac{4}{5}$.
Aude	Carcassonne	765	76 5	153 //
Aveyron	Rhodez	692	69 2	138 $\frac{2}{5}$.
Bouches-du-Rhône	Marseille	813	81 3	162 $\frac{3}{5}$.
Calvados	Caen	263	26 3	52 $\frac{3}{5}$.
Cantal	Aurillac	539	53 9	107 $\frac{4}{5}$.
Charente	Angoulême	454	45 4	90 $\frac{4}{5}$.
Charente-Inférieure	Saintes	484	48 4	96 $\frac{4}{5}$.
Cher	Bourges	233	23 3	46 $\frac{3}{5}$.
Corrèze	Tulle	461	46 1	92 $\frac{1}{5}$.
Côtes-d'Or	Dijon	305	30 5	61 //
Côtes-du-Nord	Saint-Brieuc	416	41 6	83 $\frac{1}{5}$.
Creuse	Guéret	428	42 8	85 $\frac{3}{5}$.
Doire	Ivrée	821	82 1	164 $\frac{1}{5}$.
Dordogne	Périgueux	472	47 2	94 $\frac{2}{5}$.
Doubs	Besançon	396	39 6	79 $\frac{1}{5}$.
Drôme	Valence	560	56 //	112 //
Dyle	Bruxelles	305	30 5	61 //
Escaut	Gand	333	33 3	66 $\frac{3}{5}$.
Eure	Evreux	104	10 4	20 $\frac{4}{5}$.
Eure-et-Loir	Chartres	92	9 2	18 $\frac{2}{5}$.
Finistère	Quimper	623	62 3	124 $\frac{3}{5}$.
Forêts	Luxembourg	367	36 7	73 $\frac{2}{5}$.
Gard	Nîmes	702	70 2	140 $\frac{2}{5}$.
Garonne. (Haute)	Toulouse	669	66 9	133 $\frac{4}{5}$.
Gers	Auch	743	74 3	148 $\frac{3}{5}$.
Gironde	Bordeaux	573	57 3	114 $\frac{3}{5}$.
Golo	Bastia	873	87 3	174 $\frac{3}{5}$.

NOMS DES		DISTANCE EN		
DÉPARTEMENS.	CHEFS-LIEUX.	Kilomètres.	Myriamètres	lieues anciennes
Hérault	Montpellier	752	75 2	150 [illegible]
Ille-et-Vilaine	Rennes	346	34 6	68 [illegible]
Indre	Châteauroux	259	25 9	51 [illegible]
Indre-et-Loire	Tours	242	24 2	48 [illegible]
Isère	Grenoble	568	56 8	113 [illegible]
Jemmapes	Mons	244	24 4	48 4/5.
Jura	Lons-le-Saulnier	411	41 1	82 [illegible]
Landes	Mont-de-Marsan	702	70 2	140 [illegible]
Léman	Genève	514	51 4	102 [illegible]
Liamone	Ajaccio	873	87 3	174 [illegible]
Loir-et-Cher	Blois	181	18 1	36 [illegible]
Loire	Montbrison	443	44 3	88 [illegible]
Loire. (Haute)	Le Puy	505	50 5	101 //
Loire-Inférieure	Nantes	389	38 9	77 [illegible]
Loiret	Orléans	123	12 3	28 [illegible]
Lot	Cahors	558	55 8	111 [illegible]
Lot-et-Garonne	Agen	714	71 4	142 [illegible]
Lozère	Mende	566	56 6	113 [illegible]
Lys	Bruges	383	38 3	76 [illegible]
Maine-et-Loire	Angers	300	30 //	60 //
Manche	Saint-Lô	326	32 6	65 [illegible]
Marengo	Alexandrie	852	85 2	170 [illegible]
Marne	Châlons	164	16 4	32 [illegible]
Marne. (Haute)	Chaumont	247	24 7	49 [illegible]
Mayenne	Laval	281	28 1	56 [illegible]
Meurthe	Nancy	334	33 4	66 [illegible]
Meuse	Bar-sur-Ornain	251	25 1	50 [illegible]
Meuse-Inférieure	Maëstricht	448	44 8	89 [illegible]
Mont-Blanc	Chambéry	565	56 5	113 //
Mont-Tonnerre	Mayence	548	54 8	109 3/5.
Morbihan	Vannes	500	50 //	100 //
Moselle	Metz	308	30 8	61 [illegible]
Nèthes. (Deux)	Anvers	355	35 5	71 //
Nièvre	Nevers	236	23 6	47 [illegible]
Nord	Lille	236	23 6	47 [illegible]
Oise	Beauvais	88	8 8	17 3/5.
Orne	Alençon	191	19 1	38 [illegible]
Ourthe	Liége	411	41 1	82 [illegible]
Pas-de-Calais	Arras	193	19 3	38 [illegible]
Pô	Turin	763	76 3	152 [illegible]
Puy-de-Dôme	Clermont	384	38 4	76 [illegible]
Pyrénées. (Basses)	Pau	781	78 1	156 [illegible]
Pyrénées. (Hautes)	Tarbes	815	81 5	163 //
Pyrénées-orientales	Perpignan	888	88 8	177 3/5.

NOMS DES		DISTANCE EN		
DÉPARTEMENS.	CHEFS-LIEUX.	Kilomètres.	Myriamètres.	lieues anciennes.
Rhin. (Bas)	Strasbourg	464	46 4	92 4/5.
Rhin. (Haut)	Colmar	481	48 1	96 1/5.
Rhin-et-Moselle	Coblentz	597	59 7	119 2/5.
Rhône	Lyon	466	46 6	93 1/5.
Roër	Aix-la-Chapelle	457	45 7	91 2/5.
Sambre-et-Meuse	Namur	345	34 5	69 〃
Saône. (Haute)	Vesoul	354	35 4	70 4/5.
Saône-et-Loire	Mâcon	399	39 9	79 4/5.
Sarre	Trèves	410	41 〃	82 〃
Sarthe	Le Mans	211	21 1	42 1/5.
Seine	Paris	....	....	....
Seine-Inférieure	Rouen	137	13 7	27 2/5.
Seine-et Marne	Melun	46	4 6	9 1/5.
Seine-et-Oise	Versailles	21	2 1	4 1/5.
Sèvres. (Deux)	Niort	416	41 6	83 1/5.
Sesia	Verceil	836	83 6	167 1/5.
Somme	Amiens	128	12 8	25 3/5.
Stura	Coni	843	84 3	168 3/5.
Tanaro	Asti	816	81 6	163 1/5.
Tarn	Albi	657	65 7	131 2/5.
Var	Draguignan	890	89 〃	178 〃
Vaucluse	Avignon	707	70 7	141 2/5.
Vendée	Fontenay	447	44 7	89 2/5.
Vienne	Poitiers	343	34 3	68 3/5.
Vienne. (Haute)	Limoges	380	38 〃	76 〃
Vosges	Epinal	381	38 1	76 1/5.
Yonne	Auxerre	168	16 8	33 3/5.

Certifié conforme, *le secrétaire d'état*, Signé Hugues B. Maret.

Le Grand-juge, ministre de la justice, signé Regnier.

TABLE

TABLE ALPHABÉTIQUE

DES MATIÈRES

DES TROIS LIVRES

DU CODE CIVIL DES FRANÇAIS.

Les chiffres arabes indiquent les numéros des articles de l'édition originale et seule officielle.

A.

ABANDON (l') anticipé de la jouissance ne peut préjudicier aux créanciers du grevé antérieurs à cet abandon, 1053. Nature et effets de l'abandon de biens par un débiteur à ses créanciers, 1265. *Voyez Cession.*

ABEILLES. (ruches d') *Voyez Ruches.*

ABRÉVIATION , (les registres de l'état civil doivent être écrits sans) 42.

ABROGATION des coutumes et statuts locaux, 1390.

ABSENT , ABSENS. De la présomption d'absence, 112. De la déclaration, 115. Des effets de l'absence relativement aux biens que l'absent possédait au jour de sa disparition, 120. Relativement aux droits éventuels qui peuvent compéter à l'absent , 135. Relativement au mariage, 139. De la surveillance des enfans mineurs du père qui a disparu , 141.

La femme d'un absent ne peut ester en jugement ou contracter sans l'autorisation du juge, 222. Cas où un mari absent peut désavouer un enfant, 312. Où un enfant peut s'absenter de la maison paternelle , 374. L'absence d'un tuteur nécessite son remplacement , 424. Mode de l'action en partage des successions à l'égard des cohéritiers absens, 817, 819, 838 et 840.

Engagemens que peut contracter la femme en l'absence de son mari , pour l'établissement de leurs enfans , 1427. Délai dans lequel on doit demander pour les absens, la rescision pour cause de lésion. *Voyez Rescision.* Hypothèque sur les biens des absens. *Voyez Hypothèques.*

ABSTENTION de succession. Voyez *Successions.*

ABUS qui peuvent donner lieu à la cessation de l'usufruit , 618. Privilège accordé aux créances qui résultent d'abus commis par les fonctionnaires publics, 2102.

ACCEPTATION (l') par le créancier d'un effet quelconque en paiement de la dette libère la caution. Voyez *Caution.*

— *de la communauté entre époux :* règles et conditions qui y sont relatives, 1453. Effet de l'acceptation de l'un des héritiers de la femme , dans le partage de la communauté , 1475.

— *de donations entre-vifs et testamentaires :* quels en sont le caractère, les formes et les effets, 894, 932, 939 , 1085 et 1087.

ACCEPTATION (l') du mandat peut n'être que tacite, 1985.

— *de succession :* manières diverses de la faire, et ses effets, 774 , 778 et 780.

— *de transport.* Voyez *Transport.*

ACCESSION , (nature et effet du droit d') relativement aux choses immobilières , 552 et suiv. 712 ; Et aux choses mobilières , 565.

ACCESSOIRES : effet du droit d'accession relativement à l'union de deux choses dont l'une n'est qu'accessoire de celle principale , 565. La chose léguée est délivrée avec les accessoires nécessaires , 1018. En matière de vente l'obligation de livrer la chose comprend ses accessoires , 1615. Nature des accessoires d'une créance , 1692. Accessoires d'immeubles dont le débiteur peut être exproprié , 2204. Le cautionnement indéfini

s'étend à tous les accessoires. Voyez *Caution-nement.*

ACCIDENS (effets des) qui empêchent un mari de cohabiter avec sa femme , 512. De ceux qui causent la perte des choses sujettes à l'usufruit , 624. Le commencement de preuve s'applique aux obligations contractées en cas d'accidens où l'on ne pourrait avoir fait des actes, et à la suite desquels les titres seraient perdus, 1348. Accidens de force majeure arrivés aux dépôts. Voyez *Dépôts.*

ACCOMPLISSEMENT de la condition , (mode d') 1175 et suiv.

ACCOUCHEMENS : délai et formalités pour les déclarer, 55 et 56.

ACCOUCHEURS. Voyez *Officiers de santé et Sages-femmes.*

ACCROISSEMENT (l') qui se forme au fonds riverain d'un fleuve ou rivière s'appelle *alluvion*, 556. Effets et bénéfice de ce droit, *ibid.*

ACCUSATION (l') capitale jugée calomnieuse, contre un défunt dont on est héritier, rend indigne de lui succéder, 729. La mise en accusation donne lieu à la suspension de l'exécution d'un acte argué de faux, 1319.

ACHETEUR. Voyez *Acquéreur.*

A-COMPTES (le maître est cru sur son affirmation pour le paiement des) donnés sur l'année courante, 1781.

ACQUÉREURS et ACQUISITIONS : formalités à remplir par une femme mariée pour acquérir, 217. Par un tuteur qui acquiert le bien de son mineur, 450. Moyen d'écarter du partage d'une succession l'acquéreur de droits successifs, 841. Mode d'imputation des améliorations ou dégradations faites par l'acquéreur d'un immeuble aliéné par un donateur, 864. Effet des acquisitions faites pendant la communauté entre époux, 1401, 1402, 1407 et 1408. De la déclaration de remploi à l'égard d'acquisitions faites des deniers provenans de rachats ou aliénation d'immeubles personnels à l'un des époux, 1433 et suiv. Du régime dotal sur les acquisitions faites avec les deniers dotaux, 1553. Nature et effet des obligations d'un acquéreur. Voyez *Vente.* Hypothèques sur les acquisitions. Voyez *Hypothèques.*

ACQUÊTS (immeubles qui sont réputés) de communauté entre époux, 1402. Les époux peuvent stipuler que leur communauté n'embrassera que les acquêts, 1497. Effet de cette stipulation, 1498. En se soumettant au régime dotal, les époux peuvent stipuler une société d'acquêts, 1581.

ACTES authentiques et judiciaires, publics et privés ; le condamné mort civilement ne peut être témoin dans un acte authentique, 25. Mode d'exécution d'un acte qui contient, de la part des parties ou de l'une d'elles, élection de domicile pour l'exécution de ce même acte, dans un autre lieu que celui du domicile réel. 111. La femme ne peut donner, aliéner, etc. sans le concours du mari dans l'acte, 217. Ne peut passer d'acte qu'avec l'autorisation de son mari ou du tribunal, 219 et 221. Actes qui peuvent servir à établir ou contester la possession d'état d'un enfant légitime ou naturel, 322, 334. Le tuteur représente le mineur dans tous les actes civils, 450. Le mineur émancipé ne peut faire que des actes de pure administration, 481 et 482. On n'est capable de tous les actes de la vie civile qu'à l'âge de vingt-un ans, 488. Les actes passés par un interdit, sans l'assistance du conseil, sont nuls de droit, 499 et 502. Cas où ceux antérieurs à l'interdiction le sont également, 503. Actes qui peuvent être interdits aux prodigues, 513.

La qualité d'héritier prise dans un acte authentique ou privé, consacre l'acceptation expresse d'une succession, 778. Les actes purement conservatoires ne sont pas des actes d'adition d'hérédité, 779. Actes entre cohéritiers qui peuvent donner lieu à l'action en rescision, 888. Actes par lesquels le débiteur est mis en demeure, 1139. Les actes frauduleux du débiteur peuvent être attaqués par le créancier, 1167. Actes conservatoires que peut faire le créancier avant l'accomplissement de la condition, 1180.

Actes d'emprunts qui doivent se faire devant notaire, 1250. La preuve de la novation doit résulter d'un acte, 1273. La remise de l'acte sous signature privée au débiteur opère sa libération, 1282. Délai dans lequel on doit se pourvoir en nullité ou rescision contre les actes portant convention, 1304. Cas où les actes authentiques ne valent que comme écritures privées, 1318. Forme et effet des actes sous seing-privé, 1322.

Actes dans lesquels l'indication de ceux sous seing-privé assure la date de ces derniers, 1328. Effet des actes récognitifs et confirmatifs, 1337. Choses et valeurs dont il doit être passé acte devant notaire ou sous seing-privé, 1341. La preuve testimoniale n'est pas reçue contre et outre le contenu aux actes, *ibid.* Le commencement de preuve s'applique aux obligations contractées dans les cas d'accidens où l'on n'aurait pu faire des actes par écrit, et à la suite desquels les titres auraient été perdus, 1348. Effet des présomptions à l'égard des actes, 1350.

Actes prescrits pour déterminer si les dettes de la femme ne sont pas à la charge de la

communauté , 1410. Validité ou invalidité des actes du mari et de la femme en communauté , 1426 et suiv. Responsabilité du mari résultant du dépérissement des biens de sa femme occasionné par le défaut d'actes conservatoires, 1428. Forme et effets de l'acte de rétablissement de communauté entre époux séparés , 1451. Les actes conservatoires n'emportent point immixtion dans les biens de la communauté entre époux 1455 et suiv.

L'acceptation d'un transport doit se faire par acte authentique, 1690. Cas où chacun des associés peut faire tous les actes d'administration de la société, 1857. Le mandat peut être donné par acte public , 1985. Le privilège, quant au gage , n'a lieu qu'autant qu'il y a un acte public ou sous signature privée. Voyez *Gage*.

Actes d'*Offres* , de *Propriété* , de *Vente*. Voyez ces mots.

— de dernière volonté. Voyez *Donations* et *Testamens*.

— de *notoriété* , (nature , forme et effets des) pour suppléer un acte de naissance , 71 et 72. Acte de notoriété pour constater l'absence de l'ascendant auquel l'acte respectueux eût dû être fait , 155.

— *respectueux* exigés des enfans de famille qui veulent se marier, 76 et 151. Leur forme et leurs effets, 152 et suiv.

— de *simple tolérance*. Voyez *Tolérance*.

— de *violence*. Voyez *Violence*.

Actif de *la communauté entre époux*. Voyez *Contrat de mariage*.

Actions judiciaires. On peut en intenter devant les tribunaux français, contre les étrangers pour raison d'obligations contractées par eux envers des français, 14. Les étrangers qui dirigent des actions sont tenus de donner caution , s'ils ne possèdent en France des immeubles, 16. Le condamné , mort civilement , ne peut procéder en justice, que sous le nom et par le ministère d'un curateur spécial , 25. Actions en demande de rectification d'actes de l'état civil , 99.

Introduction et poursuite d'une action en demande d'une déclaration d'absence, de l'administration ou du partage des biens d'un absent, 112 et suiv. Actions relatives à une opposition au mariage, 172 et 180. Par qui, et comment, peuvent s'intenter les demandes en nullité de mariage, 180. Actions résultantes de la suppression ou altération d'actes de célébration du mariage , 198.

Les enfans n'ont point d'action contre leurs père et mère pour un établissement par mariage ou autrement , 204. La femme ne peut en intenter aucune sans l'autorisation de son mari ou

du tribunal , 215. Formalités à remplir pour intenter l'action en divorce , 229 et suiv. Dans quels cas à lieu l'action en séparation de corps, 506. Délai pour intenter une action relative au désaveu de la légitimité d'un enfant , 312 et 318. Sur quoi se fonde l'action en réclamation d'état. Elle est imprescriptible à l'égard de l'enfant , 319.

Action d'un individu nommé tuteur pour obtenir d'être dispensé de la tutelle , 438 et suiv. Action en demande de destitution d'un tuteur, 442 et suiv. Toute action relative aux droits immobiliers d'un mineur, exige l'autorisation du conseil de famille , 464. Poursuite et jugement des actions relatives au compte de la tutelle , 473 et 475. Le mineur émancipé ne peut intenter une action immobilière, ni y défendre, sans l'assistance de son curateur, 482. L'interdit et le prodigue sans l'assistance de leur conseil , 499 et 513.

Les actions tendantes à la revendication d'un immeuble, sont immeubles , 526. Action à laquelle donne lieu l'enlèvement subit , par un fleuve ou rivière, d'une portion de terrain , 559. Action résultante de l'emploi de matières à l'insu du propriétaire, 577. Contestations entre l'usufruitier et le propriétaire du fonds sujet à l'usufruit, dans lesquelles les créanciers de l'usufruitier peuvent intervenir, 613. Ce qui est prescrit aux juges relativement aux contestations qui naissent sur le cours d'eau , 645.

Actions pour forcer un héritier à prendre qualité , 797 et suiv. Action en partage d'une succession à l'égard des cohéritiers mineurs , des interdits et des absens, 817. Actions auxquelles peut donner lieu le paiement des dettes d'une succession, 870 et suiv ; La garantie des lots , 885 ; La rescision en matière de partage, 887 ; La réduction ou revendication des donations et legs, 930. L'action en demande de révocation de dons, pour cause d'ingratitude doit être formée dans l'année , 957.

Actions résultantes du défaut, ou de l'invalidité du consentement dans les contrats, 1117. Actions auxquelles donne lieu l'inexécution des obligations , 1145 et suiv. Actions des débiteurs qui peuvent être exercées par leurs créanciers, 1166. Actions résultantes de la condition résolutoire, 1184. Actions résultantes de la solidarité , 1200. Actions auxquelles donne lieu l'inexécution des obligations avec clause pénale , 1228 et suiv.

Actions qui résultent des incidens relatifs au paiement , 1238 et suiv. Actions qui ne peuvent être admises en compensation , 1293. Règles relatives à la subrogation des actions du créancier contre le débiteur, 1250. Le débiteur doit céder à son créancier les actions qui résultent de la perte de la chose due , 1303. Causes et effets

de l'action en nullité ou en rescision des conventions, 1304.

Cas où la preuve testimoniale d'une action peut ou non être admise, 1341 et suiv. Forme des diverses actions, 1345. Demandes dans lesquelles le serment d'office peut ou non être déféré, 1366. Le mari peut exercer seul les actions mobilières et possessoires de sa femme, 1428. Actions relatives au recouvrement du fonds dotal que le mari seul a droit d'exercer, 1549.

Actions que les ouvriers peuvent intenter contre le propriétaire. Voyez *Devis* et *Marchés.* Division de l'action en matière de cautionnement. Voyez *Caution.* Voyez, au surplus, les articles *Poursuite* et *Procès.*

ACTIONS en *garantie.* Voyez *Garantie.*

— *hypothécaires.* Voyez *Hypothèques.*

— en *répétition.* Voyez *Répétition.*

— en *retranchement.* Voyez *Retranchement.*

— (transport d') Voyez *Transport.*

— dans les compagnies de finance sont de nature mobilière, 529.

— d'éclat qui donnent lieu à l'adoption, 345. Voyez *Adoption.*

ADITION d'hérédité. Voyez *Actes.*

ADJUDICATION. Voyez *Hypothèques.*

ADMINISTRATEUR : il peut en être nommé un provisoire au défendeur en interdiction pour prendre soin de sa personne et de ses biens, 497 et 505. Les fonctions d'administrateur qui ne peuvent être refusées sont un engagement involontaire, 1370. Les administrateurs ne peuvent se rendre adjudicataires des biens confiés à leurs soins, 1596. Dépôt fait par un administrateur. Voyez *Dépôt.*

ADMINISTRATEURS d'établissemens publics (les) sont tenus de faire transcrire au bureau des hypothèques les donations faites au profit de ces établissemens, 940.

ADMINISTRATEURS des biens des absens et des mineurs. Voyez *Absens, Mineurs* et *Tutelle.*

ADMINISTRATION (forme d') des biens qui n'appartiennent point à des particuliers, 537.

— des domaines. Voyez *Domaines.*

— de l'héritier bénéficiaire. Voyez *Bénéfice d'inventaire.*

— des affaires d'autrui. Voyez *Gestion.*

ADOPTION et tutelle officieuse : de l'adoption et de ses effets, 343. Des formalités à remplir pour adopter, 353. De la tutelle officieuse, 361. Loi transitoire relative aux adoptions faites depuis le 18 janvier 1792 jusqu'à la publication du Code civil. *Voyez ci-dessus, page 3.*

ADULTÈRE (l') est un motif de divorce, 229 et 250. L'époux coupable ne peut se marier avec son complice, 298. Effets de la condamnation par rapport à la femme, 299 et 308. Enfant désavoué pour cause d'adultère, 513.

ADULTÉRINS (les enfans) ne peuvent être reconnus ni légitimés : la loi ne leur accorde que des alimens, 331, 335, 342 et 762.

AFFICHES des jugemens qui admettent l'adoption, 358. Pour la vente des biens des mineurs, 452 et 459. Pour l'envoi en possession des successions dévolues au conjoint survivant, et à la République, 770. Pour la vente d'effets d'une succession susceptibles de dépérissement, 796. Pour la vente des meubles d'une succession bénéficiaire, 805.

Lieux où doit se faire l'affiche de la séparation de biens, 1445. Affiche qui doit avoir lieu de l'acte de rétablissement de communauté entre époux séparés, 1451. Cas où l'immeuble dotal peut être aliéné après trois affiches, 1558. Énonciation qui doit avoir lieu dans les affiches en matière d'hypothèques, 2187.

AFFIRMATION (forme de l') de l'inventaire auquel est obligé de faire procéder la femme survivante qui veut renoncer à la communauté, 1456.

AFFILIATION à une corporation étrangère qui exige des distinctions de naissance, fait perdre la qualité de Français, 17.

AGE. Les actes de l'état civil doivent l'énoncer, 34. Age requis pour contracter mariage, 144 et 148. Le Gouvernement peut accorder des dispenses, 145. Cas où le défaut d'âge requis n'entraîne point la nullité du mariage, 185. Age requis pour divorce par consentement mutuel, 275 et 277. Pour l'adoption, 343, 361 et 364. Pour refuser la tutelle ou pour s'en faire décharger, 433. La majorité est fixée à vingt-un ans accomplis, 488. L'usufruit accordé jusqu'à ce qu'un tiers ait atteint un âge fixe, dure jusqu'à cet âge, 620.

La présomption de survie, pour ceux qui périssent ensemble, est déterminée par l'âge, 720 et suiv. Age auquel le mineur peut disposer par donation ou testament, 903 et suiv. Influence de l'âge pour déterminer la violence commise envers les parties contractantes, 1112.

AGENS DIPLOMATIQUES français, valident les actes de l'état civil qu'ils ont reçus, 48. Dans quels cas ils sont dispensés des fonctions de tuteur, ou peuvent s'en faire décharger, 428 et suiv.

AGRÉMENT. (dépenses d') Voyez *Dépenses.*

AGRICULTURE : dispositions relatives aux cours d'eau et aux irrigations, 644 et 645.

AÏEULS paternel et maternels. Voyez *Ascendans.*

AÎNESSE. (droit d') Voyez *Primogéniture.*

ALAMBICS : cas où ils sont immeubles, 524.

ALÉATOIRE : (contrat) ce qui le constitue, 1106.

ALIÉNATION : ne peut avoir lieu celle des biens d'un absent, 128. Autorisation nécessaire à la femme mariée pour aliéner, 217. Nullité des aliénations faites pendant l'action en divorce, 271. Formalités prescrites pour l'aliénation des biens du mineur, 457 et suiv. Du mineur émancipé, 484. L'interdit ni le prodigue ne peuvent aliéner sans l'assistance d'un conseil, 499 et 513. Forme d'aliénation des biens qui n'appartiennent pas à des particuliers, 537.

Les terrains des places de guerre non aliénés, appartiennent à la nation, 541. Aliénation qu'a droit de faire l'usufruitier, 595. L'aliénation de droits successifs emporte acceptation de la succession, 780. On ne peut aliéner ses droits à la succession d'un homme vivant, 791. Aliénations par un donataire, 952, 958 et suiv. Effets de l'aliénation faite par un testateur de tout ou partie d'une chose léguée, 1038. Pour payer valablement il faut être capable d'aliéner, 1238.

Aliénation que peut ou non faire le mari, des biens de la communauté, 1421 et suiv. Aliénations permises à la femme séparée de corps et de biens, 1449. Immeubles ameublis que le mari peut ou non aliéner, 1507 et 1508. Cas où l'aliénation des immeubles dotaux peut ou non avoir lieu, 1535, 1538, 1554 et suiv. La femme ne peut aliéner ses biens paraphernaux, 1576. Le mandat doit être exprès, lorsqu'il s'agit d'aliénation, 1988. Voyez *Immeubles* et *Vente.*

ALIMENS, (les condamnés, morts civilement, ne peuvent recevoir par donation ou par testament, que pour cause d') 25. Les pères, les mères, les enfans, les gendres, les belles-filles, les époux se doivent réciproquement des alimens, 205 et 214. Même obligation pour l'adoptant et l'adopté, 349. Pour le tuteur officieux envers son pupille, 364 et 367. Le père qui fait détenir son fils est tenu de lui fournir des alimens convenables, 378. Une des charges de la jouissance des biens d'un mineur est de le nourrir, 385.

Les enfans adultérins et incestueux n'ont droit qu'à des alimens, 762 et suiv. Le refus d'alimens par le donataire au donateur, est une cause de révocation de la donation, 955. Les arrérages d'une rente viagère ou pension léguée à titre d'alimens, courent du jour du décès, 1015. La compensation ne peut avoir lieu avec une dette qui a pour cause des alimens déclarés insaisissables, 1293. Les alimens des époux font partie des dettes de la communauté, 1409.

L'immeuble dotal peut être aliéné pour fournir des alimens à la famille, 1558. Cas où la femme peut se faire fournir pendant l'année du deuil, des alimens aux dépens des héritiers de son mari, 1570. Voyez *Nourriture* et *Pension alimentaire.*

ALLÉGATION d'impuissance. Voyez *Impuissance.*

ALLIÉS et parens. Voyez *Parens.*

ALLUVION dont l'usufruitier a droit de jouir, 596. Voyez *Fleuves.*

ALTÉRATION des actes de l'état civil, (peine contre les auteurs d') 52.

ALTERNATIVES, (obligations) Voyez *Contrat.*

AMALGAME de matières. Voyez *Matières.*

AMBASSADEURS. Voyez *Agens diplomatiques.*

AMBIGU. (pacte) Voyez *Pacte.*

AMBIGUITÉ (interprétation de l') dans les conventions, 1159.

AMÉLIORATIONS (l'usufruitier ne peut prétendre à une indemnité pour raison d') 599. Récompense due à l'un des époux lorsqu'il a été pris une somme sur leur communauté, pour l'amélioration des biens de l'autre époux, 1457. Voyez *Impenses, Louage, Réparations* et *Vente.*

AMÉNAGEMENT auquel doit se conformer l'usufruitier à l'occasion des bois compris dans l'usufruit, 590.

AMENDES. Il en est encouru par les contrevenans aux dispositions prescrites par la loi relative aux actes de l'état civil, 50, 54 et 156. Par l'officier de l'état civil qui célèbre le mariage avant la remise de la main-levée des oppositions, 68. Par le même officier public, et par les personnes qui auront contrevenu aux dispositions prescrites pour les publications, dispenses et formalités relatives au mariage, 192 et 193. Par les personnes appelées à composer un conseil de famille, et qui ne comparaissent pas, 413. Biens sur lesquels les amendes encourues par le mari ou la femme peuvent se poursuivre, 1424. Cas où le conservateur des hypothèques encourt l'amende, 2203.

AMEUBLISSEMENT (clause d') des immeubles dans la communauté des époux, 1497 et 1505.

AMIS : deux assistent les époux qui demandent le divorce par consentement mutuel, 286 et 287. Ils remplacent les parens et alliés dans la composition d'un conseil de famille, 409 et 413.

ANIMAUX (cas où les) servant à l'exploitation, sont immeubles, 522 et 524. Ceux donnés à cheptel à d'autres qu'au fermier ou métayer sont meubles, 522. Les animaux sont meubles par leur nature, 528. Le croit des animaux appartient au propriétaire par droit d'accession, 547.

Le produit et le croît des animaux sont des fruits naturels dont l'usufruitier a droit de jouir, 583. Cas où l'usufruitier est ou non responsable de la perte des animaux compris dans l'usufruit, 615. Responsabilité du propriétaire à l'égard du dommage causé par ses animaux, 1385. Le preneur profite seul du travail des animaux donnés à cheptel, 1811. Voyez *Cheptel.*

ANNULLATION. Voyez *Nullité.*

ANTICHRÈSE : elle ne s'établit que par écrit : faculté que le créancier acquiert par ce contrat, 2085. Obligations du créancier quant à l'immeuble qu'il a reçu en antichrèse, 2086. Cas où il peut contraindre le débiteur à reprendre la jouissance de son immeuble, 2087. Cas où le débiteur ne peut réclamer la jouissance de l'immeuble qu'il a remis en antichrèse, 2087. Dans quel cas le créancier peut poursuivre l'expropriation de son débiteur, 2088. Comment s'exécute la convention faite entre les parties que les fruits se compenseront avec les intérêts, 2089. Comment le créancier exerce les privilèges et hypothèques qu'il a d'ailleurs sur le fonds reçu en antichrèse, 2091.

ANTICIPATION (paiemens faits par) en matière de bail. Voyez *Baux.*

APOTHICAIRES (les) sont créanciers privilégiés, 2101. Leur action pour le paiement de leurs médicamens se prescrit par un an, 2272.

APPARTEMENS (meubles et ornemens d') considérés comme meubles meublans, 534. Bail et glaces d'appartement. Voyez *Bail* et *Glaces.*

APPEL (l') est réservé sur tout jugement portant rectification d'un acte de l'état civil, 99. Prononçant la main-levée d'oppositions au mariage, 178. Admettant le divorce, 262, 263, 291, 292 et 293. Consacrant une adoption, 357. Statuant sur la destitution de tutelle, 448. La prescription peut être opposée devant le tribunal d'appel, 2224. Cas où l'appel ne suspend pas la contrainte par corps. Voyez *Contrainte par corps.* Voyez aussi l'article *Tribunaux.*

APPLICATION des lois. Voyez *Lois.*

APPORTS (les époux peuvent stipuler qu'en cas de renonciation, la femme reprendra ses) francs et quittes, 1497 et 1514. Mode de prélèvement des apports des époux lors du partage de la communauté qui est réduite aux acquêts, 1498. Mode de justification des apports dans la communauté d'où le mobilier est exclu en tout ou partie, 1501 et 1502. Cas où les apports mobiliers de la femme ne peuvent être repris que déduction faite de ses dettes personnelles, 1514.

APPORT d'un associé. Lorsque la société en

est évincée, l'associé en est garant envers elle, 1845.

APPOSITION de scellés. Voyez *Scellés.*

APPRENTIS, (responsabilité des artisans à l'égard du dommage causé par leurs) 1384.

APPRENTISSAGE (frais d') ne sont point sujets à rapport, 852.

APPROBATION (l') d'un contrat empêche qu'il ne soit par suite attaqué pour cause de violence, 1115. Forme de l'approbation à donner aux billets ou promesses sous seing-privé, 1326.

AQUEDUCS : sont du nombre des servitudes apparentes, 689.

ARBITRAGE en matière de vente. Voyez *Vente.*

ARBRES, (les coupes de bois ne sont meubles qu'au fur et à mesure de l'abattage des) 521.

ARBRES dont peut jouir et que doit remplacer l'usufruitier, 590 et suiv. Règles sur leur plantation, 671 et suiv. Voyez *Bois* et *Fruits.*

ARCHITECTES : cas où ils sont créanciers privilégiés 2103. Comment ils conservent leurs privilèges, 2110. Voyez *Devis* et *Marchés.*

ARCHIVES de la guerre. Voyez *Ministres.*

ARGENT (l') comptant n'est pas compris dans l'expression *Meubles*, 533. La vente d'une maison avec tout ce qui s'y trouve, ne comprend pas l'argent comptant, 556. Argent dont l'usufruitier a droit de se servir, 587. Mode du rapport de l'argent dans une succession, 869. Dettes avec lesquelles les sommes en argent peuvent se compenser, 1291. Chaque associé doit apporter dans la société de l'argent, 1833. Voyez *Capitaux.*

ARMÉES de terre et de mer. Formes à observer pour les actes de naissance, de mariage, et de décès des militaires et des marins, 59 et suiv. 80 et suiv. 87 et suiv. Pour leurs testamens, 981 et suiv. Les militaires en activité de service sont dispensés de la tutelle, 428. Les frais d'équipement ne sont point sujets à rapport dans les successions, 852.

ARMES (port d') contre la patrie fait perdre la qualité de français, 21. Les armes ne sont point comprises dans le mot *meuble*, 533.

ARRÉRAGES (les) de rentes sont des fruits civils, 584. Arrérages de rentes dont doit jouir l'usufruitier, 588. Intérêts auxquels les arrérages des rentes peuvent donner lieu, 1155. Cas où le créancier perd la solidarité pour les arrérages échus, 1212. Imputation qui se fait des arrérages, 1254. Les arrérages doivent être compris dans les offres du capital, 1258. Arrérages qui entrent dans la communauté entre époux, 1401. Les arrérages font partie des dettes de cette communauté, 1409. Cas où

la

la clause de séparation de dettes dans le contrat de mariage n'empêche pas la communauté des époux d'être chargée des arrérages qui ont couru depuis le mariage ; 1512. Les arrérages de rentes se prescrivent par cinq ans , 2277. Arrérages en matière d'hypothèque. Voyez *Hypothèques* et *Rentes.*

ARRESTATION d'un fils de famille requise par le père , 375.

ARTIFICE (l') employé pour attirer les pigeons , lapins et poissons, dans un autre colombier , garenne ou étang, empêche d'en conserver la propriété, 564.

ARTISANS : droit qu'a le propriétaire de réclamer de l'artisan, en lui payant sa main-d'œuvre , la chose qu'il a formée avec une matière qui ne lui appartenait pas, 570 et 572. Exception, 571. Effet des engagemens du mineur artisan , 1308. Forme des billets ou promesses des artisans , 1326. Responsabilité des artisans à l'égard du dommage causé par leurs apprentis , 1384.

ART MÉCANIQUE, appris par un enfant adultérin , le dispense de faire aucune réclamation dans la succession de ses père et mère , 764.

ARTS ET MÉTIERS, (instrumens d') ne sont pas compris dans le mot *meuble*, 533.

ARATOIRES. (instrumens et ustensiles) Voyez *Instrumens et ustensiles.*

ARRHES en matière de vente et de louage. Voyez *Vente* et *Louage.*

ARROSEMENS. Voyez *Eaux.*

ASCENDANS (les) les plus proches ont la surveillance des enfans d'un absent , 142. Les aïeuls et aïeules remplacent les pères et mères pour le consentement requis relativement au mariage , 150. En ligne directe le mariage est prohibé entre les ascendans et les descendans , 161. Un ascendant n'est point tenu de motiver son acte d'opposition à un mariage, 176. N'est point condamné à des dommages-intérêts pour raison de cette opposition , 179. Peut attaquer en nullité un mariage fait sans son consentement, 182.

Les ascendans doivent des alimens à leurs descendans, et réciproquement , 205. Leur autorisation est nécessaire pour un divorce par consentement mutuel , 278, 283, 285 et 289. Ils ont de droit la tutelle des enfans qui n'ont ni père ni mère , 402 et suiv. L'ascendant , chargé de la tutelle d'un interdit, ne peut s'en décharger au bout de dix ans , 508. Toute succession échue à des ascendans se divise en deux parts égales, 733, 736 et 746.

Le mineur peut disposer en faveur d'un ascendant qui est ou qui a été son tuteur , 907. Portion de biens réservée au profit des ascen-

dans, dont on ne peut disposer par donation ou testament, 915 et suiv. Ils peuvent accepter les dons et legs faits à leurs descendans mineurs, 935. Mode du partage fait par les ascendans entre leurs descendans , 1075.

Nullité du contrat si la violence a été exercée par les ascendans sur les descendans , 1115. Cas où les ascendans sont garans , envers l'un des époux , des dettes qu'il a acquittées à la charge de l'autre , 1513. Formalités à remplir en cas d'absence de l'ascendant auquel l'acte respectueux eût dû être notifié , 155.

ASSASSINAT (le condamné pour) d'un défunt dont il hérite , et l'héritier majeur qui en est instruit , et ne l'a point dénoncé, sont indignes de succéder , 727.

ASSEMBLÉE de famille. Voyez *Conseil de Famille.*

ASSISTANCE, (les époux se doivent mutuellement) 212.

ASSOCIATION faite sans fraude entre le défunt et l'un de héritiers ne donne pas lieu à rapport, 854.

ASSOCIÉ, (actions et intérêts des Compagnies de finance et de commerce qui sont réputées meubles à l'égard de chaque) 529. Cas où la société est censée faite pour la vie des associés, 1844. Voyez *Société.*

ASSURANCE. Voyez *Contrat d'assurance.*

ATRE, (obligation de celui qui veut construire un) 674. Sont réparations locatives celles qu'il exige , 1754.

ATTERRISSEMENS (les) qui se forment aux fonds riverains d'un fleuve s'appellent *Alluvion*, 556. Effet et bénéfice de ce droit *ibid.* Atterrissemens qui appartiennent à la nation ou aux propriétaires riverains, 560. Voyez *Fleuves*

AUBERGISTES sont censés dépositaires des objets qui leur sont confiés , 1952. Leurs fournitures sont créances privilégiées, 2102. Voyez *Hôtelleries.*

AUDIENCE PUBLIQUE. (jugemens rendus en) Voyez *Tribunaux.*

AUDITOIRE : (salle de l') les jugemens d'interdiction y sont affichés, 501.

AUGMENTATION DE PRIX. Les architectes et entrepreneurs n'en peuvent demander sous aucun prétexte. Voyez *Devis* et *Marchés.*

AUTHENTIQUES. (actes et titres) Voyez *Actes* et *Titres.*

AUTEUR, (pour compléter la prescription , on peut joindre à la possession celle de son) 2235.

AUTORISATION nécessaire à la femme pour

ester en jugement , 215 et 223. Aux administrateurs des hospices pour accepter un don , 937. Autorisation prescrite pour toucher un paiement , 1289. Actes que la femme ne peut faire sans autorisation , tels qu'aliénation de biens paraphernaux , hypothèques , etc. 1427, 1449, 1450, 1535, 1538, 1555 et suiv.

AUTORITÉ de justice. (l'action en rescision ne peut être admise pour les ventes qui ne peuvent être faites que par) Voyez *Rescision.*

AUTORITÉ paternelle. Voyez *Puissance paternelle.*

AUTORITÉS PUBLIQUES (membres des) qui sont dispensés de la tutelle , 427.

AUTRUI , (le legs est nul si on a légué la chose d') 1021. La chose d'autrui ne peut être vendue. Voyez *Vente.*

AVANCEMENT d'hoirie (l') de l'enfant d'un interdit est réglé par le conseil de famille , 511. Voyez *Dot.*

AVANCES et frais faits par un mandataire. Voyez *Mandant.*

AVANTAGES qui sont ou ne sont pas sujets à rapport , 852. Qui peuvent être attaqués pour cause de lésion , 1079.

AVANTAGES matrimoniaux (les) sont perdus pour l'époux contre qui le divorce est prononcé , 299. Voyez *Contrat de Mariage* et *Préciput.*

AVEU ET DÉSAVEU : obligation de la part de celui auquel on oppose un acte sous seing-privé , de l'avouer ou de le désavouer , 1323. Effets du désaveu , 1324. Nature et effet de l'aveu des parties , 1354.

AVOUÉS ne peuvent devenir cessionnaires des procès de la compétence de leur tribunal , 1597. Sont contraignables par corps pour la restitution des titres et deniers à eux confiés , 2060. Cas où leur action pour le paiement de leurs frais et salaire se prescrit par deux ou par cinq ans , 2273. Ils sont déchargés des pièces cinq ans après le jugement du procès , 2276.

AYANS CAUSE , (l'acte authentique fait foi entre les parties contractantes et leurs) 1319. Effets des actes sous seing-privé à l'égard des ayans cause des parties contractantes , 1322 et suiv. Cas où ils ne peuvent opposer les nullités d'une donation , 1340. Effet du serment décisoire à l'égard des ayans cause, 1365. Règles et conditions relatives à leur acceptation de la communauté entre époux , et à la renonciation qu'ils peuvent y faire , 1453 et suiv. Voyez *Héritiers.*

B.

BACS (les) sont meubles , 531. Forme de leur saisie , *ibid.*

BAIL , (la contrainte par corps peut être stipulée dans un) 2062. Voyez *Baux* , *Cheptel* , *Fermage* , *Loyer.*

BAILLEUR. Voyez *Baux.*

BAINS sur bateaux sont meubles, 531. Forme de leur saisie , *ibid.*

BALCONS ayant vue sur l'héritage voisin , 678 et 680.

BANQUEROUTE. Voyez *Cession de biens* et *Faillite.*

BANQUIER , (effet des engagemens du mineur) 1308. Formalité de la séparation de biens de la femme d'un banquier , 1445.

BATEAUX sont meubles : forme de leur saisie , 531.

BATIMENS sont immeubles , 518. Effets de la destruction d'un bâtiment sujet à l'usufruit , 624. Responsabilité des propriétaires lorsqu'un bâtiment tombe en ruine , 1386. Voyez *Construction.*

BATIMENS de mer , (naissance sur les) 59. Effets de l'hypothèque sur ces bâtimens. Voyez *Hypothèques.*

BAUX : formalités qu'exigent ceux des biens des mineurs , 450 et 481. Fruits civils sont le prix des baux à ferme , 584. Baux que l'usufruitier a droit de faire , et caution exigée de lui , 595 et 602. Durée et effet des baux que le mari peut faire des biens de sa femme , 1429 et 1430. Formalités exigées pour les baux des biens nationaux, de communes et établissemens publics , 1712. Les baux s'étendent à toutes sortes de meubles et immeubles , et sont écrits ou verbaux, 1713 et 1714. Si le bail verbal est nié , la preuve testimoniale n'est pas reçue , malgré les *arrhes* données. A qui, dans ce cas, doit être déféré le serment , 1715 et 1716. Frais d'expertise dans le cas d'estimation de prix du bail non écrit , *ibid.*

Cas où le preneur a le droit de sous-louer , et même de céder son bail à un autre , 1717. Comment se font les baux des biens des mineurs , 1718. Obligations réciproques du bailleur et du preneur , 1719 et 1720. Le bailleur doit garantie au preneur pour tous les vices et défauts de la chose louée, et même des indemnités pour pertes qui en résultent , 1721. Dans les cas où le bail est résilié de plein droit , il n'y a aucun dédommagement , 1722.

Le bailleur ne peut changer la forme de la chose louée, 1723. Effet des diverses espèces de réparations relativement au preneur ; quelles sont

celles urgentes qui peuvent opérer soit la résiliation du bail, soit la diminution du prix, 1724. Effets du trouble apporté à la jouissance d'un locataire ou d'un fermier, 1725, 1726 et 1727. Obligations du preneur cité en justice, pour se voir condamner au délaissement ou à des servitudes, 1727. Principales obligations du preneur, 1728.

Cas où le bailleur peut faire résilier le bail, 1729. Comment le preneur doit rendre la chose louée, soit qu'il y ait un état des lieux, soit qu'il n'y en ait pas, 1730 et 1731. Responsabilité du preneur en cas de dégradations ou de pertes arrivées pendant sa jouissance, 1732 et 1733. Cas où il répond de l'incendie ainsi que les locataires : exception, 1733 et 1734. Formalités à observer pour les congés, 1736. Quand cesse le bail écrit, 1737. Ce qui s'opère, lorsqu'à l'expiration des baux écrits, le preneur est laissé en possession, 1738.

Cas où le preneur ne peut invoquer la tacite réconduction, 1739; Où la caution donnée pour le bail ne s'étend pas aux obligations résultant de la prolongation, 1740. Le contrat de louage n'est point résolu par la mort du bailleur, ni par celle du preneur, 1741 et 1742. Règles particulières pour l'éviction, indemnités, dommages et intérêts pour les biens ruraux, manufactures, usines et grands établissemens, 1743 et suiv. 1759.

A quelle époque l'acquéreur à pacte de rachat peut user de la faculté d'éviction, 1751. Elle peut avoir lieu dans le cas où la maison n'est pas garnie de meubles suffisans, 1752. Obligations du sous-locataire envers le propriétaire dans le cas de saisie, 1753. A la charge de qui sont les réparations locatives, le curement des puits, des fosses d'aisance, etc. 1754 et suiv. Du bail des meubles fournis pour garnir une maison, ou d'un appartement meublé, 1757 et 1758.

Cas où le locataire paie le prix du bail jusqu'à la relocation, 1760. Obligations du bailleur dans le cas où il vient occuper la maison, 1761 et 1762. Obligations de celui qui cultive sous la condition d'un partage de fruits, 1763. Cas où le propriétaire a droit de rentrer en jouissance, 1764. Augmentation ou diminution de prix pour le fermier, pour excédant ou défaut de contenance, 1765.

Cas où le bailleur d'un héritage rural peut faire résilier le bail, 1766. Obligations du preneur d'engranger dans les lieux à ce destinés d'après le bail; et d'avertir le propriétaire, des usurpations commises sur les fonds, 1767 et 1768. Cas où le fermier a droit à une remise du prix de la location pour perte de récolte par cas fortuits, 1769 et suiv.

Le preneur peut être chargé des cas fortuits ordinaires, tels que grêle, feu du ciel, gelée

ou coulure, et non des cas fortuits extraordinaires, tels que les ravages de la guerre, inondation, 1772 et 1773. Durée d'un bail non écrit d'un fonds rural, 1774 et suiv. Obligations réciproques du fermier sortant, et de celui qui lui succède dans la culture, 1777 et 1778.

BEAU-PÈRE ET BELLE-MÈRE. Voyez *Gendres, Pères* et *Mères.*

BÉNÉFICE de division : le débiteur solidaire ne peut l'opposer au créancier, 1204. Voyez *Division* et *Exceptions.*

BÉNÉFICE d'inventaire, (le tuteur ne peut accepter une succession que sous) 461. La déclaration d'accepter sous bénéfice d'inventaire se fait au tribunal de première instance, 774, 782 et 793. Formalités à observer pour que cette déclaration ait son effet, 793, 794 et suiv. Délais de rigueur pour faire inventaire, et formalités de la vente, 796 et suiv. L'héritier coupable de recélé, ou d'omission volontaire, est déchu du bénéfice d'inventaire, 801. L'effet de ce bénéfice est la dispense du paiement des dettes de la succession, 802. Obligations de l'héritier bénéficiaire relativement à l'administration des biens de la succession, 803. Formalités qu'il a à remplir dans le cas de vente des meubles et immeubles relativement à son cautionnement et au paiement des créanciers, 805 et suiv.

BÉNÉFICES, (est nulle la convention qui donne à l'un des associés la totalité des) 1855.

BÉNÉFICIAIRE. (héritier) Voyez *Bénéfice d'inventaire* et *Héritier.*

BESOIN (pupille dans le) a action contre son tuteur officieux, 369.

BESOINS, (fruits que l'usager peut exiger pour ses) et ceux de sa famille, 630.

BESTIAUX (les) servant à faire valoir les terres, sont censés compris dans les donations : le grevé de restitution est tenu de les faire priser, 1064. Le bail d'un bien rural peut être résilié, si ce bien n'est pas garni des bestiaux nécessaires à son exploitation, 1766. Voyez *Animaux.*

BIENFAISANCE : (contrat de) son espèce, 1105.

BIENS (les) sont meubles ou immeubles : énumération des diverses espèces, 516 et suiv. et 535. La propriété s'acquiert et se transmet par succession, par donation entre-vifs ou testamentaire, 711. Voyez *Donations, Successions* et *Testamens.*

— des absens. Voyez *Absens.*

— communaux : leur nature, 542. Voyez *Communes.*

— des communes, (baux des) Voyez *Baux.*

— des condamnés. Voyez. *Condamnés.*

— des établissemens publics : réglemens relatifs aux baux de ces biens, 1712.

BIENS des mineurs. Voyez *Minorité* et *Tutelle.*

— nationaux. Voyez *Baux* et *Domaines nationaux.*

— paraphernaux : leur nature et mode de leur administration, 1574.

— présens, (sociétés de tous) Voyez *Société*

— ruraux (effet des baux faits par le mari des) de sa femme, 1430. Voyez *Biens ruraux.*

BIENS (séparation de) Voyez *Séparation.*

— vacans et sans maîtres font partie du domaine public, 539.

BILATÉRAL : (contrat) ce qui le constitue, 1102.

BILLETS sous seing-privé : leur forme et leur effet, 1326.

BISAÏEUL et bisaïeule. Voyez *Ascendans.*

BLANC. En matière d'hypothèques il ne doit pas y en avoir dans les mentions de dépôt, 2203.

BLOC. (vente en) Voyez *Vente.*

Bois et forêts (jouissance et obligations de l'usufruitier relativement aux) compris dans l'usufruit, 590 et suiv. L'usage des bois et forêts est réglé par des lois particulières, 636. Voyez *Coupes de Bois.*

BOISERIE, (lorsque le parquet des glaces fait corps avec la) elles sont immeubles, 525.

BONNE foi (mariage déclaré nul, mais contracté de) produit les effets civils, 201 et 202. Effets de la bonne foi sur la jouissance de la propriété d'autrui, 549 et 555. Cas où il y a bonne foi, 550. Les conventions doivent être exécutées de bonne foi, 1134. La bonne foi est requise pour garder la chose mobilière vendue successivement à deux personnes, et dont l'une d'elles se trouve en possession, 1141.

Effet des paiemens faits de bonne foi, 1240. Cas où les débiteurs malheureux et de bonne foi peuvent abandonner leur bien à leurs créanciers, 1268. Effet de la bonne foi à l'égard de la vente d'une chose reçue, et qui n'était pas due, 1380.

BONNES MŒURS, (la cause des contrats est illicite quand elle est contraire aux) 1133. Nullité des actes qui sont dans ce cas, 1172 et 1387. Voyez *Mœurs.*

BON PÈRE DE FAMILLE, (le tuteur administre les biens du mineur en) 450. L'usufruitier doit

donner caution de jouir en bon père de famille 601. Pareille obligation pour celui qui jouit de droits d'usage et d'habitation, 627. Pour la conservation de la chose qui est l'objet d'une convention, 1137. Pour la gestion des affaires d'autrui, 1374.

BORDEREAUX d'inscription : leur teneur et leur forme, 2148. En matière d'hypothèque comment ils doivent être inscrits, 2200.

BORD des Fleuves et Rivières. Voyez ces mots

BORNAGE (faculté qu'a le propriétaire d'obliger son voisin au) 646.

BOUCHERS (les) sont créanciers privilégiés 2101.

BOULANGERS (les) sont créanciers privilégiés 2101.

BOUTIQUE. (bail d'une) Voyez *Baux.*

BRANCHES des arbres : celui sur la propriété duquel elles avancent, peut contraindre le propriétaire à les couper, 672.

BRANCHES d'une famille : de quelle manière s'opère le partage d'une succession à laquelle elles sont appelées, 743.

C.

CAPACITÉ des donations, des legs et des testamens, 925, 987 et 1035. Voyez ces mots en particulier.

CALCUL (erreur de) Voyez *Erreur.*

CALOMNIEUSE (accusation) intentée contre un défunt, rend indigne de lui succéder, 727

CAMPAGNES, (testamens rédigés dans les) 974. Voyez *Testamens.*

CAPACITÉ de disposer ou de recevoir par donation entre vifs, ou par testament, 901 N'ont pas cette capacité pleine et entière les mineurs, les femmes mariées, les enfans naturels, les docteurs en médecine ou en chirurgie les officiers de santé, les pharmaciens qui ont traité une personne pendant sa dernière maladie et les ministres du culte, 903.

Les hospices, les pauvres d'une commune, et les établissemens publics ne peuvent accepter de donation qu'en vertu d'une autorisation du Gouvernement, 910. Nullité d'une disposition en faveur d'un incapable sous la forme d'un contrat onéreux, 911. Sous le nom de personnes interposées en faveur d'un étranger qui ne peut pas disposer en faveur d'un Français, 912.

Capacité exigée pour la validité des conventions et obligations, 1108 et suiv. Causes et effets de l'incapacité de contracter, 1125 et suiv Celle requise pour opérer l'extinction de la dette

ar le paiement, 1238 et suiv. Pour la validité es offres, 1258. La novation ne peut s'opérer qu'entre personnes capables de contracter, 1272. Causes et effets de l'action en nullité ou rescision es con...ations des incapables, 1304.

CAPITAINES commandans de corps de troupes t de vaisseaux; leurs fonctions relativement à la rédaction des actes de l'état civil, et à la éception des testamens, 89 et suiv. et 981.

CAPITAL. (Forme de l'imputation sur le) les intérêts, 1254. Quels sont les intérêts que l'emprunteur ne peut imputer sur le capital, 906.

CAPITAL d'une créance en matière de gage. Voyez Gage. D'une rente. Voyez Rente. Voyez aussi le mot Vente.

CAPITAUX (restitution des) indûment reçus, 578. Le mari seul a le droit de recevoir le remboursement de ceux du fonds dotal, 1549. Voyez les articles Dettes et Intérêts.

CAPITAUX mobiliers, (le mineur émancipé, l'interdit et le prodigue ne peuvent recevoir et donner décharge de) sans l'assistance du curateur u du conseil, 482, 499 et 513.

CARREAUX, des chambres, (sont réparations ocatives celles à faire aux) 1754.

CARRIÈRES : jouissance qu'en a l'usufruitier, 598. Voyez Fouille. Les produits entrent dans a communauté entre époux, 1403.

CAS FORTUITS, (le propriétaire ni l'usufruitier ne sont point tenus de rebâtir ce qui est tombé par) 607. L'immeuble donné, qui a péri par cas fortuit n'est pas sujet à rapport, 855. Cas fortuits dispensent des dommages - intérêts résultant de l'inexécution des obligations, 1148; libèrent le débiteur de la chose due, 1302.

Le commencement de preuve s'applique au cas où le créancier a perdu son titre par suite d'un cas fortuit, 1348. Responsabilité relativement à a perte d'une chose indûment reçue, et venant à périr, 1379. Perte de la chose louée résilie o bail, 1722. Voyez Garantie et Événemens.

CASSATION, (tribunal de) Voyez Tribunal.

CASUELLE : (condition) sa nature et ses effets, 1169 et suiv.

CAUSE, (la prescription peut être opposée en out état de) 2224. Voyez le mot Action.

CAUSE déterminée. (divorce pour) Voyez Divorce.

CAUSE d'ignorance peut être invoquée pour faire admettre au préjudice d'un tiers la demande d'une créance qui était de droit éteinte par la compensation, 1299.

CAUSES des contrats et obligations. Voyez Contrats.

CAUTION. La loi en exige des étrangers formant des demandes devant les tribunaux, 16. Il en est de même de ceux qui demandent l'envoi en possession des biens d'un absent, 120, 123 et 124 ; De l'usufruitier, 601. Cas où il en est dispensé, ibid. Effets de son impuissance et de sa négligence à donner caution, 602 et suiv. Cas où l'usufruitier peut obtenir l'usage des meubles sous sa caution juratoire, 603. La jouissance des droits d'usage et d'habitation exige une caution, 626. Le conjoint survivant qui réclame la succession du conjoint prédécédé est tenu de donner caution, 771. Même obligation de la part de l'héritier bénéficiaire, 807. Un jugement de contrainte par corps provisoirement exécutoire en donnant caution, n'est point suspendu par l'appel, 2068. Faculté de donner caution en matière d'hypothèque, 2185. Voyez les mots Baux, Cautionnement, Délivrance et Prescription.

CAUTION (la) peut acquitter l'obligation, 1236. La subrogation a lieu contre les cautions, 1252. Elles ne sont point libérées lorsque le débiteur a retiré sa consignation, 1261. Elles le sont par la novation, 1281. Exception, ibid. Effet de la remise de la dette, de la compensation et de la confusion à l'égard des cautions, 1287, 1288, 1294 et 1301. Le serment déféré à la caution profite au débiteur principal, 1365. Exception, ibid.

L'obligation solidaire de la femme avec le mari est réputée n'avoir été contractée que comme caution, 1431. Cas où le mari dont la femme a obtenu le divorce ou la séparation de corps, doit donner caution du préciput, 1518. Quels sont les engagemens qui passent aux héritiers d'une caution, 2017. Qualités requises pour être accepté comme caution, 2018. Comment s'estime la solvabilité d'une caution, 2019.

Cas où le créancier a le droit d'exiger une seconde caution, quand la première devient insolvable, 2020. Obligations d'une caution envers le créancier, 2021. Cas où la caution oblige le créancier de discuter le débiteur principal, 2022. Ses obligations à cet égard, 2023. Dans quel cas, et jusqu'à quelle concurrence le créancier est responsable, à l'égard de la caution, de l'insolvabilité du débiteur principal, 2024.

Obligations de chacune des cautions d'un même débiteur pour une même dette, 2025. Cas où chacune d'elles peut exiger que le créancier divise préalablement son action et la réduise à l'apport de chaque caution, 2026 et 2027. Contre qui, et comment la caution qui a payé peut exercer son recours tant pour le principal, que pour les

intérêts et les frais : ses droits à cet égard, 2028 et suiv.

Le créancier a toujours action contre la caution de la caution, 2035. Exceptions qu'elle peut opposer au créancier, 2036. Cas où elle est déchargée, 2037 et 2038. La caution judiciaire est susceptible de contrainte par corps, 2040 et 2060. Que peut faire celui qui ne peut trouver une caution, 2041. La caution judiciaire ne peut demander la discussion du débiteur, 2042 et 2043.

CAUTIONS, (cas où les codébiteurs solidaires ne doivent être considérés que comme), 1216.

CAUTIONNEMENT : sa définition, 2011. De quelle manière il peut se faire, 2012. Quelles sont ses bornes, 2013. On peut cautionner quelqu'un même à son insu. On peut aussi se rendre caution de celui qui a cautionné le débiteur principal, 2014. Le cautionnement doit être exprès, 2015. Le cautionnement indéfini d'une obligation principale s'étend à tous les accessoires, 2016. Par quelles causes s'éteint l'obligation qui résulte du cautionnement, 2024. Effets du cautionnement entre le créancier et la caution, le débiteur, les cofidéjusseurs. Voyez *Caution*. Extinction du cautionnement. Voyez *ibid.*

CAUTIONNEMENT des fonctionnaires publics, répond des créances résultant de leurs prévarications, 2102.

CÉDANT payé avant la signification du transport, 1691.

CÉDANS en matière de privilèges. Voyez *Privilèges.*

CÉLÉBRATION du mariage. Voyez *Mariage.*

CERTAIN (objet) peut former la matière de l'engagement, 1108.

CERTIFICATS en matière d'hypothèques. Voyez *Hypothèques.*

CERTIFICATS de publication de mariage. Voyez *Mariage.*

CERTIFICATS de vie nécessaires pour le paiement des arrérages d'une rente viagère, 1983.

CESSION : nul ne peut être contraint de faire celle de sa propriété, 545. Exception, *ibid.* Les droits d'usage et d'habitation ne peuvent en être l'objet, 631 et 634. Causes et effets de la cession de biens de la part du débiteur envers ses créanciers, 1265. De celles d'un droit litigieux, 1699. Le dépositaire infidèle n'est pas admis au bénéfice de cession, 1945. Voyez les articles *Baux, Faillite* et *Louage.*

CESSIONNAIRES : comment sont écartés du partage les cessionnaires de droits successifs,

841. Cas où le débiteur de l'objet d'une cession faite à un tiers, peut ou non opposer au cessionnaire la compensation, 1295. Le cessionnaire d'un titre exécutoire ne peut poursuivre l'expropriation qu'après la signification du transport au débiteur, 2214. Voyez les articles *Privilège* et *Transport.*

CHAISES. Voyez *Sièges.*

CHAMBRANLES DE CHEMINÉES, (sont réparations locatives celles à faire aux), 1754.

CHAMP RIVERAIN (effet de l'enlèvement par un fleuve ou rivière d'un) qui est porté vers un autre champ inférieur ou sur la rive opposée, 559.

CHANCE (cas où la) dans la convention donne lieu au contrat aléatoire, 1104.

CHANGEMENS : comment s'opère celui de domicile, 103. Voyez *Domicile.* Changement dans la forme de la chose louée. Voyez *Baux.* Changemens qui peuvent ou non avoir lieu dans les conventions matrimoniales, 1395 et suiv.

CHAPERON (effet du) sur la mitoyenneté des murs, 654.

CHARGE PERSONNELLE (la tutelle est une), 419.

CHARGES : mode et effets de l'acquittement de celles qui sont supportées par la communauté entre époux ou par l'un des époux, 1409, 1410 et suiv. L'acquéreur doit rendre au vendeur qui use du pacte de rachat, l'immeuble exempt de toutes charges, 1673. L'acquéreur doit rembourser au vendeur ce qu'il a payé pour les charges de la succession, 1698. Voyez *Successions.* Charges annuelles de l'immeuble reçu en antichrèse. Voyez *Immeubles.* Voyez pour les charges hypothécaires et celles du mariage, les mots *Créances hypothécaires* et *Mariage.* Voyez aussi le mot *Créanciers.*

CHASSE (la) est réglée par des lois particulières, 715.

CHAUDIÈRES : cas où elles sont immeubles, 524.

CHAUX (objets mobiliers scellés à la) sont immeubles, 525.

CHEF, (les frères et sœurs d'un défunt sans postérité succèdent de leur), 750. Droits des enfans venant à ce titre à une succession, 787 et 848.

CHEFS de bataillon, d'escadron et d'état-major : leurs attributions relativement aux actes de l'état civil, et aux testamens des militaires. Voyez *Armée.*

CHEMINS : ceux qui dépendent du domaine public, 538. Obligation du propriétaire riverain

qui profite de l'alluvion de laisser le chemin de hallage, 556. Les servitudes établies par la loi ont pour objet la construction et réparation des chemins, 650. Voyez *Routes.*

CHEMINÉE (effet de la mitoyenneté relativement à l'adossement d'une) contre un mur, 657. Obligations de celui qui en veut faire construire, 674.

CHEPTEL (les animaux donnés à) à d'autres qu'au fermier sont meubles, 522. Ce qu'on entend par bail à cheptel : ses différentes espèces et leur objet, 1711 et 1800 et suiv. Bail à cheptel simple, 1804. Objet de l'estimation donnée au cheptel dans le bail, 1805. Obligations du preneur et du bailleur, relativement aux pertes par cas fortuits, 1806 et suiv. Conventions qu'on ne peut stipuler dans le bail sous peine de nullité, et choses dont le preneur profite seul, celles qui se partagent, 1811 ; ou dont le bailleur ni le preneur ne peuvent disposer sans un consentement mutuel, 1812.

Cas où un propriétaire peut faire vendre le cheptel pour ce que lui doit son fermier, 1813. Le preneur ne peut tondre sans en prévenir le bailleur, 1814. Durée du cheptel, et cas où le bailleur peut en demander la résolution, 1815 et 1816. Partage à la fin du bail ou lors de sa résolution, 1817. Définition du cheptel à moitié, 1818. Droits du preneur et ceux du bailleur, 1819 et 1820.

Conditions du cheptel donné au fermier, ou cheptel de fer, et attribution des profits, 1821 et suiv. La perte même totale est pour le fermier, 1825. Ses obligations à la fin du bail, 1826. Perte du cheptel donné au colon partiaire ; ce qu'on peut stipuler dans ce cheptel et sa fin, 1828 et suiv. Profit du bailleur dans le cas où l'on donne une ou plusieurs vaches pour les loger et les nourrir, 1831. Les fermiers sont contraignables par corps, 2062.

CHEVAUX (les) ne sont point compris dans le mot *Meubles*, 533.

CHIRURGIENS : leurs honoraires sont créances privilégiées, 2101. Leur action pour leurs opérations se prescrit par un an, 2272. Voyez *Docteurs en chirurgie.*

CHOSES : droits sur celles perdues dont le maître ne se représente pas, 717. La chose léguée doit être délivrée dans l'état où elle se trouve au jour du décès du donateur, 1018. Choses qui peuvent être l'objet des obligations et contrats, 1126 et suiv. La compensation a lieu entre choses fongibles de même espèce, 1291. Voyez les articles *Autrui*, (chose d') *Force de chose jugée*, *Louage et Union.*

CHUTES D'EAU. Voyez *Cours d'eau.*

CIMENT (effets mobiliers scellés à) sont immeubles, 525.

CITATION judiciaire : celle des juges de paix pour la convocation des membres composant le conseil de famille, 409 et suiv. Celle faite en justice, signifiée à celui qu'on veut empêcher de prescrire, interrompt la prescription, 2244.

CITOYEN, (qualité de) Voyez *Droits civils.*

CIVILE, (mort) Voyez *Mort.*

CLAUSES des conventions : mode de leur interprétation, 1156 et suiv. Nature et effets des obligations avec clauses pénales, 1226. Le bail d'un bien rural peut être résilié, si le preneur n'en exécute pas les clauses, 1766.

CLEFS (remises des) opère la délivrance de l'immeuble vendu. Voyez *Délivrance.*

CLERC (le) du notaire qui reçoit un testament ne peut servir de témoin, 975.

CLOS ET SCELLÉ (le testament mystique doit être), 976.

CLÔTURE du compte de tutelle et des registres de l'État civil. Voyez *Tutelle* et *État civil.*

CLÔTURE : droit qu'a le propriétaire de clore son héritage, 647. Effet de ce droit, 648. Voyez *Fossés*, *Haies* et *Murs.*

CODE PÉNAL. Voyez *Peines.*

CODE DE LA PROCÉDURE CIVILE (le) règle les formalités pour la levée des scellés, et la confection des inventaires, 821.

CODÉBITEURS (effet de la solidarité à l'égard des), 1200. Comment s'interrompt la prescription à leur égard. Voyez *Prescription.*

COFIDÉJUSSEURS. Voyez *Cautionnement.*

COFFRE FERMÉ. (dépôt confié dans un) Voyez *Dépôt.*

COHABITATION (temps de la) entre époux, qui établit la fin de non-recevoir contre les demandes en nullité de mariage, 181. L'impossibilité physique de la cohabitation du mari avec sa femme l'autorise à désavouer un enfant, 312.

COHÉRITIERS, (droits des) 780, 786, 817, 834, 857, 875. Voyez *Successions.* Ils sont créanciers privilégiés sur les immeubles de la succession, 2103. Voyez les articles *Gage*, *Héritiers*, *Privilèges* et *Rachat.*

COLLATÉRALE (ce qu'on entend par ligne), 736. Voyez *Successions.* De quelle manière la représentation a lieu dans cette ligne, 742. Voyez *Représentation.*

COLLATÉRAUX : ordre dans lequel ils succèdent, 731. Voyez *Successions.* Les parens collatéraux des époux peuvent leur faire des

donations par contrat de mariage, 1082. Voyez *Contrat de Mariage.*

COLLECTIONS DE TABLEAUX (les) ne font pas partie des meubles meublans, 534.

COLOMBIER (cas où les pigeons qui passent dans un autre) appartiennent au propriétaire, 564. Voyez *Pigeons.*

COLONIES (biens d'un mineur situés dans les), 417.

COLONS partiaires. Voyez *Cheptel* et *Fermiers.*

COMBAT, (faculté d'adopter celui qui a sauvé la vie dans un), 345.

COMMANDANS DE TROUPES. Voyez *Armée.*

COMMANDEMENT DE PAYER doit être signifié avant de commencer la poursuite en expropriation, 2217. Le commandement signifié à celui qu'on veut empêcher de prescrire, interrompt la prescription, 2244.

COMMENCEMENT de preuve par écrit, requis pour établir celle de la filiation et de la maternité, 323 et 341. Voyez *Filiation.*

COMMERÇANT, (l'affiche de la séparation de biens de la femme dont le mari est) se fait au tribunal de commerce, 1445.

COMMERCE (en matière de) l'étranger qui dirige une action, est dispensé de fournir caution, 16. Un établissement de commerce chez l'étranger ne peut faire perdre la qualité de français, 17. Validité et effets des actions et obligations de la femme mariée, qui est marchande publique, 215 et 220. Le mineur émancipé est censé majeur pour faits de commerce, 487. Les actions et intérêts dans les compagnies de commerce sont de nature mobilière, 529.

Ce qui fait l'objet d'un commerce n'est point compris dans le mot *Meuble*, 533. Il n'y a que les choses qui sont dans le commerce qui puissent être l'objet des conventions, 1128. Effet des engagemens du mineur commerçant, 1308. Biens que la femme marchande publique et en communauté, peut engager par ses obligations commerciales, 1426. On ne peut prescrire le domaine des choses qui ne sont point dans le commerce, 2226. Voyez *Matières de Commerce* et *Vente.*

COMMERCE. (société de) Voyez *Société.*

COMMETTANS (responsabilité des) à l'égard du dommage causé par leurs préposés, 1384.

COMMIS. Voyez *Préposés.*

COMMISSAIRES de la comptabilité nationale (les) sont dispensés de la tutelle, 427.

COMMISSAIRES DU GOUVERNEMENT près les tribunaux de première instance (les) surveillent l'exactitude des registres de l'état civil, 53. Sont entendus avant l'homologation d'un acte de notoriété, 72. Sur leurs conclusions le tribunal prononce la rectification d'un acte de l'état civil, 99. Ils sont chargés de veiller aux intérêts des absens, et entendus sur toutes les demandes qui les concernent, 112.

Les enquêtes sur les demandes en déclaration d'absence, sont faites contradictoirement avec eux, 116. Ils adressent au grand-juge tous les jugemens relatifs à l'absence, 118. Requièrent l'ouverture du testament des personnes déclarées absentes, 123. Assistent à l'inventaire du mobilier et des titres de l'absent, ou requièrent un juge de paix pour y assister, 126. Peuvent provoquer la nullité des mariages contractés en contravention à la loi, 184 et 190. Font prononcer l'amende contre les contrevenans aux dispositions relatives aux publications, dispenses et délais prescrits pour le mariage, 192. Peuvent intenter les actions criminelles ou civiles contre les auteurs de la fraude, dont un mariage serait entaché, 199 et 200.

Les faits ou délits sur lesquels se fonde une demande en divorce pour cause déterminée, donnent lieu à une poursuite criminelle de leur part, 234 et 235. La demande en divorce et les pièces y relatives leur sont communiquées, 239. Ils concluent sur les permissions de citer, 240. sur les fins de non-recevoir, sur le fond, et sur les reproches faits aux témoins, 245 et suiv. Le jugement définitif est prononcé après leurs conclusions, 257.

Ils peuvent requérir que l'administration provisoire des enfans soit ôtée au mari pendant l'instance de divorce, et lors de l'admission du divorce qu'ils soient confiés à tout autre qu'à l'époux qui l'obtient, 267 et 302. Ils donnent leurs conclusions sur une demande en divorce par consentement mutuel, en ces mots : *La loi permet* ou *la loi empêche*, 289.

Les actes d'appel des jugemens qui ont rejetté ladite demande, leur sont signifiés dans les dix jours de la signification ; Ils font passer toutes les pièces au commissaire près le tribunal d'appel, qui est tenu de donner ses conclusions dans les dix jours, 291 et suiv. Ils peuvent requérir la réclusion d'une femme condamnée pour adultère, 298 et 308. L'acte des consentemens respectifs pour l'adoption doit leur être remis pour l'homologation, 354. Ils sont entendus sur cette homologation, 356. Confèrent avec le président du tribunal, sur la détention des enfans demandée par les parens, 377. Rendent compte des motifs au commissaire près le tribunal d'appel, 382. Sont entendus sur l'homologation de l'autorisation donnée au tuteur d'emprunter, vendre et hypothéquer pour le mineur, 458. Désignent les

trois

trois jurisconsultes qui donnent leur avis sur une transaction avec un mineur, 467.

Ils sont entendus sur l'homologation de la délibération qui autorise le mineur émancipé à faire des emprunts, 483. Provoquent l'interdiction des majeurs qui sont dans un état habituel d'imbécillité, de démence ou de fureur, s'il n'ont ni époux ni parens, et dans tous les cas pour cause de fureur, 491. Assistent à l'interrogatoire des personnes dont on provoque l'interdiction, 496. Donnent leurs conclusions sur l'homologation de l'avis du conseil de famille qui statue sur les conventions de mariage de l'enfant d'un interdit, 511.

Aucun jugement en matière d'interdiction ne peut être rendu que sur leurs conclusions, 515. Ils sont entendus sur les demandes d'envoi en possession des successions dévolues au conjoint survivant et à la République, 770. Requièrent la nomination d'un curateur à une succession vacante, 812. Requièrent l'apposition des scellés lorsqu'il y a des héritiers non présens, mineurs ou interdits, 819.

Ils provoquent d'office la déchéance des donations entre-vifs ou testamentaires, faute par le grevé de faire nommer un tuteur dans le mois du décès du donateur, 1057. Font procéder à l'inventaire après le décès du donateur, si le grevé et le mineur, pour l'exécution de la restitution, négligent d'y faire procéder, 1061. Les officiers de l'état civil sont condamnés à leur diligence, 156. Leurs attributions relatives aux hypothèques. Voyez *Hypothèques.*

COMMISSAIRES du Gouvernement près les tribunaux d'appel (les) donnent leurs conclusions sur les jugemens relatifs au divorce par consentement mutuel, 293. Se font rendre compte des motifs qui ont déterminé le président du tribunal de première instance à délivrer l'ordre d'arrestation d'un mineur, 382.

COMMISSAIRES du Gouvernement ne peuvent devenir cessionnaires des procès de la compétence de leur tribunal, 1597.

COMMISSAIRE et substituts près le tribunal de cassation, sont dispensés de la tutelle, 427.

COMMISSAIRES des guerres : leurs attributions relativement aux testamens des militaires. Voyez *Armée.*

COMMISSAIRES des relations commerciales de France (les) reçoivent une expédition des actes de naissance et des testamens rédigés sur les vaisseaux, 60 et 991. Voyez *Agens diplomatiques.*

COMMODAT. Voyez *Prêt.*

COMMUN à tous (ce qui est) n'appartient à personne. Des lois de police en règlent la jouissance, 714.

COMMUN : (chose en) droit qu'y ont ceux qui ont concouru à la former, 575.

COMMUNAUTÉ de biens : l'époux commun en biens, dont l'autre époux est absent, a la faculté d'empêcher l'envoi en possession provisoire des héritiers, 124. La femme marchande publique peut s'obliger pour son commerce, et oblige son mari, s'il y a communauté entre eux, 220. La femme commune en biens, demanderesse ou défenderesse en divorce, peut requérir l'apposition des scellés sur les effets mobiliers de la communauté, 270.

Le mari peut, sans le concours de sa femme, provoquer le partage des biens meubles et immeubles qui tombent dans la communauté, 818. La vente peut avoir lieu entre époux, dans le cas où il y a exclusion de communauté, 1595. Actes de rétablissement de la communauté entre époux séparés. Voyez *Actes* et *Contrats de mariage.* Expropriation des immeubles de la communauté. Voyez *Expropriation.*

COMMUNE renommée (la) peut suppléer l'inventaire que le mari est tenu de faire faire des successions échues aux époux en communauté, 1415 et 1442. Offre à la femme et à ses héritiers le moyen d'établir la valeur du mobilier qui lui est échu pendant le mariage, 1504.

COMMUNES : le double des registres de l'état civil se dépose dans leurs archives, 40 et 43. Les publications de mariage se font devant la porte de la maison commune, et s'y affichent, 63 et suiv. Les biens communaux sont ceux à la propriété ou au produit desquels les habitans des communes ont un droit acquis, 542. Le cours de la source qui fournit de l'eau aux communes, ne peut être changé, 643. Nature et effet des servitudes établis pour leur utilité, 649 et suiv. Les donations qui leur sont faites doivent être autorisées par le Gouvernement, et acceptées par les administrateurs, 910 et 937.

Les communes et les établissemens publics ne peuvent transiger qu'avec l'autorisation expresse du Gouvernement, 2045. Les communes sont soumises à la prescription et peuvent l'opposer. Voyez *Prescription.* Voyez aussi l'article *Hypothèques.*

COMMUTATIF : (contrat) cas où il a lieu, 1104.

COMPAGNIES de finance (les actions et intérêts dans les) sont de nature mobilière, 529.

COMPENSATION (la clause pénale est la) des dommages-intérêts résultant de l'inexécution de l'obligation principale, 1229. Règles et effets

de la compensation, 1234 et 1289. Comment elle se fait à l'égard de la remise qui doit être faite sur le prix de la location pour perte de récolte, 1769. L'emprunteur ne peut retenir la chose prêtée par compensation de ce que le prêteur lui doit, 1886.

COMPENSATION en matière de vente. Voyez *Délivrance.*

COMPENSATION des fruits de l'immeuble remis en antichrèse avec les intérêts. Voyez *Immeubles.*

COMPÉTENCE des tribunaux. Voyez *Tribunaux.*

COMPOSITION du conseil de famille. Voyez *Conseil de famille.*

COMPTABILITÉ NATIONALE : les commissaires sont dispensés de tutelle, 427.

COMPTABILITÉ des pères et mères, des tuteurs et des curateurs. Voyez *Pères et Mères*, *Tutelle* et *Curatelle.*

COMPTES. Le tribunal commet un notaire dans ceux qui sont relatifs aux absens, 113. Les comptes définitifs de la tutelle se rendent aux dépens du mineur, 471 et suiv. Effets des comptes qui sont exigés de l'héritier bénéficiaire, 805 et 810. Le curateur à une succession vacante est tenu d'un rendre compte, 813 et 814. Les exécuteurs testamentaires, 1033. Compte que le mari doit à sa femme de l'administration et jouissance de ses biens paraphernaux, 1577 et suiv.

COMPTE. (vente au) Voyez *Vente.*

CONCEPTION de la femme mariée (cas où la) avant l'âge requis pour le mariage, empêche la nullité de l'union, 185. L'enfant conçu pendant le mariage a pour père le mari, 312 et suiv. Celui qui n'est pas encore conçu ne peut succéder, 725. Il suffit d'être conçu au moment de la donation, pour être capable de recevoir entre-vifs, 906.

CONCESSION (cas où l'usufruitier doit obtenir une) pour l'exploitation des mines et carrières, 598.

CONCIERGES des prisons (les) sont chargés de faire constater le décès des détenus, 84. Voyez *Décès.*

CONCLUSIONS prises par les commissaires du Gouvernement près les tribunaux. Voyez *Commissaires.*

CONCUBINE tenue dans la maison commune aux deux époux, donne lieu à la demande en divorce, 230.

CONCURRENCE. (paiement des créanciers privilégiés par) Voyez *Privilèges.*

CONDAMNATION et condamn's. Les condamnations à des peines dont l'effet est de priver des droits civils, emportent la mort civile, 22. Effets des condamnations contradictoires et par contumace, 27. Mode de constater le décès des condamnés à mort, 85. Le mariage se dissout par une condamnation emportant mort civile, 227. Elle est une cause du divorce, 232 et 261. Elle entraîne la destitution de la tutelle, 443.

La succession s'ouvre par la mort civile du condamné, 719. Le condamné comme assassin du défunt est indigne de lui succéder, 727. Biens sur lesquels frappent les condamnations prononcées contre l'un des époux en communauté, pour crimes emportant ou n'emportant pas mort civile, 1424 et 1425.

CONDAMNATION à fournir une caution : ses effets, 2040.

CONDAMNATION au paiement d'intérêts. Voyez *Intérêts.*

CONDITIONS des personnes (la) sert à déterminer s'il y a eu violence envers les contractans, 1112. Influe sur la preuve des dépôts, 1348.

CONDITION résolutoire. (extinction des obligations par l'effet de la) Voyez *Contrats.*

CONDITIONNELLES. (créances) V. *Créances.*

CONDITIONS requises pour pouvoir contracter mariage, 144. Celles impossibles ou contraires aux lois et aux mœurs imposées dans des actes entre-vifs ou testamentaires, sont réputées non écrites, 900. Diverses conditions qui frappent de nullité, ou de caducité ces mêmes actes, 944, 945 et 1040. Conditions qui peuvent être imposées dans une donation par contrat de mariage, 1086.

CONDITIONS des contrats. Voyez *Contrats.*

CONDUITE (mauvaise) des enfans. Voyez *Puissance paternelle.*

CONDUITE D'EAU. Voyez *Eaux.*

CONFIRMATIFS. (actes) Voyez *Actes confirmatifs.*

CONFISCATION. Voyez *Deshérence.*

CONFUSION en matière de servitude, 705. Portion pour laquelle la confusion a lieu lorsque le débiteur ou le créancier solidaire deviennent héritiers l'un de l'autre, 1209. Règles et effets de la confusion, 1234 et 1300. Celle qui s'opère dans la personne du débiteur principal ou de sa caution, lorsqu'ils deviennent héritiers l'un de l'autre, n'éteint point l'action du créancier contre la caution de la caution, 2035.

CONGÉ en matière de bail. Voyez *Baux.*

Conjoint survivant succède, lorsque le défunt ne laisse ni parens au degré successible, ni enfans naturels, 767. A défaut de conjoint survivant, la succession est acquise à la République, 768. Le conjoint survivant fait apposer les scellés et fait inventaire comme héritier bénéficiaire, 769. Il doit demander l'envoi en possession au tribunal, 770. Il fait emploi du mobilier, ou donne caution, 771. Ces formalités sont de rigueur, 772.

Conjointement, (effet des obligations contractées) 1222.

Conquêt, (acquisitions pendant la communauté entre époux qui ne forment point un) 1408.

Consanguins, (parens) Leurs droits dans la succession, 733 et suiv. 752.

Conseil de famille. Il défère la surveillance des enfans de l'absent, 142. Son consentement valide le mariage des mineurs, 160, 174, 182 et 183. Il décide si la mère tutrice qui se marie peut conserver la tutelle, 595. Il confirme le choix du tuteur fait par la mère remariée et maintenue dans la tutelle, 400 et 401. Il nomme parmi les ascendans de la ligne maternelle celui qui doit être tuteur, 404.

Lorsqu'un enfant mineur et non émancipé reste sans père et mère, ni tuteur élu par eux, il lui nomme un tuteur : Formes de sa convocation chez le juge de paix qui le préside, sa composition, ses devoirs et ses attributions, 405 et suiv. Il nomme le subrogé tuteur, 420 et suiv. Il est convoqué pour remplacer le tuteur qui se démet de ses fonctions, 431. Il peut rendre la tutelle à celui qui la redemande, *ibid.*

Ne peuvent être membres du conseil de famille, les mineurs, les interdits, les femmes, autres que la mère et les ascendantes, ceux qui ont un procès qui intéresse le mineur et les condamnés à une peine afflictive et infamante, les gens d'une inconduite notoire, 442. Il prononce sur la destitution d'un tuteur, 446. Il autorise tous achats et ventes faits pour le mineur, toutes dépenses qui lui sont relatives, tout emploi de ses deniers, 450.

Ses délibérations doivent être homologuées par le tribunal civil, 458. Il autorise toute répudiation ou acceptation de succession et donation au profit du mineur, 461 ; toute demande en justice de la part du mineur, *ibid.* Sa réclusion, dans le cas d'inconduite, 468. Il fixe les époques de la reddition des comptes du tuteur, 470 et suiv. Il décide si le mineur doit être émancipé, 478. Il nomme le curateur lors de la reddition du compte de la tutelle, 480.

Il a le droit de priver un mineur du bénéfice de l'émancipation, 485. Il donne son avis sur l'état de la personne dont l'interdiction est demandée, 494. Il règle la forme et les conditions de l'administration de la femme tutrice de son mari interdit, 507 et 510.; les conventions matrimoniales de l'enfant de l'interdit, 511. Il autorise l'action en partage à l'égard des cohéritiers mineurs ou interdits, 817. Il prononce sur l'inscription à prendre, par le mineur, sur certains immeubles, 2141.

Conseil judiciaire est donné par le tribunal aux prodigues : ses devoirs et attributions, 513 et suiv.

Conseil de tutelle : le père a la faculté d'en donner à la mère survivante, 391. Nomination et attribution de ce conseil. Voyez *Tutelle.*

Conseils qui assistent les époux demandeurs ou défendeurs en divorce : leurs fonctions, 253 et suiv. Voyez *Divorce.*

Consentement des père et mère, des ascendans, et du conseil de famille, relativement au mariage. Voyez *Pères et Mères*, *Ascendans*, *Conseil de famille* et *Mariage.*

Consentement mutuel : (divorce par) âge et délais requis pour l'admettre, 275. Autorisation nécessaire des père et mère ou des ascendans vivans, 278. Formalités à observer pour l demande, l'inventaire, l'estimation des biens, et le règlement des droits respectifs, 279. Pour la garde des enfans, et la maison de retraite de la femme, 280.

Formalités de la procédure devant le tribunal, et ministère des notaires à ce sujet, 281 et suiv. Prononciation du divorce, 286 et suiv. Dans le cas de non-admission du divorce, formalités à remplir pour l'appel, 290 et suiv. Délai pour faire prononcer le divorce par l'officier de l'état civil, 294. Droits des enfans sur les biens de leurs père et mère, 305.

Consentemens : celui exigé dans les obligations et conventions, et pour leur révocation, 1108, 1109 et suiv. et 1154. Le mari ne peut faire d'aliénation d'immeubles sans le consentement de sa femme, 1428. Consentement en matière de société, 1859. En matière de dépôt volontaire, 1922. En matière d'hypothèques, 2128. L'échange s'opère par le seul consentement. Voyez *Echange.*

Conservateur des hypothèques : ses obligations envers le vendeur et le prêteur privilégiés. Voyez *Hypothèques* et *Privilèges.*

Conservation (effets de l'obligation sur la) de l'objet qui y a donné lieu, 1136 et suiv. Dépenses de conservation dont doit compte celui qui obtient la restitution d'une chose indûment reçue, 1381.

CONSERVATION du cheptel par le preneur, 1806.

CONSIGNATION, (règles et effets des offres de paiement et) 1257. Consignation de deniers. Voyez *Deniers.*

CONSOMMATION de la négociation, (la société finit par la) 1865. Prêt de consommation. Voyez *Prêt.*

CONSTITUANT ET CONSTITUÉ : leurs obligations respectives, 1979. Voyez l'article *Rente viagère.*

CONSTITUÉE, (rente) Voyez *Rente.*

CONSTITUTION de rente, (cas où le prêt prend le nom de) 1909. Constitution dotale. Voyez *Dot.*

CONSTITUTIONS de rentes (effet du dépérissement ou retranchement de) composant la dot dont la restitution est demandée, 1567.

CONSTRUCTION, (matériaux qui sont meubles jusqu'à leur emploi dans une) 532. Celles qu'a droit de faire le propriétaire, 552. Ses droits sur celles établies sur sa chose, 553. Obligations du propriétaire du sol, qui a fait des constructions avec des matériaux qui ne lui appartenaient pas, 555. Droit qu'a le propriétaire d'obliger celui qui a fait des constructions avec ses matériaux de les enlever ou de conserver les constructions, 555. Règles relatives aux constructions de murs mitoyens, et aux dépenses qui en résultent, 655 et suiv. Ouvrages intermédiaires requis pour certaines constructions entre voisins, 674. Voyez *Vices de Construction.*

CONTENANCE d'un objet vendu. Voyez *Délivrance.*

— (défaut et excédant de) Voyez *Défaut* et *Excédant.*

CONTESTATION relative à un dépositaire du séquestre, 1960. Sur le prix du bail. Voyez *Baux.* Sur la perte arrivée au cheptel par cas fortuit. Voyez *Cheptel.* En matière de transport. Voyez *Transport;* voyez aussi le mot *Actions.*

CONTINUATION de communauté. Voyez *Contrat de mariage.*

CONTINUE. (possession) Voyez *Possession.*

CONTRACTANT en matière d'échange. Voyez *Echange.*

CONTRADICTOIRES (jugemens) en matière d'hypothèque. Voyez *Jugemens.*

CONTRAINTE par corps, (la cession de biens judiciaire décharge de la) 1270.

CONTRAINTE par corps en matière civile, a lieu pour stellionat, 2059. Autres cas où elle a lieu, 2060. Elle peut être décernée contre ceux qui refusent de désemparer un fonds, 2061. Cas où elle peut l'être contre les fermiers et

colons partiaires, 2062. Nullité des actes où elle serait stipulée contre le vœu de la loi, 2063.

Contre qui elle ne peut, dans aucun cas, être prononcée, 2064 et 2066. Cas où elle peut l'être contre les femmes, les filles et les septuagénaires, 2066. Somme au-dessous de laquelle elle ne peut l'être, 2065. Elle ne peut, dans aucun cas, être appliquée qu'en vertu d'un jugement, 2067. Dans ce cas l'appel ne la suspend pas, 2068.

L'exercice de la contrainte n'empêche ni ne suspend les poursuites, et les exécutions sur les biens, 2069. Cas où la caution en est susceptible. Voyez *Caution.*

CONTRATS, *Conditions, Conventions, Engagemens* et *Obligations* : nature du contrat, 1101. Ses diverses espèces, 1102. Conditions essentielles pour la validité des conventions, 1108. Consentement nécessaire pour contracter, 1109. Capacité requise des parties contractantes, 1123. Objet et matière des contrats, 1126. Cause nécessaire à la validité de l'obligation, 1131.

Effet des conventions relativement à l'obligation de donner et livrer, 1134. Et relativement à l'obligation de faire ou de ne pas faire, 1142. Dommages - intérêts résultant de l'inexécution des obligations, 1146. Mode d'interprétation des conventions, 1156. Effet des conventions à l'égard des tiers, 1165. Indication des diverses espèces d'obligations et leur effet, 1168.

Nature et effets de la condition suspensive, 1181 ; de la condition résolutoire, 1183 ; des obligations alternatives, 1189 ; des obligations à terme, 1185.

Causes et effets de la solidarité entre les créanciers, 1197 ; de la part des débiteurs, 1200.

Nature des obligations divisibles et indivisibles, 1217.

Effets de l'obligation divisible, 1220 ; de l'obligation indivisible, 1222.

Nature et effets des obligations avec clauses pénales, 1226. Causes de l'extinction des obligations, 1234 ; du paiement en général, 1235 ; du paiement avec subrogation, 1249 ; de l'imputation des paiemens, 1253. Cas où les offres de paiement et la consignation ont lieu, 1257. Leur forme, *ibid.*

Nature et effets de la cession de biens, 1265. Cas dans lesquels s'opère la novation et ses effets, 1271. Preuves et effets de la remise de la dette, 1282. Circonstances dans lesquelles la compensation s'opère, ou ne peut être admise, 1289.

Nature et effets de la confusion de créances

1300. Durée de l'action en nullité ou en rescision des conventions , et personnes qui sont admises à l'exercice de cette action , 1304. Preuves des obligations et du paiement , 1315.

Nature et effets du titre authentique , 1317 ; de l'acte sous signatures privées , 1322 ; des tailles constatant des fournitures , 1333 ; des copies de titres , 1334 ; des actes récognitifs et confirmatifs , 1337. Cas où la preuve testimoniale peut ou non être admise, 1341.

Indication et effets des présomptions admises ou non établies par la loi , 1350 et 1353 ; de l'aveu de la partie, 1354 ; du serment décisoire , 1358 ; du serment déféré d'office , 1366. La société commence à l'instant du contrat , 1843. Frais de contrat d'un objet vendu , Voyez *Délivrance*. Voyez aussi les mots *Engagemens* et *Hypothèques*.

CONTRAT ALÉATOIRE : sa définition et ses différentes espèces , 1964. Jeu et pari , 1965. Conditions requises pour la validité du contrat de rente viagère , 1968. Effets du contrat entre les parties contractantes, 1977.

CONTRAT D'ASSURANCE (le) est aléatoire, 1964.

CONTRAT DE LOUAGE. Voyez *Louage*.

CONTRAT de mariage , (toute autorisation générale , stipulée par) n'est valable , que quant à l'administration des biens de la femme, 223. Les avantages faits par contrat de mariage , sont perdus pour l'époux contre lequel le divorce a été prononcé , 299. On ne peut , même par contrat de mariage , renoncer à la succession d'un homme vivant , 791. Effets d'une donation entre-vifs de biens présens, faite par contrat de mariage aux époux, ou à l'un d'eux, 1081.

Les pères et mères , ascendans et parens , même les étrangers , peuvent , par contrat de mariage , faire une donation aux époux et aux enfans à naître, Effet de cette donation, 1082 et suiv. Le donateur doit annexer à l'acte , un état de ses dettes et charges. Obligations du donataire si l'état n'a point été annexé , 1084 et suiv.

Les donations faites par contrat de mariage ne peuvent être attaquées ni déclarées nulles , sous prétexte de défaut d'acceptation , 1087. Elles sont caduques si le mariage ne s'ensuit pas , et si l'époux donateur survit à l'époux donataire et à sa postérité, 1088 et 1089. Elles sont , lors de l'ouverture de la succession du donateur , réductibles à la portion dont la loi lui permet de disposer, 1090.

Faculté qu'ont les époux de se faire réciproquement, ou l'un des deux à l'autre, telle donation qu'ils jugent à propos , 1091 et suiv. Effet de cette donation relativement aux époux et à leurs enfans, 1092 et suiv.

L'époux mineur ne peut donner , par contrat de mariage , qu'avec l'autorisation de ceux dont le consentement est requis pour la validité de son mariage , 1095. Cas où le mineur n'est point restituable contre les conventions de son mariage , 1309. Conventions qui peuvent avoir lieu dans le contrat de mariage , 1387 et 1527.

Epoque à laquelle commence la communauté , 1399. Composition de l'actif de la communauté et son effet , 1401. Composition du passif de la communauté, et actions qui en résultent , 1409. Administration de la communauté et effet des actes de l'un ou de l'autre époux , relativement à la société conjugale, 1421.

Cause et effet de la dissolution de la communauté , 1441. Acceptation de la communauté, et renonciation qui peut y être faite , 1455. Partage de la communauté après l'acceptation , 1467. Mode du partage de l'actif , 1468. Ce qui s'observe à l'égard du passif de la communauté et de la contribution aux dettes , 1482. Effet de la renonciation à la communauté , 1492. Conditions qui ont lieu lorsque l'un des époux , ou tous deux , ont des enfans de précédens mariages , 1496 et 1527.

Conventions qui peuvent modifier ou même exclure la communauté légale , 1497 , 1527 et 1528. Stipulations qui ont pour objet de réduire la communauté aux acquêts , 1498. Clause qui exclut de la communauté le mobilier en tout ou partie , 1500.

Nature et effet de la clause d'ameublissement , 1505. Effet de la clause de séparation de dettes , 1510. Faculté accordée à la femme de prendre son rapport franc et quitte , 1514. Nature et effet du préciput conventionnel, 1515. Clauses par lesquelles on assigne à chacun des époux des parts inégales dans la communauté, 1520. Communauté à titre universel que peuvent établir les époux, 1526. Conventions exclusives de la communauté, 1529. Effet de la clause portant que les époux se marient sans communauté ; 1530.

Effet de la clause de séparation de biens , 1536. Nature de la dot , 1540. Biens qui la composent et mode de sa stipulation , 1542. Droits du mari sur les biens dotaux , et inaliénabilité du fonds dotal, 1549. Obligations auxquelles donne lieu la restitution de la dot , 1564. Nature et administration des biens paraphernaux , 1574. Stipulation que peuvent faire les époux d'une société d'acquêts , 1581.

CONTRAT ONÉREUX , (toute disposition au profit d'un incapable est nulle , quand même elle serait déguisée sous la forme d'un) 911.

50 *Contrats.*

CONTRATS de rente : celui de rente viagère est aléatoire , 1964. Voyez *Constitutions de rente.*

CONTRATS translatifs de propriété doivent être inscrits sur les registres du conservateur des hypothèques , 2181. Cas où cette formalité ne purge pas les hypothèques , 2182.

CONTRATS de vente. Voyez *Délivrance , Transcription* et *Vente.*

CONTRE-COEURS, (sont réparations locatives celles à faire aux) 1754.

CONTRE-ÉCHANGE. Voyez *Échange.*

CONTRE - LETTRES : leur effet en général , 1321. Celles relativement aux conventions matrimoniales, 1596.

CONTRIBUTION aux dettes. Voyez *Dettes.*

CONTRIBUTIONS à la charge de l'usufruitier , 608 et 609. Nature de celles à supporter par le propriétaire , *ibid.* Cas où l'usager est sujet aux contributions , 635.

CONTRIBUTIONS de l'immeuble remis en antichrèse. Voyez *Immeuble.* Cote de contributions en matière d'hypothèques, Voyez *Cote.*

CONTUMACE : (condamnation par) après quel délai elle emporte la mort civile, 27. Effet de cette condamnation relativement aux droits civils du condamné et à ses biens, s'il ne se représente pas ou s'il n'est pas arrêté dans les cinq ans de son jugement, 28. Dans le cas où le condamné se représente ou est arrêté, quels sont les effets du second jugement qui confirme le premier, ou qui absout, 29 et 30. S'il meurt dans le délai de grâce de cinq ans, le jugement est anéanti , sans préjudice de l'action civile contre ses héritiers, 31.

CONVENTIONS particulières ne peuvent déroger aux lois sur l'ordre public et les bonnes mœurs, 6. Convention écrite exigée des époux demandeurs en divorce par consentement mutuel, 278. Effets du divorce relativement aux conventions matrimoniales, 299. Le conseil de famille règle celles relatives à l'enfant d'un interdit , 511. Dans quels cas les profits de conventions passées avec le défunt ne sont pas sujets à rapport, 853.

Effets de la révocation d'une donation relativement aux conventions matrimoniales , 963. Les conventions matrimoniales sont rédigées avant le mariage par acte notarié, 1394. Elles ne peuvent être changées après la célébration , 1595. Mode de constater les changemens faits avant cette célébration , 1596. Voyez *Contrat de Mariage.* Engagemens qui se forment sans convention. Voyez *Engagemens.*

Conventionnelles.

CONVENTIONNELLES. (hypothèques) Voyez *Hypothèques.*

CONVOCATION du conseil de famille. Voyez *Conseil de famille.*

COOBLIGÉS, Voyez *Contrats* et *Solidarité.*

COPARTAGEANS. Voyez *Partage* et *Priviléges.*

COPIES de titres : (foi due aux) et preuves qui en résultent, 1334 et suiv.

COPERMUTANS. Voyez *Échange.*

COPROPRIÉTAIRE d'un immeuble vendu par licitation. Voyez *Licitation.*

CORBEAUX de pierre (effets des) sur la mitoyenneté des murs, 654.

CORPORATION étrangère (l'affiliation à une) exigeant des distinctions de naissance , fait perdre la qualité de Français , 17.

CORPORELLES. (créances) Voyez *Créances.*

CORPS CERTAINS qui sont de nature mobilière, 528. Effet de l'obligation divisible lorsque la dette est d'un corps certain, 1221. Règles sur la libération d'un corps certain, 1245. Cas où les offres et le dépôt d'un corps certain peuvent avoir lieu, 1264. Libération du débiteur par la perte d'un corps certain qu'il était tenu de livrer , 1302.

CORPS LÉGISLATIF : ses membres sont exempts de la tutelle, 427.

CORPS MILITAIRES. (formes des actes de l'état civil dans les) Voyez *Armée.*

CORRECTION, (maisons de) Voyez *Maisons de correction.* Paternelle. Voyez *Puissance paternelle.*

CORRECTIONNELLE. (police) Voyez *Police.*

CORROSIVES. (matières) Voyez *Matières corrosives.*

COTE DE CONTRIBUTION en matière d'hypothèques sert pour la comparaison à faire de la valeur de l'immeuble avec celle des créances, 2165.

COTUTEUR, (le second mari d'une femme conservée tutrice, devient nécessairement) 596.

COULURE en matière de bail est un cas fortuit ordinaire. Voyez *Baux.*

COUPES DE BOIS (obligations de l'usufruitier, relativement aux) comprises dans l'usufruit, 590 et suiv. Celles qui entrent dans la communauté entre époux, 1403.

COUPES ordinaires des *bois taillis* ou des *futaies* qui deviennent meubles, 521.

COURS (cas où les murs entre) et jardins sont ou non mitoyens, 653 et suiv. Causes et effets de cette mitoyenneté, *ibid.*

COURS des fleuve ou rivières (effet du nouveau)
à l'égard des propriétés et propriétaires riverains,
663.

COURS D'EAU. Voyez *Eau*.

COURSES A PIED, à cheval et de chars. Voyez
Jeux.

COUSINS et cousines germains (les) peuvent
former opposition au mariage , 174. En ligne
collatérale , ils sont au quatrième degré , 730.
Voyez *Collatéraux* et *Parens*.

COUTUMES locales ne peuvent plus régler l'association des époux, 1390. Abrogation de ces
coutumes, *ibid*.

COUVERTURES (le rétablissement des) en-
tières, est du nombre des grosses réparations à
la charge du propriétaire du fonds sujet à l'usufruit, 606.

CRAINTE (causes et effets de la) sur le consentement donné à une convention ou obligation, 1112 et 1114.

CRÉANCE : comment s'établit le privilège,
quant au gage, sur celles corporelles, 2075.
Quand commence à courir la prescription à l'é-
gard d'une créance conditionnelle. Voyez *Prescription*. Transport de créances. Voyez *Transport*.

CRÉANCIERS, *Débiteurs* et *Dettes*. Les créanciers peuvent requérir la réunion d'un conseil de
famille pour la nomination d'un tuteur à un mineur, resté sans père ni mère, 405 et 421. Obligations d'un tuteur, créancier d'un mineur, pour
obtenir son paiement, 451. Les dettes actives ne
sont pas comprises dans le mot *Meubles*, 533.
La vente d'une maison, avec tout ce qui s'y
trouve, ne comprend pas les dettes actives, 536.

Mode d'extinction des dettes qui sont à la
charge de l'usufruitier ou du propriétaire du fonds
sujet à l'usufruit, 612. Effets et causes de l'in-
tervention des créanciers de l'usufruitier, dans
ses contestations avec le propriétaire du fonds
sujet à l'usufruit, 618. Ils peuvent faire annuller
sa renonciation à l'usufruit, 622. Les créanciers
peuvent se faire autoriser à accepter une succession à laquelle le débiteur aurait renoncé, 788.

Effets du bénéfice d'inventaire relativement aux
dettes d'une succession, 802, Droits des créanciers à l'égard de l'héritier bénéficiaire, 806 et
suiv. Ils peuvent requérir l'apposition des scellés
sur les effets d'une succession, ou y former opposition lorsqu'il a été apposé, 820. S'ils ont
exercé leurs droits de saisie ou d'opposition,
les cohéritiers sont tenus de faire vendre les
meubles, 826.

On doit le rapport de ce qui a été employé
pour le paiement des dettes d'un cohéritier,

851, Le rapport n'est point dû aux créanciers
d'une succession, 857. Les créanciers ayant hypothèque, peuvent intervenir au partage, 865.
Dans quelle proportion les cohéritiers, et les
légataires contribuent au paiement des dettes et
charges de la succession, 870 et 871.

Quand et comment chacun des cohéritiers peut
exiger que les immeubles de la succession soient
libérés des rentes dont ils sont grevés. Dans quel
cas l'un des héritiers demeure seul chargé du
service de la rente, et doit en garantir ses
cohéritiers, 872. Contre qui peuvent exercer leur
recours, les héritiers qui ont acquitté les dettes
et charges de la succession, 873 et 875. Aux
droits de qui est subrogé le légataire particulier
qui a acquitté les dettes de l'immeuble légué,
874 et 875. Mode de répartition de la part, dans
la dette hypothécaire du cohéritier devenu insolvable, 876.

Dans quel délai, et comment les créanciers
peuvent poursuivre l'exécution de leurs titres
contre les héritiers, 877. Les créanciers peuvent
demander, dans tous les cas, la séparation du
patrimoine du défunt, d'avec le patrimoine de
l'héritier, 878. Cas où ce droit ne peut plus être
exercé, 879. Comment il se prescrit relativement
aux meubles, 880. Pendant quel temps l'action
peut être exercée à l'égard des immeubles, 881.

Les créanciers de l'héritier ne peuvent demander la séparation des patrimoines contre les
créanciers de la succession, *ibid*. Cas où les
créanciers d'un copartageant peuvent intervenir
dans le partage, 882. Les créanciers du défunt
ne peuvent demander la réduction des dons et
legs, 921. Les immeubles à recouvrer, par l'effet
de la réduction des donations et legs, le sont
sans charge de dettes, 929.

Est nulle toute donation faite sous la condition
d'acquitter d'autres dettes que celles existantes,
945. Dettes à la charge des légataires, 1009,
1012 et 1020. Le legs fait à un créancier n'est
point censé en compensation de sa créance,
1023. L'abandon anticipé de la jouissance, ne
peut préjudicier aux créanciers du grevé antérieurs à l'abandon, 1053. Dettes dont est tenu
le donataire par contrat de mariage, 1084 et
suiv. L'obligation de délivrer la chose en rend
le créancier propriétaire, 1138. Exception, *ibid*.

Dommages-intérêts dont le débiteur est passible relativement à ses obligations, 1142 et suiv.
Intérêts auxquels les débiteurs sont soumis, 1153
et suiv. Cas où les créanciers peuvent exercer
les droits et actions de leurs débiteurs, 1166.
Ils peuvent aussi attaquer leurs actes frauduleux,
1167. La condition casuelle est celle qui n'est
au pouvoir du créancier ni du débiteur, 1169.

Cas où la condition est réputée accomplie;

lorsque c'est le débiteur qui en a empêché l'accomplissement, 1178. Droits du créancier qui passent à ses héritiers, 1179. Risques dont est tenu le débiteur, relativement à la condition suspensive, 1182. Le terme est toujours présumé stipulé en faveur du débiteur, 1187. Cas où il ne peut réclamer ce bénéfice, 1188.

Avantages accordés au débiteur pour se libérer d'une obligation alternative, 1189 et suiv. Cas où le choix du mode de libération d'obligations alternatives appartient au créancier, 1190. Cas où le créancier et le débiteur doivent ou ne doivent pas supporter la perte des choses péries, 1193 et suiv. 1205. Effet, à l'égard du débiteur, de la solidarité entre les créanciers, et à l'égard de ceux-ci, de la solidarité entre les débiteurs, 1197 et suiv. 1200.

Effets des obligations divisibles ou indivisibles, relativement au créancier et au débiteur, 1220 et suiv. Effet des obligations avec clauses pénales à l'égard du créancier et du débiteur, 1228. Règles et effets du paiement relativement au créancier et au débiteur, 1235 et suiv. Effet de la cession des biens à l'égard des créanciers et des débiteurs, 1265.

Effet que produit la novation à l'égard du débiteur et du créancier, 1271. Preuve et effet, tant à l'égard du créancier que du débiteur, de la remise de la dette, 1282. Effet de la compensation et de la confusion à l'égard des créanciers et des débiteurs, 1289 et 1300.

Cas où le débiteur est libéré envers le créancier par la perte de la chose due, 1302. Notes au dos du titre du débiteur qui peuvent justifier sa libération, 1332. Effet des titres récognitifs et confirmatifs à l'égard des créanciers, 1337. Effet du serment décisoire à l'égard du créancier, des débiteurs et codébiteurs, 1361 et suiv.

Cas où le débiteur a droit de répétition contre le créancier, 1377. Mode et effet de l'extinction des dettes des époux en communauté à l'égard de leurs créanciers personnels, et de ceux des successions qui leur sont échues, 1409 et suiv. Récompense due à l'un des époux, lorsqu'il est pris, sur la communauté, une somme pour acquitter les dettes personnelles à l'autre, 1437. Cas où les héritiers de la femme peuvent ou ne peuvent pas attaquer sa renonciation à la communauté, ou celle de ses héritiers, 1464. Mode du remboursement d'une dette payée à l'acquit de l'un des époux en communauté, 1478. Effet du paiement des dettes de la communauté entre époux à l'égard de leurs créanciers, 1482. Dettes dont la femme qui renonce à la communauté, est ou n'est pas tenue, 1494. Effet de la confusion des dettes opérée au profit

de l'un des époux qui a des enfans de précédens mariages, 1496. Les époux peuvent stipuler qu'ils paieront séparément leurs dettes antérieures au mariage. Effet à l'égard des créanciers, de la clause ci-dessus, 1497 et 1510. La simple communauté d'acquêts en exclut les dettes actuelles et futures de chacun des époux, 1498.

Cas où les apports mobiliers de la femme ne peuvent être repris que déduction faite de ses dettes personnelles, 1514. Droit des créanciers de la communauté sur les effets compris dans le préciput, 1518. Effet de la clause par laquelle on assigne à chacun des époux des parts inégales dans la communauté par rapport au paiement des dettes qui sont à sa charge, 1521 et suiv. Le mari a seul le droit de poursuivre les débiteurs des biens dotaux, 1549.

Forme et conditions de l'aliénation de l'immeuble dotal, pour payer les dettes de la femme, ou de ceux qui ont constitué la dot, 1558. La femme et ses héritiers n'ont point de privilèges pour la répétition de la dot sur les créanciers antérieurs en hypothèques, 1572. L'acquéreur doit rembourser au vendeur ce qu'il a payé pour les dettes de la succession vendue, 1698.

Cas où la caution doit payer le créancier, 2021. L'acquéreur doit déclarer dans l'acte de vente qu'il est prêt à acquitter les dettes et charges hypothécaires, 2184. Les créanciers peuvent opposer la prescription, 2225. Cas où la caution est subrogée à tous les droits qu'avait le créancier contre son débiteur, Voyez *Caution.* Le cautionnement ne peut excéder la dette. Voyez *Cautionnement.*

CROISÉE. Voyez *Fenêtres.*

CROIT des animaux donnés à cheptel se partage entre le bailleur et le preneur, 1802 et 1811. Voyez *Animaux.*

CRUE, (l'estimation et le rapport des meubles dans une succession se font sans) 825 et 868.

CRUES extraordinaires, 558. Voyez *Eaux, Étang.*

CULTE, (ministres du) Voyez *Ministres.*

CULTURE (animaux destinés à la) sont immeubles, 522 et 524. Cas où l'usager est assujetti aux frais de culture, 635. Le bail d'un bien rural peut être résilié, si le preneur en abandonne la culture, 1766. Fruits industriels obtenus par la culture. Voyez *Industrie.*

CURATEUR: il en est nommé un spécial au condamné mort civilement, 25. Le domicile d'un interdit est chez son curateur, 108. Un curateur ne peut former opposition au mariage de son pupille qu'avec l'autorisation du conseil

de

de famille , 175. Nomination et fonctions du curateur au ventre , 593. Le compte de tutelle est rendu au mineur émancipé , assisté d'un curateur qui lui est nommé par le conseil de famille , 480.

Curateur à une succession vacante, 811 et suiv. Fonctions de ce curateur. Voyez *Émancipation.* Le mineur émancipé peut accepter une donation avec l'assistance de son curateur ; 935. Il en est nommé un spécial au sourd-muet qui ne sait pas écrire , 936. Les curateurs sont tenus de faire transcrire aux hypothèques les donations faites aux mineurs, 940. La vente d'un immeuble délaissé est poursuivie sur le curateur créé à cet effet , 2174.

CUREMENT des puits. Voyez *Puits.*

CUVES : cas où elles sont immeubles, 524.

D.

DATES : celles des actes de l'état civil ne seront point en chiffres , 34, 42 et 57. Effet de la date des actes sous seing-privé , et des baux, et causes qui la rendent certaine, 1328 et suiv. 1751.

DÉCÈS (manière de constater le) dans le cas de perte des registres , 46. Formalités à remplir pour l'inhumation et la rédaction des actes de décès des particuliers , des militaires, des marins, dans les divers cas de mort naturelle, de mort violente, de condamnation par jugement, et dans les prisons, 77.

La succession d'un absent s'ouvre le jour de son décès prouvé, 130. Le décès dissout le mariage, 227. Effets du décès de l'adopté survenu depuis la rédaction de l'acte de consentement jusqu'à son homologation, 360. Les frais funéraires de l'enfant mineur décédé sont à la charge des père et mère, 385. Actes faits par un interdit qui peuvent être attaqués après son décès, 504.

Les biens des décédés sans héritiers appartiennent à la nation, 539. Extinction de l'usufruit par le décès de l'usufruitier, 617. Les successions s'ouvrent par la mort naturelle et la mort civile, 718. Circonstances qui font présumer la survie d'individus appelés à succéder, qui périssent dans le même événement, 720. La saisine ne peut durer au-delà de l'an et jour depuis le décès. Voyez *Successions.*

Tutelle après décès , 1026. Cas où le décès assure la date des différens actes authentiques et sous seing-privé , 1328, 1410, 1441 et 1452. Le décès donne ouverture au préciput , 1517. Effet du décès du mari ou de la femme sur la restitution des intérêts et fruits de la dot , 1570. Forme de l'inscription en cas de décès. Voyez *Hypothèques.*

DÉCHARGES. Le mineur émancipé ne peut en donner aucune sans l'assistance de son curateur, 482. L'interdit et le prodigue, sans celle de leur conseil, 499 et 513. Causes et effets de la décharge de la dette , 1282 et 2032. Voyez *Caution.*

DÉCHÉANCE. Voyez *Fins de non-recevoir.* Déchéance en matière de vente. Voyez *Délivrance.*

DÉCISIONS arbitrales : cas où elles emportent hypothèque. Voyez *Hypothèques.*

DÉCLARATION. (cas et objets pour lesquels le dépositaire est cru en sa) 1924. Voyez *Aveu.*

DÉCLARATION d'absence , de décès , de domicile , de mariage , de naissance , de remploi. Voyez ces mots en particulier.

DÉCORATION (les porcelaines faisant partie de la) d'un appartement , sont du nombre des meubles meublans , 534.

DÉCOUVERTE d'un trésor. Voyez *Trésor.*

DÉDOMMAGEMENT. Il n'en est pas dû pour perte de la chose louée. Voyez *Baux*, *Dommages-Intérêts.*

DÉFAUT (cas où la poursuite en expropriation ne peut pas avoir lieu en vertu d'un jugement par) 2215. Jugemens par défaut en matière d'hypothèques. Voyez *Jugemens.*

DÉFAUT de forme , (l'interruption est regardée comme non avenue , si l'assignation est nulle par) 2247.

DÉFAUT de contenance d'une chose louée. Voyez *Baux.*

DÉFAUTS cachés d'un objet vendu ou loué ou prêté. Voyez *Baux*, *Garantie* et *Prêt.*

DÉFENDEUR en divorce , en interdiction. Voyez *Divorce* et *Interdiction.*

DÉFENSEURS OFFICIEUX ne peuvent devenir cessionnaires des procès de la compétence de leur tribunal , 1597.

DÉFENSEURS de la patrie. Voyez *Militaires.*

DÉFICIT (qui doit supporter le) lorsqu'il s'en trouve à la fin du cheptel. Voyez *Cheptel.*

DÉFINITIFS (jugemens) en matière d'hypothèques. Voyez *Jugemens.*

DÉFUNT. Voyez *Décès*, *Donations*, *Successions* et *Testamens.*

DÉGRADATION : cas où celui dont la chose est unie à une autre , peut demander la séparation , quand même il en résulterait dégradation, 568. Responsabilité de l'usufruitier relativement aux dégradations qu'il aurait commises , 614. Celles qui peuvent donner lieu à la cessation de l'usufruit , 618. Celles dont le donataire est

tenu relativement au rapport de l'objet donné, 863. Dégradations des objets loués et vendus, Voyez *Baux*, *Garantie* et *Vente*. Voyez aussi l'article *Détérioration*.

DEGRÉS de parenté en matière de succession : manière de les établir, 734 et suiv. Voyez *Successions*. Au-delà du douzième degré les parens ne succèdent pas, 755. Voyez *Parens*.

DÉGUISÉES (les donations) sont nulles, 911 et 1099.

DÉLAIS : cas où les juges peuvent en accorder au débiteur, 1244. Délai dans lequel devront se faire l'inventaire et la renonciation à la communauté entre époux, 1456 et suiv. Cas où le juge peut accorder un délai pour la restitution des choses prêtées, 1900. Délai accordé à l'héritier bénéficiaire pour faire instruire et délibérer. Voyez *Bénéfice d'inventaire*. Prorogation de délai, Voyez *Prorogation* et *Terme*.

DÉLAIS relatifs à l'exécution des lois. Voyez *Lois* ; aux demandes et jugemens en matière de mariage , de divorce, d'adoption , de tutelle , d'interdiction et de successions. Voyez ces mots en particulier.

DÉLAISSEMENT de la chose louée. Voyez *Baux*. De l'immeuble hypothéqué, Voyez *Hypothèques*.

DÉLÉGATION du prix des ventes faites par l'héritier bénéficiaire, 807. Cas où la délégation opère la novation, et recours auquel elle donne lieu, 1275 et 1276.

DÉLIBÉRATION des conseils de famille. Voyez *Conseil de famille*.

DÉLIBÉRER , (délai accordé aux veuves et aux héritiers de leur mari pour) 1456 et suiv.

DÉLITS (poursuites des) relatifs à la rédaction des actes de l'état civil, 50 et suiv. Ceux qui donnent lieu à la révocation des donations et testamens , 955. Le mineur n'est point restituable contre les obligations résultant de son délit et quasi-délit , 1310. Effet du commencement de preuve à l'égard des obligations qui naissent des délits et quasi-délits , 1348. Nature et effets des délits et quasi-délits , 1382. On peut transiger sur l'intérêt civil qui résulte d'un délit , 2046.

DÉLIVRANCE , ou transport de la chose vendue en la puissance et possession de l'acheteur , 1604. L'obligation de délivrance , quant aux immeubles , est remplie par la remise des clefs ou des titres de propriété, 1605. Comment s'opère la délivrance des effets mobiliers, 1606. Comment se fait la tradition des droits incorporels, 1607. A la charge de qui sont les frais de délivrance , et ceux de l'enlèvement , 1608.

Dans quel lieu doit se faire la délivrance ,

1609. Cas où l'acquéreur peut demander la résolution de la vente , ou sa mise en possession , 1610. En cas de préjudice pour l'acquéreur , le vendeur est tenu aux dommages - intérêts , 1611. Le vendeur ne délivre la chose vendue, qu'autant qu'il en a reçu le prix , à moins d'un délai pour le paiement , 1612. La délivrance n'a pas lieu si l'acheteur a failli , à moins qu'il ne donne caution , 1613.

En quel état doit être délivrée la chose, et à dater de quel jour les fruits appartiennent à l'acquéreur , 1614. Ce que comprend l'obligation de délivrer la chose, 1615. La contenance doit être délivrée telle qu'elle est portée au contrat , 1616. Cas où le vendeur est obligé de souffrir une diminution du prix de la vente, 1617. S'il y a excédant de contenance , l'acquéreur fournit le supplément du prix , ou se désiste du contrat , 1618. Exceptions, 1619 et 1620. Dans le cas de désistement , à la charge de qui sont les frais du contrat , 1621.

Dans quel délai l'action en supplément , et en diminution du prix , ou en résiliation du contrat , doit être intentée à peine de déchéance , 1622. Cas où la compensation a lieu à concurrence pour deux fonds inégaux vendus par le même contrat , 1623. Sur qui doit tomber la perte ou la détérioration de la chose vendue , avant la livraison , 1624.

DÉLIVRANCE de legs. Voyez *Donations* et *Testamens*.

DEMANDES judiciaires. Voyez *Actions*.

DÉMENCE (la) est une cause d'opposition au mariage , 172. Donne lieu à l'interdiction , 489.

DEMEURE (effets de l'obligation quand le débiteur est en) de l'exécuter , 1158 et suiv. 1228 et 1230.

DEMEURE. Voyez *Domicile*.

DÉMOLITION : (matériaux provenant de) temps jusqu'au quel ils sont meubles, 532.

DÉNI de justice , (les juges qui refusent de juger , sont coupables de) 4.

DENIERS provenant de dispositions entre-vifs et testamentaires : leur emploi, 1065. La contrainte par corps a lieu pour répétition de deniers consignés, 2060. Ceux qui ont fourni les deniers pour l'acquisition d'un immeuble , ou pour payer ou rembourser les ouvriers , sont créanciers privilégiés , 2103.

DENIERS publics , (la contrainte par corps a lieu en matière d'administration des) 2070.

DÉNONCIATION qu'est tenu de faire , au propriétaire , l'usufruitier , de l'usurpation commise sur le fonds sujet à l'usufruit , 614. Effet de

la dénonciation, à la justice, du meurtre d'un défunt dont on hérite, 727.

DENRÉES (vente des) comprises dans l'usufruit, lorsque l'usufruitier ne fournit pas de caution, 603. Mode de restitution des denrées prêtées, 1897

DENRÉES, (prestation en) Voyez *Prestation.*

DÉPENS. Voyez *Frais.*

DÉPENSES (les) annuelles du mineur sont réglées par le conseil de famille, 454. Toutes autres dépenses justifiées sont allouées au tuteur, 471. Remboursement au gérant des affaires d'autrui, des dépenses utiles qu'il a faites, 1375. Dépenses dont doit tenir compte celui qui obtient la restitution d'une chose indûment reçue, 1381. Celles faites pour la conservation du dépôt, sont à la charge du déposant, 1947. Celles faites pour la conservation d'un gage sont à la charge du débiteur, 2080.

DÉPENSES d'agrément, voluptuaires et relatives à un objet prêté. Voyez *Garantie* et *Prêt.*

DÉPÉRISSEMENT (le) des objets d'une succession peut en autoriser la vente. Voyez *Successions.* Cas où le dépérissement des meubles compris dans l'usufruit, peut en autoriser la vente et le placement du prix au profit de l'usufruitier, 603. Le mari est responsable du dépérissement des biens de sa femme causé par défaut d'actes conservatoires, 1428. Effet du dépérissement des effets et obligations composant la dot dont la restitution est demandée, 1566 et 1567. Mode pour fixer la valeur des meubles sujets au dépérissement en matière d'hypothèques. Voyez *Hypothèques;* voyez aussi l'article *Péril.*

DÉPOSITAIRE. Voyez *Dépôt.*

DÉPOSITAIRES des registres de l'état civil. Voyez *État civil.*

DÉPOSITIONS de témoins. Voyez *Témoins* et *Preuve.*

DÉPÔT. (la possession provisoire des biens d'un absent n'est qu'un) 125. Règles communes aux dépôts et consignations, 1259. La demande en restitution de dépôt ne peut être admise en compensation, 1293. Les dépôts volontaires doivent être prouvés par titres, lorsqu'ils s'élèvent à 150 fr. 1341. Application du commencement de preuve à l'égard des dépôts nécessaires, 1348.

Définition du dépôt, 1915. Ses différentes espèces, son objet et formalités pour le rendre régulier et le prouver, 1916 et suiv. Qualités requises pour le dépôt volontaire, et obligations respectives du déposant et du dépositaire, dans le cas d'enlèvement par force majeure, et dans celui où le dépôt est dans un coffre ou sous cachet, 1924 et suiv.

Le dépositaire et son héritier doivent restituer la chose telle qu'elle a été donnée, même les fruits si elle en a produit, 1932 et suiv. Que doit faire le dépositaire dans le cas où il découvre que la chose déposée a été volée, 1938. A qui doit être rendu le dépôt en cas de mort naturelle ou civile du déposant, 1939. Si le déposant a changé d'état, s'il a été fait par un tuteur, par un mari, ou par un administrateur dont la gestion ou l'administration sont finies, 1941.

Les frais de transport du dépôt sont à la charge du déposant, 1942. S'il n'y a point de lieu désigné pour la restitution, où doit-elle être faite, 1943. Cas où le dépôt doit être remis au déposant aussitôt qu'il le réclame, 1944. Le dépositaire infidèle n'est point admis au bénéfice de cession, 1945. Dans quel cas toutes les obligations du dépositaire cessent, 1946.

Obligations du déposant envers le dépositaire, 1947. Jusqu'à quelle époque le dépositaire est en droit de garder le dépôt, 1948. Définition du dépôt nécessaire et règles à observer, 1949 et suiv. Les aubergistes ou hôteliers sont dépositaires des effets qui leur sont confiés : leur responsabilité à cet égard, 1952. La contrainte par corps a lieu pour dépôt nécessaire, 2060. Le dépositaire ne prescrit jamais, 2236.

DÉPÔT des registres de l'état civil. Voyez *État civil.*

DERNIER domicile. Voyez *Domicile.*

DERNIER mourant (le) des père et mère a le droit de choisir un tuteur, même étranger, 397.

DÉSAVEU de la paternité. Voyez *Paternité.*

DESCENDANS, (ascendans et) entre lesquels le mariage est prohibé, 161. Les descendans né sont pas reprochables du chef de la parenté dans les enquêtes sur le divorce, 251. Cas où la légitimation des enfans naturels décédés profite aux descendans, 332.

Suite des degrés dans la ligne des descendans, 736. La représentation a lieu à l'infini dans cette ligne, 740. Successions déférées aux descendans, 740. Droits d'un enfant naturel quand le père ou la mère a laissé des descendans légitimes, 757. Dans quel cas sont réputés personnes interposées les descendans, 911 et 1099.

Dispositions permises en faveur des descendans du donateur, ou de ceux de ses frères et sœurs, 1048. Partages permis aux pères et mères entre leurs descendans, 1075. Nullité du contrat lorsque la violence a été exercée sur les descendans par les ascendans, 1113. Les époux ne peuvent faire de convention dont l'objet serait de changer l'ordre des successions de leurs descendans, 1389.

DÉSHÉRENCE , (les biens acquis par le condamné à une peine emportant mort civile , appartiennent à la nation à titre de) 53. A défaut d'héritier , ou d'époux survivant , les biens d'un défunt passent à la République qui se fait envoyer en possession par justice , 559 , 723 , 724 et 768.

DÉSISTEMENT (effet du) d'une action en réclamation d'état , 330. Voyez *Filiation*, Désistement en matière de vente. Voyez *Délivrance*. Désistement du créancier requérant la mise aux enchères en matière d'hypothèques. Voyez *Hypothèques*.

DESSUS et du dessous , (la propriété du sol emporte celle du) 552.

DESTINATION du père de famille. Voyez *Père de famille*.

DESTITUTION de la tutelle , (causes et formalités de la) 442.

DESTRUCTION , (effet de la) de tout ou partie de la chose sujette à l'usufruit , 624.

DÉTAIL. (marchands en) Voyez *Marchands*.

DÉTENTEURS (le mari a seul le droit de poursuivre les) des biens dotaux , 1549.

DÉTENTION d'un fils de famille. Voyez *Puissance paternelle*. Voyez aussi *Prisons*.

DÉTENUS : mode de constater leur décès , 84 et 85.

DÉTÉRIORATION , (les objets mobiliers qui ne peuvent être enlevés sans) sont immeubles , 525. Obligation de l'usufruitier de rendre les choses dont il a joui sans détérioration , 509. Détérioration d'un objet donné , et sujet à rapport , 863.

Risques auxquels donne lieu la détérioration , 1182. Responsabilité du mari relativement aux détériorations survenues par sa négligence , 1562. Détérioration de l'objet vendu , engagé , prêté ou hypothéqué. Voyez *Délivrance*, *Gage*, *Hypothèques* et *Prêt*.

DETTES. Voyez *Créanciers*.

DEUIL (le) de la femme est aux frais des héritiers du mari , 1481. Sa fixation , *ibid*. Il est dû à la femme qui renonce à la communauté , *ibid*. Cas où la femme peut exiger les intérêts de sa dot pendant l'année de deuil , 1570. Habits de deuil qui lui sont fournis par la succession de son mari , *ibid*.

DEVIS ET MARCHÉS. définition du devis , 1711. Celui qui entreprend un ouvrage , fournit son travail ou son industrie , ou la matière , 1787. Il perd sa matière si la chose périt , 1788. Celui qui fournit son travail ou son industrie , n'est tenu que de sa faute si la chose périt , 1789.

Cas où l'ouvrier n'a aucun salaire à réclamer , si la chose vient à périr , 1790. Comment se fait la vérification d'un ouvrage à plusieurs pièces ou à la mesure , 1791.

Pendant quel temps les architectes et entrepreneurs sont responsables d'un édifice construit à prix fait , 1792. Cas où l'architecte ou l'entrepreneur ne peut demander aucune augmentation de prix , ni sous prétexte d'augmentation de la main-d'œuvre ou des matériaux , ni sous celui des augmentations ou des changemens faits sur le plan arrêté , 1793. Comment le maître peut résilier le marché fait à forfait , quoique l'ouvrage soit commencé , 1794. Dans quel cas le contrat de louage d'ouvrage est dissous , 1795.

Cas où le propriétaire est tenu de payer en proportion du prix convenu , la valeur des ouvrages faits et des matériaux préparés , 1796. L'entrepreneur répond du fait des personnes qu'il emploie , 1797. Jusqu'à quelle concurrence les ouvriers employés à la construction d'ouvrages faits à l'entreprise , ont action contre celui pour lequel les ouvrages ont été faits , 1798. Quels sont les ouvriers qui font directement des marchés à prix fait , et à quelles règles ils sont astreints , 1799.

DÉVOLUTION en matière de succession; il ne s'en fait aucune d'une ligne à l'autre , que lorsqu'il ne se trouve aucun ascendant ni collatéral de l'une des deux lignes , 733 et 734.

DIFFÉRENDS. les transactions ne règlent que ceux qui s'y trouvent compris. Voyez *Transactions*.

DIGUES (le rétablissement des) est à la charge du propriétaire du fonds grevé d'usufruit , 606. Le propriétaire inférieur ne peut élever de digues qui empêchent l'écoulement des eaux des fonds plus élevés , 640.

DILAPIDATEURS. Voyez *Prodigues*.

DIMANCHE (le) est consacré aux publications de mariage , 63. Les affiches de vente de biens d'un mineur sont apposées trois dimanches consécutifs , 459.

DIMINUTION du prix du bail pour perte de la chose louée. Voyez *Baux*.

— de rentes. Voyez *Constitution de Rentes*.

— de prix d'un objet vendu. Voyez *Prix*.

DIPLOMATIE. Voyez *Agens diplomatiques*.

DIRECTE (ligne) on appelle ainsi la suite des degrés entre personnes qui descendent l'une de l'autre , 736. Voyez *Successions*.

DIRECTEURS d'établissemens publics. Voyez *Établissemens publics*. Des hôpitaux. Voyez *Hôpitaux*.

Discussion. (l'acquéreur peut opposer aux créanciers de son vendeur le bénéfice de la) Voyez *Rachat*. La discussion du mobilier n'est pas requise avant l'expropriation des immeubles possédés par un mineur ou un interdit , 2207. Discussion du débiteur en matière de cautionnement et d'hypothéques, Voyez *Caution* , *Hypothèques* et *Solidarité*.

Disparition. Voyez *Absence*.

Dispense d'age pour le mariage. Le Gouvernement peut en accorder pour des motifs graves , 145; Il peut lever la prohibition de mariage entre parens , 164. Il peut dispenser de la seconde publication de mariage , 169. Il est prononcé des amendes contre ceux qui se sont mariés sans avoir obtenu les dispenses prescrites par la loi , 192 et 193. Fonctions publiques et autres causes de dispense de la tutelle , 427 et suiv.

Disposition (le droit de propriété confère le droit de) de la manière la plus absolue , 544.

Dispositions entre-vifs , réciproques , rémunératoires et testamentaires, Voyez *Donations* et *Testamens*.

Dissolution de communauté , de contrat de louage , de mariage et de société. Voyez ces mots en particulier.

Distances requises pour certains établissemens et dépôts de matières corrosives , 674.

Distinctions de naissance , (l'affiliation à une corporation étrangère qui admet des) fait perdre la qualité de français, 17.

Divertissement d'effets d'une succession : celui fait par un héritier lui fait perdre le droit de renoncer à la succession , et de prendre aucune part dans ces effets , 792. Effet du divertissement d'objets de la communauté par l'un des époux , 1460 et 1477.

Divisibles et indivisibles. (obligations) Voyez *Contrats*.

Division (le créancier qui consent à la) de la dette à l'égard de l'un des débiteurs , conserve l'action solidaire contre les autres , 1210. La division de l'aveu ne peut avoir lieu , 1356. Bénéfice de division. Voyez *Bénéfice de division*. De l'action en matière de cautionnement. Voyez *Caution*.

Divorce (le) légalement prononcé dissout le mariage , 226.

Les causes du divorce sont l'adultère , les excès , sévices ou injures graves de l'un des époux envers l'autre , la condamnation de l'un des époux à une peine infamante et leur consentement mutuel et persévérant , 229 et suiv. A quel tribunal doit être formée la demande en divorce , 234. Cas où l'action en divorce peut être suspendue , et époque à laquelle elle peut , dans ce cas , être reprise , 255.

Forme de la demande en divorce , et cas où le juge se transportera au domicile de l'époux demandeur pour y recevoir sa demande , 236. Ce que doit faire le juge dans ce cas , 237 et 238. Et dans celui où il ne peut parvenir à opérer un rapprochement entre les deux époux , 239. Délai dans lequel le tribunal accorde ou suspend la permission de citer. Fixation du terme de la suspension , 240. Forme de la citation , 241.

Quand et comment le demandeur expose ou fait exposer les motifs de sa demande , 242. Sur quoi peuvent porter les observations qu'ont droit de faire réciproquement le demandeur et le défendeur , 243. Forme du procès-verbal des comparutions, 244. Délai dans lequel le demandeur est tenu de faire signifier l'ordonnance du tribunal au défendeur , dans le cas où celui-ci ne comparaîtrait , 245.

Cas où la demande en divorce est rejettée ; cas où elle est admise , 246. De quelle manière elle est jugée , 247. Comment les parties peuvent proposer leurs moyens respectifs , tant sur les fins de non-recevoir que sur le fond , 248. Délai passé lequel les parties ne sont plus reçues à désigner des témoins , 249. De quelle manière le tribunal statue sur les reproches respectifs proposés par les parties contre les témoins qu'elles veulent écarter , 250.

Quel égard le tribunal doit avoir aux dépositions des parens , et des domestiques des parties , 251. Fixation de l'époque à laquelle les témoins doivent être présentés , 252. Comment , et en présence de qui leurs dépositions sont reçues , et mode de leur rédaction , 253 et 255. Observations et interpellations que les parties peuvent faire aux témoins , soit par elles , soit par leurs conseils , 254. Mode de rédaction du procès-verbal d'enquête ; par qui il doit être signé , 255.

Epoque à laquelle le tribunal renvoie les parties à l'audience publique. A la requête de qui , et dans quel délai l'ordonnance de communication de la procédure est signifiée au défendeur , 256. Epoque à laquelle le commissaire du Gouvernement donne ses conclusions sur le rapport fait par le juge commis , 257. Ce qu'est en droit de faire le demandeur dans le cas où le jugement définitif admet le divorce , 258.

Cas où les juges peuvent ne pas admettre immédiatement le divorce , encore que la demande soit bien établie , et autoriser la femme à quitter la compagnie de son mari , 259. Ce qu'est en droit de faire l'époux demandeur ,

dans le cas où, après une année d'épreuve, les parties ne se sont pas réunies, 260.

Formalités à observer lorsque la demande en divorce est fondée sur la condamnation de l'un des époux à une peine infamante, 261. En cas d'appel du jugement d'admission, ou du jugement définitif, à quel tribunal la cause est instruite et jugée, 262. Délai passé lequel l'appel n'est plus recevable, non plus que le pourvoi en cassation, 263. Dans quel délai l'époux qui a obtenu le divorce, doit se présenter devant l'officier de l'état civil pour le faire prononcer, 264. Epoque de laquelle ce délai commence à courir, à l'égard du jugement de 1re, instance, du jugement par défaut en cause d'appel, et du jugement contradictoire en dernier ressort, 265. Cas où le demandeur est déchu du bénéfice du jugement qu'il a obtenu, 266.

Auquel des époux reste l'administration provisoire des enfans, 267. Indication de la maison où la femme est tenue de résider pendant la poursuite et fixation de la provision alimentaire que le mari est obligé de lui payer, 268. Cas où le mari peut refuser la provision alimentaire, 269.

A partir de quelle époque la femme commune en biens peut requérir l'apposition des scellés sur les effets mobiliers de la communauté, et à quelles conditions le mari peut en demander la levée, 270. Obligations contractées par le mari, à la charge de la communauté, qui sont déclarées nulles, 271.

Comment s'éteint l'action en divorce, 272. Cas où le demandeur peut en intenter une nouvelle, 273. Comment le défendeur doit prouver qu'il y a eu réconciliation, dans le cas où le demandeur le nie, 274. Cas où le consentement mutuel des époux n'est point admis, 275 et suiv. Condition sans laquelle ce consentement est, dans tous les cas, insuffisant, 278. Obligations préalables des époux déterminés à opérer le divorce par consentement mutuel, 279 et 280.

Comment et à qui les parties doivent faire la déclaration de leur volonté, 281. Fonctions du juge dans cette circonstance, 282. Actes que les époux sont tenus de produire avant de commencer la poursuite en divorce, 283. A qui des deux notaires reste la minute du procès-verbal qu'ils dressent à cet effet, ainsi que les pièces produites, 284. Epoque à laquelle la déclaration doit être renouvelée; preuve que les parties sont obligées de rapporter à chaque renouvellement, 285.

A quelle époque, et de quelle manière les époux peuvent se représenter devant le président du tribunal, pour en requérir l'admission du divorce, 286. Forme du procès-verbal dressé à cet effet par le greffier du tribunal, 287. De l'ordonnance que le juge y met au bas, 288. Dans quel cas, et en quels termes le commissaire du Gouvernement donne ses conclusions, 289. Cas où le tribunal admet le divorce et où il déclare qu'il n'y a pas lieu à l'admettre, 290.

Condition sans laquelle n'est point recevable l'appel du jugement qui déclare ne pas y avoir lieu à l'admission du divorce, 291. A qui doivent être signifiés les actes d'appel, 292. Délai dans lequel il est statué définitivement par le tribunal d'appel, 293. Dans lequel les parties doivent faire prononcer le divorce admis par le jugement, 294.

Les époux divorcés ne peuvent plus se réunir, 295. Epoque avant laquelle ils ne peuvent contracter un nouveau mariage, 296 et 297. L'époux coupable d'adultère ne peut jamais se remarier avec son complice, 298. Peine à laquelle la femme adultère est condamnée, 298 et 308. Dans tous les cas l'époux contre qui le divorce a été prononcé, perd tous les avantages que l'autre époux lui a faits, 299.

L'époux qui obtient le divorce conserve tous les avantages à lui faits par l'autre époux, 300. Cas où le tribunal peut accorder à l'époux qui a obtenu le divorce, une pension alimentaire sur les biens de l'autre époux. Fixation de cette pension, 301. Auquel des époux sont confiés les enfans, 302. Les deux époux divorcés conservent le droit de surveiller l'entretien et l'éducation de leurs enfans, et sont tenus d'y contribuer, 303.

Les enfans nés d'un mariage dissous par le divorce admis en justice, conservent les droits qui leur étaient assurés par les lois, ou par les conventions matrimoniales de leurs père et mère, 304. Droits des enfans sur les biens de leurs père et mère divorcés par consentement mutuel, 305.

Cas où les époux peuvent former demande en séparation de corps, 306. Manière d'intenter cette demande, 307. Comment le mari peut arrêter l'effet de la condamnation de sa femme, pour cause d'adultère, 309. Dans quel cas et dans quel délai l'époux qui était originairement défendeur en séparation de corps, peut demander le divorce, 310.

La séparation de corps emporte toujours séparation de biens, 311. Dissolution de la communauté par le divorce; ses effets, 1441 et 1452. Règles relatives à l'acceptation ou à la renonciation, de la part des femmes divorcées, à la communauté, 1463. Effet du divorce à l'égard du préciput, 1518.

DOCTEURS en médecine et en chirurgie (les) font les déclarations de naissance, 56. Sont

appelés pour dresser procès-verbal de l'état d'un cadavre, lorsqu'il y a des signes de mort violente, 81. Leur certificat est nécessaire pour autoriser un demandeur en divorce retenu par maladie, à faire sa déclaration dans son domicile, 236. Ils ne peuvent profiter des dispositions entre-vifs ou testamentaires que fait en leur faveur un malade qu'ils ont traité, mais seulement des dispositions rémunératoires à titre particulier, 909. Voyez *Médecins* et *Chirurgiens.*

Dol. (s'il y a eu) de la part d'un mineur, la tutelle doit lui être retirée, 421. Le dol est défendu à l'usufruitier, 589. L'acceptation faite d'une succession par un majeur peut être attaquée, lorsqu'elle est la suite d'un dol pratiqué envers lui, 783. Les partages peuvent être rescindés pour la même cause, 887. Causes et effets du dol sur le consentement donné aux conventions et obligations, 1109 et suiv. Dommages-intérêts auxquels donne lieu par l'effet du dol, l'inexécution des obligations, 1150 et suiv.

Epoque à compter de laquelle court l'action résultante du dol dans les conventions, 1304. Présomptions qui ne peuvent être admises à l'égard des actes attaqués pour causes de dol, 1353. Effet du dol des héritiers du mari décédé, sur la renonciation de la femme survivante qui aurait antérieurement pris la qualité de commune, 1455. Le mandataire répond du dol de celui qu'il commet dans sa gestion, 1992. Le dol ou la violence en matière de transaction emporte rescision, 2053. Voyez *Fraude.*

DOMMAGES-INTÉRÊTS : il en est dû par les personnes coupables d'altération ou de faux dans les actes de l'état civil, 52 ; par l'officier de l'état civil qui célèbre un mariage sans la main-levée des oppositions, 68 ; par les opposans à un mariage, dont l'opposition est rejetée, 179 ; par le subrogé tuteur qui néglige de provoquer la nomination d'un tuteur, 424 ; par un tuteur convaincu de mauvaise gestion, 450.

Dommages-intérêts résultant de construction et ouvrages faits par le propriétaire avec des matériaux qui ne lui appartenaient pas, 554. Nature de ceux dont est passible, celui qui, ayant fait des constructions et plantations avec ses matériaux, est obligé de les retirer, 555. Auxquels donne lieu l'emploi de matières à l'insu du propriétaire, 577. Dommages-intérêts dus par l'époux survivant, ou l'administration des domaines qui négligent de remplir les formalités prescrites pour les successions qui leur sont dévolues, 772. Résultant de l'obligation de faire ou de ne pas faire, 1142 ; de l'exécution de l'obligation, 1146 et suiv.; de la détérioration de la chose qui a été l'objet de la condition suspensive, 1182 ; de l'inexécution de l'engagement, 1184.

Dommages-intérêts que le créancier peut réclamer contre les débiteurs qui ont laissé périr la chose ; 1205. La clause pénale est la compensation des dommages-intérêts résultant de l'inexécution de l'obligation principale, 1229. Influence des circonstances sur la modération des dommages-intérêts qui résultent des fautes du gérant des affaires d'autrui, 1374. Dommages auxquels donnent lieu les délits et quasi-délits, et responsabilité qui en est la suite, 1382. Résultant de l'inobservation des formes prescrites aux notaires relativement aux changemens et contre-lettres faits à l'occasion d'un contrat de mariage, 1397. L'associé est tenu, envers la société, des dommages qu'il lui a causés par sa faute, 1850.

Les aubergistes et hôteliers sont responsables du dommage apporté aux objets qui leur sont confiés, à moins qu'il ne soit causé par une force majeure, 1953 et 1954. Le mandataire répond des dommages-intérêts qui pourraient résulter de l'inexécution du mandat, 1991. Cas où la caution peut en exiger, 2028. Le paiement de ceux adjugés par jugement de réintégrande, emporte la contrainte par corps, 2060. Cas où le conservateur des hypothèques en doit aux parties, 2203. Cas où le copermutant peut en demander. Voyez *Echange* et *Indemnité.* Dommages-intérêts en matière de vente. Voyez *Vente.*

DOMAINE de l'état, (les biens d'un condamné à une peine emportant mort civile, sont réunis au) 35. Propriétés qui dépendent du domaine public, 538 et suiv. Les biens qui n'ont pas de maître sont également réunis au domaine de l'état, 713. A défaut de parens, la succession d'un défunt appartient à la République, 723, 724, 768 et suiv.

DOMESTIQUES (le domicile des) est chez la personne qu'ils servent, 109. Ils ne sont pas reprochables en cette qualité, étant appelés en témoignage dans une demande en divorce, 251. Les legs qui leur sont faits ne sont point censés en compensation de leurs gages, 1023. Responsabilité des maîtres à l'égard du dommage causé par leurs domestiques, 1384. Temps pendant lequel la veuve peut prendre la nourriture de ses domestiques sur la communauté, 1465. L'action des domestiques qui se louent à l'année, se prescrit par un an, 2272.

DOMICILE. Un étranger qui le fixe en France, peut acquérir la qualité de Français, 9. L'énonciation du domicile des personnes dénommées dans les actes de l'état civil est de rigueur, 54. Dans les actes de mariage et de décès, 63 et suiv.

Domicile de tout Français, quant à l'exercice de ses droits civils, 102. Comment le changement s'opère, 103. Domicile du fonctionnaire public, 106 et 107. Domicile de la femme mariée, du mineur non émancipé, du majeur interdit, des domestiques et ouvriers, 108 et 109. Domicile, relativement aux successions et aux actes judiciaires, 110 et 111. Paiemens qui doivent être faits au domicile du débiteur, 1247. Domicile auquel se doivent faire les offres, 1258. La sommation d'enlever un corps certain, 1264. Le domicile de la caution doit être dans le ressort du tribunal d'appel où est donnée l'obligation, 2018. Domicile en matière d'hypothèques. Voyez *Hypothèques.*

DON (ce que comprend le) d'une maison meublée, et celui d'une maison avec tout ce qui s'y trouve, 535.

DONATAIRE d'un absent, (le) après l'envoi en possession provisoire de ses biens, peut exercer ses droits, à la charge de donner caution, 123. Voyez l'article ci-après *Donations.*

DONATEUR (le) sous réserve d'usufruit est dispensé de donner caution, 601.

DONATIONS entre-vifs et testamentaires, (les condamnés à des peines emportant mort civile, ne peuvent disposer par) 25. Une femme mariée n'en peut faire sans le concours de son mari dans l'acte, 217. Les père et mère n'ont pas la jouissance des biens donnés à leurs enfans mineurs, sous la condition d'en jouir seuls, 387. Un tuteur ne peut accepter une donation faite au mineur sans l'autorisation du conseil de famille, 463.

La donation entre-vifs ou testamentaire est une des manières d'acquérir ou de transmettre la propriété des biens, 711. Les ascendans succèdent aux choses données par eux à leurs descendans décédés sans postérité, lorsque les objets donnés se retrouvent en nature dans la succession, 747. La donation que fait de ses droits successifs un héritier, emporte de sa part acceptation de la succession, 780. Tout héritier doit rapporter à ses cohéritiers tout ce qu'il a reçu par donation, 843. Exception, *ibid.* Voyez *Rapports.*

Dispositions générales relatives aux donations entre-vifs et testamens, 893 à 900. Capacité de disposer ou de recevoir par donation entre-vifs ou par testament, 901 à 912. Portion de biens disponible et de la réduction, 913 à 919. Réduction des donations et legs, 920 à 930. Forme des donations entre-vifs, 931 à 952. Exceptions à la règle de l'irrévocabilité des donations entre-vifs, 953 à 966. Règles générales sur la forme des testamens, 967 à 980.

Règles particulières sur la forme de certains testamens, 981 à 1001; des institutions d'héritier et des legs en général, 1002; des legs universels, 1003 à 1009; des legs à titre universel, 1010 à 1013; des legs particuliers, 1014 à 1024; des exécuteurs testamentaires, 1025 à 1034; la révocation des testamens et leur caducité, 1035 à 1047.

Dispositions permises en faveur des petits enfans du donateur ou testateur, ou des enfans de ses frères et sœurs, 1048 à 1074. Partages faits par père, mère ou autres ascendans, entre leurs descendans, 1075 à 1080. Donations faites par contrat de mariage aux époux et aux enfans à naître du mariage, 1081 à 1090.

Dispositions entre époux, soit par contrat de mariage, soit pendant le mariage, 1091 à 1100. Cas où la donation peut être stipulée par un tiers au profit d'un autre, 1121. Les vices d'une donation ne peuvent être réparés par un acte confirmatif, 1339. Exception, 1340.

Effet de la preuve testimoniale à l'égard de la demande de choses provenantes de diverses donations, 1345. Donations entre-vifs ou testamentaires permises dans le contrat de mariage, 1589.

Validité des donations du mineur par contrat de mariage, 1398. Objets provenans des donations qui entrent ou non dans l'actif de la communauté entre époux, 1401 et suiv. Règles pour le paiement des dettes dépendant d'une donation faite à l'un des époux en communauté, 1418. Cas où le mari peut disposer entre-vifs des biens de la communauté, 1422 et 1423. Mode d'exécution des donations que l'un des époux a pu faire à l'autre, 1480. Le préciput n'est point sujet aux formalités des donations, 1516.

Donations permises ou défendues aux époux qui ont des enfans d'un précédent mariage, 1527. Ce qui est donné à la femme en contrat de mariage est dotal, 1540. Exception, *ibid.* Effet du régime dotal sur la donation d'un immeuble en paiement de la dot, 1553. Cas où la donation des biens dotaux est permise, 1555 et 1556. N'entrent dans la société de tous biens présens, que pour la jouissance, ceux qui pourraient avenir aux associés par donation, 1837. Une rente viagère peut être constituée à titre purement gratuit par donation entre-vifs, 1969. Voyez *Contrat de Mariage, Exécuteurs testamentaires grevés de restitution, Legs, Partages* et *Testamens.*

DOT (la) de l'enfant d'un interdit est réglée par le conseil de famille, 511. Le donateur stipulant le droit de retour des objets donnés, ce droit ne s'étend point à l'hypothèque de la dot, 951. Les biens compris dans une donation révoquée de plein droit, rentrent libres de toute hypothèque, et sans pouvoir demeurer affectés

même

même subsidiairement à la restitution de la dot de la femme du donataire, 963.

Les femmes grevées de restitution ont des recours subsidiaires pour le capital des deniers dotaux, 1054. Déclaration que peuvent faire les époux qu'ils entendent se marier sous le régime dotal, 1391. Effet de cette déclaration, 1592 et 1593. Effet de la stipulation dotale faite par des père et mère vivant en communauté, 1438 et suiv. La séparation de biens ne peut être poursuivie qu'en justice par la femme dont la dot est mise en péril, 1443.

Rapport à la masse partageable des valeurs prises dans la communauté pour doter un enfant d'un autre lit, ou pour doter l'enfant commun, 1469. Effet à l'égard de la dot de la clause portant que les époux se marient sans communauté, 1531 et suiv. Nature, objet et effets de la dot, 1540 et suiv. Droits du mari sur les biens dotaux, et inaliénabilité du fonds dotal 1549. Mode de restitution de la dot, 1564.

Les biens de la femme qui n'ont pas été constitués en dot, sont paraphernaux, 1574. En se soumettant au régime dotal les époux peuvent stipuler une société d'acquêts, 1581. La vente peut avoir lieu entre époux, dans le cas où la femme cède à son mari, des biens en paiement d'une somme qu'elle aurait promise en dot, 1595.

Dot en matière d'hypothèques. Voyez *Femmes mariées* et *Hypothèques.*

Dotaux. (biens) Voyez *Dot.*

Double lien. Voyez *Successions collatérales.*

Doubles, (les testamens faits en mer sont en) originaux, 990.

Douzième degré (les parens au-delà du) ne succèdent pas, 755.

Droits (la vente d'une maison avec tout ce s'y qui trouve ne comprend pas les) dont les titres sont déposés dans la maison vendue, 556. Nature des droits qu'on peut avoir sur les biens, 543. Le droit de jouir dérive du droit de propriété, 544. Celui qui a transigé sur un droit qu'il avait de son chef n'est point lié, quant aux droits qu'il acquiert postérieurement à la transaction. Voyez *Transactions,* Subrogation aux droits en matière de cautionnement, Voyez *Cautionnement.*

Droits. Voyez *Actions.*

Droits d'accession : leur nature et effets, 546 et suiv.

Droits civils. (loi relative à la privation et à la jouissance des)

Exercice des droits civils par les français, et par les étrangers, 7 et 8. Par l'individu né en France d'un étranger, 9. Ce qui fait perdre la qualité de français, et formalités exigées pour la recouvrer, 10 et suiv.

Droits incorporels : leur tradition et transport. Voyez *Délivrance* et *Transport.*

— réels en matière d'hypothèques. Voyez *Hypothèques.*

— de retour des objets donnés : dans quel cas ils peuvent être stipulés, 951 et 952. Voyez *Donations.*

— successifs Voyez *Successions.*

— de survie. Voyez *Survie.*

— d'usage et d'habitation. Voyez *Usage.*

Durée du cheptel, des baux etc. Voyez *Baux.*

E.

Eau (propriétaire qui profite des relais formés par l') courante, qui se porte d'une rive à l'autre, 557. Droit des propriétaires des lacs et étangs sur le terrain que l'eau couvre, 558. Assujettissement des fonds inférieurs à recevoir les eaux de ceux qui sont plus élevés, 640. Droit du propriétaire qui a une source dans son fonds, 641. Cas où le cours n'en peut être changé, 643.

Droit qu'ont les propriétaires d'héritages bordant ou traversés par une eau courante, de s'en servir, 644. Moyen de régler les contestations sur le cours et l'usage des eaux, 645. Observation des usages et réglemens locaux sur les cours d'eau, *ibid.* Les conduits d'eau sont du nombre des servitudes continues, 688. Puisage d'eau. Voyez *Puisage.*

Eaux pluviales, (manière d'établir les toits pour l'écoulement des) 681.

Echalas (droit qu'a l'usufruitier de prendre dans les bois des) pour les vignes, 595.

Echange (tout acte qui a pour objet de faire cesser l'indivision entre cohéritiers, quoique qualifié d') donne lieu à l'action en rescision, 888. L'aliénation par échange que fait le testateur d'une chose léguée, emporte la révocation du legs, 1038. Effet de l'échange d'immeubles contre d'autres immeubles appartenant à l'un des époux en communauté, 1407. Cas et conditions de l'échange de l'immeuble dotal, 1559. Définition de l'échange, 1702. Il s'opère par le seul consentement, 1703.

Cas où l'un des copermutans, qui a reçu la chose donnée en échange, n'est pas tenu de livrer à l'autre contractant celle promise en contre-échange, 1704. Le copermutant évincé de la

chose qu'il a reçue, peut demander des dom-
m a_{ag}es-intérêts, ou répéter celle qu'il a donnée,
1705. La rescision n'a pas lieu pour cause de
lésion dans le contrat d'échange, *ibid.* Toutes
les autres règles prescrites pour la vente s'appliquent à l'échange, 1706.

ÉCHANTILLONS des tailles. Voyez *Tailles.*

ÉCHÉANCE, (la caution peut exercer son action
en indemnité contre le débiteur, lorsque la dette
est devenue exigible par) 2052, Voyez *Délai*
et *Terme.*

ÉCOLIERS. Voyez *Élèves.*

ÉCONOMIES (partage des acquêts provenant
des) des deux époux, 1498.

ÉCOULEMENT des eaux. Voyez *Eaux.*

ÉCRIT (s'établissent par) les faits relatifs à
une demande en interdiction, 493. L'antichrèse,
voyez *Antichrèse*; un bail, voyez *Baux*; un
dépôt, voyez *Dépôt.* Écrits qui donnent lieu à
un commencement de preuve, 1546.

ÉCRITURES (preuve résultant des) des marchands et particuliers, 1529 et suiv.

ÉCRITURES privées. Voyez *Actes sous seing-
privé.* — Vérification d'écriture. Voyez *Vérification.*

ÉCRIVAIN d'un navire (l') reçoit les testamens
faits sur mer, 988.

ÉDUCATION des enfans d'un absent : la mère
exerce les droits du mari pour la diriger, 141.
Celle des enfans d'époux divisés est surveillée par
eux respectivement, 303. Une des preuves de
la possession d'état d'un enfant est que le père
a pourvu à son éducation, 321. Le soin de l'é-
ducation est un devoir du tuteur officieux, 364
et 365. Une des charges de la jouissance des
biens du mineur par le conjoint survivant, est
de pourvoir à son éducation, 385.

Les frais d'éducation ne sont pas sujets à rapport, 852. Voyez *Enfans.* Les dépenses d'éducation sont une dette de la communauté entre
époux, 1409. Proportion dans laquelle la femme
qui a obtenu sa séparation, doit contribuer aux
frais d'éducation des enfans, 1448.

EFFET des conventions. Voyez *Contrats.*

EFFET rétroactif, (la loi n'a point d') 2. Jour
à compter duquel la condition accomplie a un
effet rétroactif, 1179.

EFFETS mobiliers, (les actions qui ont pour
objet des) sont de nature mobilière, 529.
Objets indiqués par l'expression d'*Effets mobiliers*, 535. Le prix d'effets mobiliers est créance
privilégiée, 2102.

EFFIGIE, (exécution par) Voyez *Condamnations, Contumaces* et *Mort civile.*

ÉGALES portions (les enfans ou leurs descendans succèdent par) à leurs père, mère et
ascendans, 745.

ÉGOUTS sont du nombre des servitudes continues, 688.

ÉLARGISSEMENT : abandon que peut faire le
débiteur pour obtenir sa liberté, 1268.

ÉLECTION de domicile. Voyez *Domicile.*

ÉLÈVES. (responsabilité des instituteurs à
l'égard du dommage causé par leurs) 1384.

ÉLOIGNEMENT (effets de l') du mari, relativement à la légitimité des enfans, 312. Voyez
Paternité.

ÉMANCIPATION. Le mineur est émancipé de
plein droit par le mariage, 476. Il peut l'être
par son père ou sa mère, lorsqu'il a atteint
l'âge de quinze ans révolus. Formalités exigées
pour opérer l'émancipation soit sur la demande
des père et mère, soit sur celle des parens et
alliés du mineur, 477 et suiv. Droits que l'é-
mancipation donne au mineur relativement à ses
biens, 481 et suiv.

Cas où le mineur peut être privé du bénéfice
de l'émancipation, 484. Le mineur émancipé qui
fait un commerce, est réputé majeur pour les
faits relatifs à ce commerce, 487. Effet de l'é-
mancipation sur l'action en lésion ouverte en
faveur d'un mineur, 1305.

EMBELLISSEMENS (les) faits sur un fonds légué
par testament, font partie du legs, 1019.

EMPLOI (l') de capitaux reçus par un mineur
est surveillé par le curateur, 482. Le grevé de
restitution est tenu de faire emploi, dans les
six mois, des deniers comptant et de ceux provenant des ventes, 1065. Emploi des revenus
des interdits et des mineurs. Voyez *Interdits*
et *Mineurs.*

La condition de l'emploi doit être stipulée
dans le contrat de mariage pour rendre dotal
l'immeuble acquis des deniers dotaux ou donné
en paiement de la dot, 1553. Cas où il est
fait emploi de l'excédant du prix de l'aliénation
de l'immeuble dotal, 1558. Emploi qui sera fait
de l'excédant du prix de l'immeuble donné en
échange, 1559. Voyez *Remploi.*

EMPLOYÉS : responsabilité des commettans à
l'égard du dommage causé par leurs commis,
1384.

EMPLOYÉS civils de l'armée : actes de l'état
civil qui les concernent. Voyez *Armée.*

EMPRISONNEMENT : (cas où les officiers de
l'état civil peuvent être condamnés à l') 157.

EMPRUNTS : un mineur n'en peut faire sans
l'autorisation du conseil de famille, 457 et 483.

Un interdit et un prodigue sans l'assistance d'un conseil, 499 et 513. Forme et effet de la subrogation, lorsque le débiteur emprunte une somme pour se libérer envers le créancier, 1250. Cas où la veuve vivra par emprunt au compte de la communauté, 1465.

EMPRUNTEUR, (obligation de l') 1880.

ENCEINTE. (femme) Voyez *Conception*, *Grossesse.*

ENCHÈRES prescrites pour la vente des meubles et des immeubles d'un mineur, 452 et 459. Pour celle des meubles d'une succession bénéficiaire, 805. Cas où l'immeuble dotal peut être aliéné aux enchères, 1558. Tout créancier inscrit aux hypothèques peut requérir la mise de l'immeuble aux enchères et à l'adjudication publiques. Voyez *Hypothèques.* Cas où les biens doivent être vendus aux enchères. Voyez *Licitation.*

ENCLOS (causes et effets de la mitoyenneté des murs d') dans les champs, 653 et suiv. Enclos dont un testateur aurait augmenté l'enceinte, fait partie du fonds légué par lui, 1019.

ENFANS. Actes qui constatent leur naissance, 55. Surveillance des enfans d'un absent, et leurs droits sur les biens de leur père, 135 et 141. Les enfans ne peuvent se marier sans le consentement de leurs parens, 144. État des enfans issus de deux individus qui ont vécu publiquement comme mari et femme, et qui sont décédés, 197. Effets civils de mariages contestés, puis reconnus, même de mariages déclarés nuls, 198, 201 et 202.

Obligations des époux envers leurs enfans, et réciproquement. Voyez *Mariage.* Les enfans peuvent être entendus en déposition dans une demande en divorce formée par leurs parens, 250. Leur administration provisoire reste au père demandeur ou défendeur, 267 et 280. Ils sont confiés à l'époux qui a obtenu le divorce, à moins que le tribunal n'en ordonne autrement, 302.

La dissolution du mariage par divorce ne prive les enfans d'aucun des avantages matrimoniaux, 304. Filiation des enfans nés dans le mariage, 312. Enfans qui peuvent devenir l'objet d'une tutelle officieuse, 361. Les enfans doivent à tout âge, honneur et respect à leurs père et mère, et restent sous leur autorité jusqu'à leur émancipation, 371 et suiv.

Ceux qui ont cinq enfans légitimes, sont dispensés de toute tutelle, 436. Les enfans peuvent être admis au conseil de famille, qui doit prononcer sur l'interdiction de leurs parens, mais n'y ont point voix délibérative, 495. Le conseil de famille règle la dot et les autres conventions matrimoniales de l'enfant d'un interdit, 511. Fruits que l'usager peut exiger pour le besoin de ses enfans, 630.

Règles suivant lesquelles les successions sont déférées aux enfans, 731. Il suffit d'être conçu au moment d'une donation ou d'un testament, pour être capable de recevoir : mais il faut que l'enfant soit né viable, 906. Cas où les enfans sont réputés personnes interposées pour favoriser les donations ou testamens déguisés en faveur des incapables, 911. Influence du nombre d'enfans d'un testateur sur la quotité dont il peut disposer par donation entre-vifs ou par testament, 913.

La survenance d'enfans donne lieu à la révocation des donations, 953, 960 et suiv. Dispositions permises en faveur des petits-enfans du donateur ou testateur ou des enfans de ses frères et sœurs, 1048 et 1055. Les père et mère et les ascendans peuvent faire, entre leurs enfans et descendans, le partage et la distribution de leurs biens, 1075. Les époux peuvent, par contrat de mariage, faire des donations à leurs enfans à naître, 1081. Voyez l'article *Pères* et *Mères.* Cas où la crainte des enfans envers leurs père et mère ne suffit pas pour annuler le contrat, 1114.

Responsabilité des pères et mères à l'égard du dommage causé par leurs enfans mineurs, 1384. On ne peut déroger par le contrat de mariage aux droits résultant de la puissance maritale sur les enfans, 1388. Les époux ne peuvent faire dans leur contrat de mariage de renonciation dont l'objet serait de changer l'ordre légal dans la succession de leurs enfans, 1389.

L'éducation des enfans est une dette de la communauté entre époux, 1409. Actes que peut faire chacun des époux vivant en communauté pour l'établissement de leurs enfans, 1422 et 1427. Nature et effets de la stipulation de dot qui leur est constituée par leurs pères et mères, 1438 et suiv. Effets résultant du défaut d'inventaire après décès s'il existe des enfans mineurs de l'un des époux, 1442. Proportion dans laquelle la femme qui a obtenu sa séparation de biens doit contribuer aux frais d'éducation des enfans, 1448. Effet de la faculté accordée aux enfans de reprendre le mobilier apporté en communauté par la femme, 1514.

Nature et effet des conventions des époux, lorsque l'un d'eux ou tous deux ont des enfans de précédens mariages, 1496 et 1527. Nature et effet des obligations des pères et mères relativement à la constitution dotale de leurs enfans, 1544. Établissemens d'enfans qui permettent la donation des immeubles dotaux, 1555 et 1556. Dot des enfans. Voyez *Dot.*

ENFANS ADOPTIFS. Voyez *Adoptions.*

ENFANS ADULTÉRINS et incestueux (les) n'ont aucun droit à la succession de leurs père et mère : la loi ne leur accorde que des alimens, 762 et suiv. Voyez *Adultère* et *Inceste.*

ENFANS MINEURS. Voyez *Minorité*, *Tutelle*, *Émancipation.*

ENFANS NATURELS (les) ne peuvent se marier sans le consentement de leurs père et mère, 158. S'ils sont morts, il leur est nommé un tuteur *ad hoc* , 159. Degrés de parenté dans lesquels ils ne peuvent se marier, 161 et suiv. Désignation des enfans nés hors du mariage qui peuvent être légitimés : formalités prescrites à ce sujet , 331 et suiv. Comment se fait la reconnaissance des enfans naturels, 334. Elle ne peut avoir lieu au profit des enfans incestueux ou adultérins, 335.

Effets de la reconnaissance du père sans l'aveu de la mère et de la reconnaissance faite pendant le mariage , 336 et 337. Fixation des droits d'un enfant naturel reconnu, 338. Sur qui peut être contestée la reconnaissance d'un enfant naturel , 339. Cas où la recherche de la paternité est interdite , 340. Formalités prescrites pour la recherche de la maternité , 341. Cas où un enfant naturel n'est point admis à la recherche soit de la paternité , soit de la maternité, 342.

Devoirs des enfans naturels envers leurs père et mère , 383. Cas où ils succèdent aux biens de leurs père et mère , et comment ils sont envoyés en possession , 723 et 724. Conditions sans lesquelles ils n'en sont point héritiers. Ils n'ont aucun droit sur les biens des parens de leurs père et mère , 746 et suiv. Fixation de leurs droits successifs. Exception , *ibid.* A qui est dévolue leur succession , 765 et 766. Formalités prescrites aux enfans naturels qui veulent exercer leurs droits de successions , 769 et 770. Fixation de ce qu'ils peuvent recevoir par donation entre-vifs ou par testament , 908.

ENFANS nouveaux nés. Voyez *Naissance.*

ENFANS trouvés (les) sont remis de suite ainsi que leurs vêtemens et autres effets trouvés avec eux , à l'officier de l'état civil qui en dresse procès-verbal, lequel est inscrit sur les registres , 58. Voyez *Naissance.*

ENGAGEMENS qui se forment sans convention, 1370. Nature et effet des quasi-contrats , délits et quasi-délits dont il résulte engagemens , 1371 et 1382. Le défaut respectif du bailleur et du preneur , de les remplir , résout le contrat de louage , 1741. Voyez *Contrats* , *Obligations* et *Mandats.*

ENGRAIS qui sont immeubles , 524. Le fermier sortant doit laisser à son successeur les engrais de l'année, 1778.

ENGRANGEMENT en matière de bail. Voyez *Baux.*

ENLÈVEMENT et rapt (lorsque l'époque de l') se rapporte à celle de la conception , le ravisseur peut être déclaré père, 340.

ENLÈVEMENT (frais d') d'un objet vendu. Voyez *Frais.*

ÉNONCIATIONS (effets des) dans les actes, 1320.

ENQUÊTE présentée pour constater l'absence, 116. Le divorce , l'interdiction. Voyez *ces mots en particulier.* Voyez aussi *Preuve* et *Témoins.*

ENREGISTREMENT. Celui des testamens faits en pays étrangers doit être fait au bureau du domicile du testateur, et à celui de la situation des immeubles , 1000. Droits d'enregistrement, pour un legs particulier, 1016. L'enregistrement assure la date des actes sous seing-privé , 1328. Celui de l'acte de créance est exigé pour déterminer si la dette de la femme doit ou non être acquittée par la communauté entre époux , 1410.

ENRÔLEMENT volontaire (l'enfant ne peut quitter la maison paternelle que pour) après l'âge de dix-huit ans , 374.

ENTREPRENEUR. Voyez *Architectes* , *Devis* et *Marchés.*

ENTRETIEN qu'est tenu de fournir à ses enfans mineurs le père ou la mère survivant , jouissant de leurs biens , 385. Les frais d'entretien ne sont pas sujets à rapport, 852. Dommage auquel donne lieu le défaut d'*entretien de bâtimens* , 1386. Cas où la femme peut toucher ses revenus pour son entretien , 1534 et 1550. Entretien de l'immeuble reçu en antichrèse. Voyez *Immeuble.*

ENTRE-VIFS. (donations) Voyez *Donations.*

ENVELOPPE cachetée, (dépôt confié dans une) Voyez *Dépôt.*

ENVOI en possession des biens d'un absent , d'une succession. Voyez *Absens* et *Successions.*

ÉPIDÉMIE. (formalités pour les testamens faits dans les lieux où il règne une) Voyez *Testamens.*

ÉPOUX. Obligation d'une étrangère qui épouse un Français , et d'une Française qui épouse un étranger , 12 et 19. La condamnation à une peine qui emporte la mort civile , dissout le mariage. Droits et actions que l'époux peut exercer dans ce cas , 25. Le père est tenu de déclarer la naissance de son enfant , 56. Formalités pour les actes de publication et de célébration du mariage, 63 , 74 et 79.

Ce que doit faire l'époux commun en biens en l'absence de l'autre époux, relativement aux biens, 124 et 140. L'époux absent , dont le conjoint s'est

remarié, peut seul attaquer ce mariage, 139. La mère exerce tous les droits du mari absent, quant à l'éducation des enfans, et à l'administration de leurs biens, 141.

Age requis pour contracter mariage, 144. Formalités prescrites pour le contrat, la célébration et la validité du mariage, 147. Obligations réciproques des époux, 212 et suiv. La femme ne peut ester en jugement sans l'autorisation de son mari, 215. Exception dans le cas de poursuite criminelle, 216. Condition sans laquelle la femme ne peut donner, aliéner, hypothéquer, acquérir, 217. Cas où le juge peut l'autoriser, 218, 221, 222 et 224.

Ce que peut faire la femme que le mari refuse d'autoriser à passer un acte, 219. En quoi la femme, marchande publique, peut s'obliger sans l'autorisation de son mari, et cas où elle l'oblige, 220. Effet de l'autorisation générale stipulée par contrat de mariage, 223. La femme peut tester sans l'autorisation de son mari, 226. Causes pour lesquelles les époux peuvent demander le divorce, 229 et suiv. Ses effets à leur égard, 295 et 306.

L'enfant conçu pendant le mariage a pour père le mari; cas où le mari peut désavouer l'enfant, 312. Preuve de la filiation des enfans légitimes, 319. Mode de légitimation des enfans nés hors mariage, 331. La recherche de la paternité est interdite : celle de la maternité est admise, 340 et 341.

Les époux seuls peuvent adopter et devenir tuteurs officieux, mais d'un consentement mutuel, 343 et 361. Règles et bornes de l'exercice de la puissance paternelle des époux, 371 et suiv. A qui appartient la tutelle des enfans mineurs, 390. Le mari peut nommer un conseil à sa femme survivante et tutrice, 391. Cas où un époux peut provoquer l'interdiction de son conjoint, 489, 490 et 495.

Le mari est de droit tuteur de sa femme; la femme peut être nommée tutrice de son mari, 507 et 508. Cas où l'époux survivant recueille la succession du conjoint, et comment il se fait envoyer en possession, 723 et 724. Condition sans laquelle une femme mariée ne peut valablement accepter une succession, ni donner entre-vifs, 776, 905, 934 et 1029. Cas où le mari peut, on ne peut pas, sans le concours de la femme, provoquer le partage des objets à elle échus, 818.

Cas où les dons et legs faits soit conjointement aux deux époux, soit séparément à l'un d'eux, sont ou ne sont pas réputés faits avec dispense du rapport, 849. Les frais de noces et présens d'usage aux époux, ne sont pas sujets à rapports, 852. Cas où toute disposition au profit d'un incapable est nulle, 912. Mode de transcription des donations faites à une femme mariée, 940.

Les femmes mariées ne sont point restituées contre le défaut d'acceptation, ou de transcription des donations, 942. Cas où les donations faites à des époux ne sont pas, ou sont révocables, 959, 960 et 963. Cas où les femmes des grevés peuvent avoir un recours subsidiaire sur les biens à rendre, 1054. Les époux peuvent recevoir et se faire des donations par leur contrat de mariage, 1082, 1091 et suiv.

Le contrat est nul, lorsque l'un des époux a exercé la violence sur l'autre, 1113. Les femmes mariées ne peuvent contracter, 1124. Cas où elles ne peuvent attaquer leurs engagemens pour cause d'incapacité : ceux qui ont contracté avec elles ne peuvent la leur opposer, 1125. Époque à compter de laquelle court leur action par rapport à leurs engagemens contractés sans autorisation, 1304.

Effet de la restitution contre les conventions des femmes mariées non autorisées, 1312. Conventions permises et défendues aux époux par contrat de mariage, 1387 et suiv. On ne peut déroger, par le contrat de mariage, aux droits qui appartiennent au mari comme chef, 1388. Effet de la stipulation portant constitution de dot, 1392. Cas où les acquisitions faites pendant la communauté, rendent cette communauté débitrice envers la femme, 1408.

Effet du paiement des dettes à la charge du mari et de la femme en communauté, 1410 et suiv. Effet des actes permis ou défendus aux deux époux relativement à l'administration de la communauté, 1421 et suiv. Cause et effet de la dissolution de la communauté à leur égard, 1442 et suiv. Règles et conditions prescrites aux femmes qui acceptent ou renoncent à la communauté, 1453 et suiv.

Mode et effets du partage de la communauté tant à l'égard des époux que de leurs héritiers, 1467 et 1468. Dettes de la communauté dont les époux sont respectivement tenus, 1482. Effet, à l'égard des deux époux, de la renonciation de la femme à la communauté, 1492 et 1494.

Faculté accordée à la femme de reprendre son apport franc et quitte, 1497. Effet de cette faculté, 1514. Mode de justification et de prélèvement des apports des deux époux dans la communauté, 1501 et suiv. Effet de la clause d'ameublissement à l'égard des époux en communauté, 1505 et suiv. De la clause de séparation de dettes, 1510 et suiv.

Effet de la clause du préciput à l'égard de celui des époux qui a obtenu le divorce, 1518. De la clause portant qu'ils se marient sans communauté 1530 et suiv; de la séparation à l'é-

gard de la femme, 1536; elle ne peut aliéner ses immeubles sans l'autorisation de son mari, lors même qu'ils sont séparés quant aux biens, 1538.

Effet du régime de la constitution dotale à l'égard des époux, 1540 et suiv. Mode de la restitution de la dot, 1554 et suiv. Nature et administration des biens paraphernaux de la femme, 1574 et 1577. Les époux peuvent faire entrer dans la société de tous biens présens la propriété de ceux qui peuvent leur avenir par succession, donation ou legs, 1837. A qui doit être remis le dépôt fait par une femme libre, laquelle se trouve depuis en puissance de mari, 1930.

Les femmes mariées peuvent être choisies pour mandataires, 1990. Elles ont hypothèque sur les biens de leur mari, pour raison de leurs dot et conventions matrimoniales, 2121. Cas où elle existe indépendamment de toute inscription, 2135. Cas où la prescription ne court pas entre époux, 2253. Contre la femme mariée, 2254.

Conventions matrimoniales entre époux. Voyez *Contrat de mariage.* Dépôt fait par un mari. Voyez *Dépôt.* Deuil de la femme. Voyez *Deuil.* Femme divorcée et séparée de corps. Voyez *Divorce* et *Séparation de corps.* Expropriation des immeubles de la femme qui ne sont pas entrés en communauté. Voyez *Expropriation.* Le mari est tenu de rendre publiques les hypothèques dont les biens sont grevés. Mode de les purger quand il n'existe pas d'inscription sur ces biens. Voyez *Hypothèques.* Contrat de vente entre époux. Dans quel délai les femmes mariées doivent demander la rescision de la vente pour cause de lésion. Voyez *Vente.*

EPREUVE (année d') exigée pour prononcer le jugement de divorce, 260.

EQUIPAGES ne sont point compris dans le mot *meubles*, 535.

EQUIPEMENT (les frais d') ne sont point sujets à rapport, 852.

EQUITÉ (principes d') auxquels est subordonné le droit d'accession, 565. Influence de l'équité sur les conventions, 1135.

EQUIVALENT (l') donné par les contractans constitue le contrat commutatif, 1104. S'il y a incertitude dans l'équivalent, le contrat est aléatoire, *ibid.*

EQUIVOQUE, (possession non) Voyez *Possession.*

ERREUR en fait de mariage, est un motif d'en attaquer la validité, 180. Causes et effets de l'erreur sur le consentement donné aux conditions et obligations, 1109 et suiv. Epoque à compter de laquelle court l'action résultante de l'erreur dans les conventions, 1304. Preuve à la-

quelle peut donner lieu l'erreur dans un acte sous seing-privé, 1327.

L'aveu de la partie ne peut être révoqué à moins qu'on ne prouve qu'il a été la suite d'une erreur, 1356. Il ne pourrait l'être sous prétexte d'une erreur de droit, *ibid.* Restitution des choses reçues par erreur et qui n'étaient pas dues, 1376. L'erreur de calcul dans une transaction, doit être réparée. Voyez *Transactions.* Les transactions ne peuvent être attaquées pour cause d'erreur de droit. Voyez *Transactions.*

ESCALIER (propriétaires à la charge desquels sont les dépenses d') d'une maison à plusieurs étages et qui appartiennent à diverses personnes, 664.

ESCRIME. (jeux d') Voyez *Jeux.*

ESPRIT. (sain d') Voyez *Sain d'esprit.*

ESPRIT de retour, (les établissemens de commerce faits à l'étranger, ne peuvent jamais être considérés comme ayant été faits sans) 17.

ESTER en jugement. La femme ne peut paraître en jugement, relativement à ses biens paraphernaux sans autorisation, 1576. Voyez l'article *Actions judiciaires.*

ESTIMATION qui doit avoir lieu des choses consommées par l'usufruitier, 587. Celle prescrite pour parvenir à l'échange de l'immeuble dotal, 1559. Estimation des biens des mineurs. Voyez *Minorité.*

-- des meubles et immeubles en matière de vente et de succession. Voyez *Partage, Inventaire, Garantie* et *Vente.*

ESTIMATIVE (valeur) en matière d'hypothèques. Voyez *Valeur.*

ETABLE (obligation de celui qui veut adosser une) contre un mur, 674.

ETABLISSEMENS (les) de commerce en pays étrangers, sans esprit de retour, font perdre la qualité de Français, 17. Distances et ouvrages intermédiaires requis pour la construction de certains établissemens, 674.

ETABLISSEMENS publics : mode d'y constater les décès, 80. Les donations qui leur sont faites n'ont d'effet qu'en vertu d'une autorisation du Gouvernement, 910 et 937. La transcription doit s'en faire aux hypothèques, 939. Les établissemens publics sont soumis à la prescription qu'ils peuvent aussi opposer. Voyez *Prescription.* Biens des établissemens publics. Voyez *Biens* et *Communes.* Hypothèques des établissemens publics. Voyez *Hypothèques* et *Nation.*

ETABLISSEMENT par mariage ou autrement, (l'enfant n'a pas d'action contre ses père et mère pour un) 204. Un des principaux faits qui prouve la possession d'état, est l'établisse-

ment donné à un fils par son père, 521. Le rapport est dû à la succession de ce qui a été employé pour l'établissement d'un des cohéritiers, 851. Etablissement des enfans. Voyez *Enfans.*

ETAGES (réparations et constructions à la charge du propriétaire de chacun des) d'une maison appartenant à diverses personnes, 664.

ETANGS, (l'alluvion n'a pas lieu à l'égard des) 558. Cas où les poissons qui passent dans un autre étang, appartiennent au propriétaire, 564. Voyez *Poissons.* -

ETAT civil. (loi relative aux actes de l')

Ce qui est énoncé dans les actes de l'état civil, 34. Ce que les officiers de l'état civil peuvent insérer dans les actes qu'ils reçoivent, 55. Cas où les parties intéressées peuvent se faire représenter par un fondé de procuration, 36. Quels doivent être le sexe et l'âge des témoins, 57. A qui l'officier de l'état civil doit donner lecture des actes, 38. Par qui ils doivent être signés, 39.

Tenue des registres de l'état civil, 40. Par qui et comment ils sont cotés et paraphés, 41. Mode d'inscription des actes de l'état civil, 42. Par qui et à quelle époque les registres sont clos et arrêtés et où ils sont déposés avec les procurations et autres pièces qui y sont annexées, 43 et 44. Délivrance et légalisation des extraits des registres de l'état civil : ils font foi jusqu'à inscription de faux, 45.

Comment se prouvent les mariages, naissances et décès dans le cas où il n'a pas existé des registres, ou qu'ils ont été perdus, 46. Condition requise pour qu'un acte de l'état civil des Français et des étrangers, fait en pays étranger, fasse foi, 47 et 48. A la requête de qui et par qui est faite la mention d'un acte qui doit avoir lieu en marge d'un autre acte déjà inscrit, 49. Peine encourue par les contrevenans aux articles précédens, 50.

Responsabilité des dépositaires des registres, 51 et 52. Par qui doit être vérifié l'état des registres, lors du dépôt qui en est fait au greffe, 53. Formalités prescrites pour les actes de naissance, 55 et suiv. pour les actes de mariage, 63 et suiv. pour les actes de décès, 77 et suiv. pour les actes de l'état civil concernant les militaires hors du territoire de la République, 88 et suiv. Par qui et comment il est statué sur la demande en rectification d'un acte de l'état civil, 99. Effets du jugement de rectification, 100 et 101.

L'officier de l'état civil prononce le divorce. Voyez *Divorce.* Les jugemens d'adoption doivent être inscrits sur le registre de l'état civil du lieu où l'adoptant est domicilié, 359. Peine que les

officiers de l'état civil encourent, quand ils procèdent à la célébration des mariages contractés par des mineurs, sans que le consentement des ascendans soit énoncé dans l'acte, 166.

ETAT des lieux en matière de bail. Voyez *Baux.*

ETAT des personnes, (les lois concernant l') régissent les Français, même résidant en pays étranger, 3. Comment s'établit la possession d'état, 321. Les tribunaux civils sont seuls compétens pour statuer sur les réclamations, 326.

ETATS - MAJORS : (officiers des) leurs attributions relativement aux actes de l'état civil des militaires. Voyez *Armée.*

ETATS de situation de la gestion d'un tuteur. Voyez *Tutelle.*

ETRANGERS. Formalités qui leur sont prescrites pour jouir en France des droits civils, 9 et suiv. Ils peuvent être cités devant les tribunaux français, pour l'exécution de leurs obligations avec des Français, 14 et 15. En toutes matières, autres que celles de commerce, l'étranger demandeur est tenu de donner caution : exception, 16. A quelle condition l'étranger est admis à succéder en France, ou à recevoir une donation, 726 et 912.

ETRANGERS : (pays) formalités prescrites pour la validité des actes de l'état civil des français et des étrangers qui y sont faits, 47, 48, 170, 171, 999 et 1000.

EVÉNEMENS (effets des) sur la validité des testamens, 1040. Leur influence sur la nature et les effets des diverses conditions, 1168 et suiv. La restitution n'a pas lieu en faveur du mineur, lorsqu'elle ne résulte que d'un événement casuel et imprévu, 1306. Voyez *Cas fortuits*, *Périls* et *Risques.*

EVENTUELS (droits) des absens. Voyez *Absens.*

EVICTION (effets de la garantie des lots en cas d') de l'un des copartageans, 884. Voyez *Lots.* Eviction en matière d'échange et de vente. Voyez *Echange* et *Garantie.*

EXCÉDANT du cheptel à la fin du bail, ou lors de sa résolution, se partage, 1817. Voyez *Cheptel.* Excédant de contenance d'une chose louée. Voyez *Baux.* Excédant de mesure d'un objet vendu. Voyez *Délivrance.*

EXCEPTIONS que peut opposer le codébiteur solidaire, 1208. Cas où les exceptions ne peuvent être opposées contre les actes viciés de nullité, 1338. Exceptions à l'égard desquelles le serment d'office peut ou non être déféré, 1367. Exceptions que la caution peut opposer au créancier. Voyez *Bénéfice de division* et *Caution.*

EXCÈS, (les) sévices et injures graves d'un

époux envers l'autre, sont une cause de divorce, 231.

EXCESSIVES inscriptions en matière d'hypothèques. Voyez *Hypothèques.*

EXCLUSION (causes d') de la tutelle et du conseil de famille. Voyez *Tutelle et Conseil de famille.*

EXCLUSION de succession. Voyez *Indignes.*

EXCUSES que peuvent faire valoir les citoyens appelés à la formation du conseil de famille, ou désignés pour la tutelle. Voyez *Minorité.*

EXÉCUTEURS testamentaires. Le testateur peut en nommer un ou plusieurs, 1025. Il peut leur donner la saisine de son mobilier ; durée de cette saisine, 1026. Comment l'héritier la fait cesser, 1027. Quels sont ceux qui peuvent être exécuteurs testamentaires, 1028 et suiv. Droits et fonctions des exécuteurs testamentaires, s'il y a des mineurs héritiers, 1031. Responsabilité des exécuteurs testamentaires, 1033. Les frais relatifs à leurs fonctions sont à la charge de la succession, 1034.

EXÉCUTION. Effet de l'exécution volontaire d'un acte contre lequel la loi admet l'action en nullité ou en rescision, 1338. L'exécution sur les biens n'est empêchée ni suspendue par l'exercice de la contrainte par corps. Voyez *Contrainte par corps.* Suspension de l'exécution des titres. Voyez *Suspension.*

EXÉCUTION des conventions. Voyez *Contrats.*

— des jugemens emportant peine capitale. Voyez *Mort civile.*

— des lois. Voyez *Lois.*

— des Poursuites. Voyez *Poursuites.*

EXÉCUTOIRES. (titres) Voyez *Titres.*

EXEMPTION de la tutelle. Voyez *Dispense* et *Tutelle.*

EXHAUSSEMENT (causes et effets de l') des murs mitoyens, 658 et suiv.

EXIGIBLES, (la compensation a lieu entre deux dettes également) 1291.

EXISTENCE : pour succéder il faut nécessairement exister à l'instant de la succession, 725. Certificat d'existence. Voyez *Certificat de vie.*

EXPÉDITIONS des actes : foi qui leur est due, 1335. Ce que devront contenir les expéditions du contrat de mariage en cas de changement aux conventions matrimoniales, 1397.

EXPÉDITIONS maritimes, (rédaction des actes de l'état civil dans le cours des) Voyez *Armée.*

EXPERTISE (frais d') concernant le prix du bail. Voyez *Baux.*

EXPERTS. Il en est nommé pour constater l'état

des biens d'un absent, 126. Pour procéder à l'estimation des biens d'un mineur, 453. A la division et à l'estimation des biens dont le partage a lieu avec un mineur, 466. Leur serment à ce sujet, *ibid.* Dans le cas de partage des biens d'une succession, l'estimation est faite par des experts choisis par les parties ou nommés d'office, 824 et 834. Voyez *Partages.* Nomination d'experts pour l'estimation de l'immeuble dotal susceptible d'échange, 1559. Estimation par experts du prix d'un objet vendu ou loué. Voyez *Baux* et *Garantie*

EXPERTS en matière de lésion. Voyez *Rescision.*

EXPIRATION du temps d'une société, 1865.

EXPLICATION des conventions. Voyez *Interprétation.*

EXPLOITATION (objets servant à l') d'un fonds qui sont immeubles, 524. On ne peut provoquer collectivement la vente forcée des biens situés dans divers arrondissemens, à moins qu'ils ne fassent partie d'une seule et même exploitation, 2210.

EXPLOITATION d'usines. Voyez *Usines*

EXPRÈS. (le cautionnement doit être) Voyez *Cautionnement.*

EXPRESSIONS. Voyez *Énonciation à termes.*

EXPROPRIATION forcée : sur quels objets elle porte, 2204. La part indivise d'un cohéritier dans une succession, ne peut être mise en vente par ses créanciers, avant le partage, ou la licitation qu'ils peuvent provoquer, 2205. Les immeubles d'un mineur, ou d'un interdit, ne peuvent être mis en vente avant la discussion du mobilier, 2206. Cas où cette discussion n'est pas requise avant l'expropriation des immeubles possédés par indivis entre un majeur et un mineur ou interdit, 2207.

Contre qui se poursuit l'expropriation des immeubles qui font partie de la communauté ; celle des immeubles de la femme qui ne sont pas entrés en communauté. Formalités à observer en cas de minorité du mari et de la femme, ou de celle-ci seule, si son mari, majeur, refuse de procéder avec elle, 2208. Cas où le créancier peut poursuivre la vente des immeubles qui ne lui sont pas hypothéqués, 2209. De quelle manière peut être provoquée la vente forcée des biens situés dans différens arrondissemens, et dans quel tribunal elle est suivie, 2210.

Comment se poursuit la vente des biens hypothéqués et de ceux qui ne le sont pas, ou des biens situés dans divers arrondissemens, lorsque ces biens font partie d'une seule et même exploitation, 2211. Cas où la poursuite peut être suspendue par les juges, 2212. La vente forcée

des

des immeubles ne peut être poursuivie qu'en vertu d'un titre authentique et exécutoire, 2213. Cas où le cessionnaire d'un titre exécutoire ne peut poursuivre l'expropriation, 2214.

Comment peut s'exercer la poursuite en expropriation, 2215 et 2217. Comment se fait l'adjudication, 2215. Cas où la poursuite en expropriation ne peut être annullée, 2216. Comment se règlent l'ordre et la distribution du prix des immeubles entre les créanciers, 2218. Expropriation du débiteur qui a remis un immeuble en antichrèse. Voyez *Antichrèse.* Le créancier reste propriétaire du gage jusqu'à l'expropriation du débiteur. Voyez *Gage.* Expropriation en matière d'hypothèques. Voyez *Hypothèques.*

EXPULSION du fermier ou du locataire en cas de vente de la chose louée. Voyez *Baux.*

EXTINCTION des obligations, (causes et effets de l') 1234 et suiv. Extinction de la dette par la compensation et la confusion, 1290 et 1300. La société finit par l'extinction de la chose, 1865. Extinction de l'obligation résultant du cautionnement, 2034. L'obligation principale éteint les privilèges et hypothèques, 2180.

EXTINCTION des servitudes. Voyez *Servitudes.*

EXTRAITS des registres de l'état civil. Voyez *État civil.*

F.

FACULTÉ (actes de pure) ne peuvent fonder ni possession, ni prescription, 2232.

FACULTÉ de rachat. Voyez *Rachat.*

FAILLITE , *banqueroute* et *déconfiture* : la faillite prive du bénéfice du terme accordé, 1188. Effet de la faillite du délégué à l'égard de la délégation, 1276. Action des créanciers de la femme dont le mari est en faillite, 1446. La société finit par la faillite d'un associé, 1865. Le capital d'une rente perpétuelle est exigible en cas de faillite du débiteur, 1913. La déconfiture fait cesser le mandat, 2003.

La caution, même avant d'avoir payé, peut agir contre le débiteur, pour être indemnisée, lorsque le débiteur a fait faillite, 2032. Les hypothèques ne produisent aucun effet lorsqu'elles sont prises dans le délai pendant lequel sont déclarés nuls tous les actes faits avant l'ouverture des faillites, 2146. Voyez *Cession de biens.*

FAITS qui établissent la possession d'état, 321.

— qui donnent lieu aux délits et quasi-délits, 1382.

FAMILLE (la reconnaissance par la) d'un tel individu pour l'enfant d'un tel, est un des faits qui établissent la possession d'état, 321. L'adopté reste dans sa famille naturelle, 348. Cas où l'immeuble dotal peut être aliéné pour fournir des alimens à la famille, 1558.

FAMILLE. (conseil de) Voyez *Conseil de famille.*

FAUSSES. (pièces) Voyez *Pièces.*

FAUTES dont est responsable l'héritier bénéficiaire, 804. L'immeuble qui a péri sans la faute du donataire n'est pas sujet à rapport, 855. Influence des circonstances sur les dommages-intérêts résultant des fautes du gérant des affaires d'autrui. Le mandataire répond des fautes qu'il commet dans sa gestion, 1992.

FAUTEUILS. Voyez *Sièges.*

FAUX (poursuite des délits de) dans les actes de l'état civil, 52. Voyez *État civil.* Cas où la suspension des actes argués de faux peut avoir lieu, 1319. Faux noms. Voyez *Noms.*

FEMMES (les) ne sont contraignables par corps que pour crimes de stellionat. Voyez *Contrainte par corps.* Voyez l'article *Époux.*

FENÊTRES qui peuvent ou non être établies sur la propriété voisine, 675. Elles sont du nombre des servitudes apparentes, 689. Voyez *Servitudes.*

FER. (cheptel de) Voyez *Cheptel.*

FERMAGES (les) sont des fruits civils, 584; s'acquièrent jour par jour, 586. Intérêts auxquels ils donnent lieu, 1155. Les fermages des immeubles sont créances privilégiées, 2102. Voyez *Fermiers.*

FERME (le tuteur ne peut prendre à) les biens du mineur, sans l'autorisation du conseil de famille, 450. Définition du bail à ferme, 1711. Voyez *Baux.*

FERMETURE de boutiques, (sont réparations locatives celles à faire à la) 1754.

FERMIER ou métayer (animaux livrés au) qui sont immeubles, 522. Les semences qui leur sont données sont immeubles, 524. Cas où les fermiers sont contraignables par corps, 2060. Le fermier ne prescrit jamais, 2236. Cheptel donné au fermier. Voyez *Cheptel.*

FEU. Voyez *Incendie.*

FEU du ciel en matière de bail, est un cas fortuit ordinaire. Voyez *Baux.*

FEUILLES volantes (l'usage des) est défendu pour l'inscription des actes de l'état civil, 52.

FIDÉICOMMIS. Voyez *Substitutions.*

FIDÉLITÉ, (les époux se doivent) 212.

FILETS (effet des) sur la mitoyenneté des murs, 654.

FILIATION des enfans légitimes ou nés dans le mariage, et preuves de cette filiation, 512. Voyez *Paternité.*

FILLES : qualités et conditions exigées d'elles pour contracter mariage, 144 et 148. Quoique la fille dotée par ses père et mère ait des biens dont ils jouissent, la dot est prise sur les biens des constituans, 1546. Les filles ne sont contraignables par corps que pour crime de stellionat. Voyez *Contrainte par corps* et *Enfans.*

FILS de famille (les) ne peuvent se marier sans le consentement de leurs parens, 148. Voyez *Enfans, Epoux, Mariage* et *Tutelle.*

FIN de non-recevoir (la) a lieu contre le réclamant d'un droit échu à un absent, 135; contre une demande en nullité de mariage lorsqu'il y a eu cohabitation pendant six mois, 181. On ne peut l'opposer au demandeur en divorce, lorsque son action a été suspendue par une procédure criminelle, 235.

Dans toute action en divorce le tribunal statue d'abord sur toutes les fins de non-recevoir proposées par le défendeur, 246. Fin de non-recevoir qui peut résulter du défaut de réclamation du mari contre la légitimité des enfans nés dans le mariage, 316. L'individu nommé tuteur, qui ne propose pas de suite ses motifs de refus est déclaré non-recevable dans toute réclamation ultérieure, 438.

Cas où la fin de non-recevoir est admise contre l'action en rescision en matière de partage, 892. Voyez *Rescision.* Fin de non-recevoir résultante de l'approbation donnée à un contrat qu'on voudrait faire annuller pour cause de violence, 1115; de l'extinction des servitudes, 704. Voyez *Exceptions.*

FLAMMES. (faculté d'adopter l'individu qui nous a sauvé des) Voyez *Adoption.*

FLEUVES dépendent du domaine public, 538. Effet et bénéfice du droit d'alluvion résultant des atterrissemens et accroissemens aux fonds riverains d'un fleuve, 556. Effet de l'enlèvement subit d'une portion de champ, portée par un fleuve vers un champ inférieur ou sur la rive opposée, 559.

Iles et îlots et accroissemens formés dans le lit des fleuves qui appartiennent à la nation, 560. Le propriétaire riverain d'un fleuve qui, en se formant un nouveau bras, coupe et embrasse son champ et en fait une ile, conserve la propriété de ce champ, 562. L'ancien lit d'une rivière appartient au propriétaire du fonds nouvellement occupé par cette rivière, 563.

FLOTS. (faculté d'adopter l'individu qui nous a sauvé des) Voyez *Adoption.*

FOI due aux actes authentiques et sous signature privée, 1519, 1520 et 1522.

— aux registres et papiers domestiques, 1331.

— aux copies de titres et preuve qui en résulte, 1334 et suiv.

— à l'aveu des parties, 1356. Voyez *Bonne foi* et *Mauvaise foi.*

FOINS ne sont pas compris dans le mot *Meubles*, 533.

FONCTIONNAIRES publics : fixation de leur domicile, 106 et 107. Enumération de ceux qui sont dispensés de la tutelle, 427. Abus dont se rendent coupables les fonctionnaires publics. Voyez *Abus.*

FONCTIONS publiques chez l'étranger; cas où leur acceptation fait perdre la qualité de français, 17 et 21.

FOND du droit en matière de transport. Voyez *Transport.*

FONDÉ de pouvoir. Il en est admis pour certaines déclarations à faire aux officiers de l'état civil, 36 et 58. Pour former opposition au mariage, 66. Pour attaquer un mariage contracté par un époux dont le conjoint était absent, 139. Pour défendre en divorce, 243. Pour représenter un individu nommé membre d'un conseil de famille, 412. Un fondé de pouvoir peut accepter une donation, 933 et 956. Paiemens qui peuvent être faits au fondé de pouvoir, 1239. Les offres peuvent leur être faites, 1258. Foi due à leur aveu, 1356. Voyez *Gérens, Préposés* et *Procuration.*

FONDS légués, (embellissement fait sur les) 1019.

FONDS de terre (les) sont immeubles par leur nature, 518. Voyez *Sol.*

FONDS inférieurs, (effet des servitudes des) envers ceux plus élevés, 640.

FONDS riverains : les atterrissemens et accroissemens qui se forment aux fonds riverains d'un fleuve, s'appellent alluvion, 556. Effets et bénéfice de ce droit, *ibid.*

FONGIBLES, (choses) Voyez *Choses fongibles.*

FONTAINE (puisage d'eau à une) Voyez *Puisage.*

FORCE jugée, (effet du jugement passé en) qui a déclaré les offres et la consignation bonnes et valables, 1262 et 1263. Cas où l'autorité de la force de chose jugée a lieu, 1350 et 1351.

FORCE majeure (cas où la) dispense des dommages intérêts résultant de l'inexécution des obligations, 1148. Le commencement de preuve

s'applique au cas où le créancier a perdu son titre par suite d'une force majeure, 1318. Le preneur ne répond pas de l'incendie arrivé à la chose louée par force majeure, 1733. Les locataires ne sont pas tenus des réparations locatives occasionnées par force majeure, 1755. Voyez *Cas fortuits* et *Evénemens.*

FORFAIT (clause à) entre les époux : sa nature et ses effets, 1522 et 1523. Marché à forfait. Voyez *Marché.*

FORGIS : les ustensiles nécessaires à leur exploitation sont immeubles, 524. Obligation de celui qui veut construire des forges, 674.

FORMALITÉ (effet du défaut de) dans un acte, 1318. Formalités à observer pour la licitation. Voyez *Licitation.*

FORMATION de lots. Voyez *Lots.*

FORME des testamens. Voyez *Testamens.*

FORMES, (défaut et vices de) Voyez *Défaut* et *vices de formes.*

FORTERESSES : (les portes, murs, remparts des) font partie du domaine public, 540.

FORTIFICATIONS (terrains des) qui appartiennent à la nation, 541.

FORTUIT, (cas) Voyez *Cas fortuit.*

Fossés d'aisance, (obligations de celui qui fait construire des) 674. Curement de celles des maisons données à bail. Voyez *Baux.*

Fossés des places de guerre et des forteresses, font partie du domaine public, 540. Causes, effets et dépenses de la mitoyenneté des fossés entre héritages voisins, 666 et suiv.

FOUILLES qu'a droit de faire le propriétaire, 552.

Four, (obligation de celui qui veut construire un) 674.

FOURNEAU, (obligations de celui qui fait construire un) 674.

FOURNITURES qui peuvent se constater par les tailles, 1353.

FOURRAGES, (le fermier entrant doit laisser à celui qui sort, les logemens convenables pour la consommation des) 1777.

FRACTURE, (les objets mobiliers qui ne peuvent être enlevés du fonds sans) sont immeubles, 525.

FRAIS de procès dont est ou n'est pas tenu l'usufruitier, 615. L'héritier bénéficiaire, 799. Voyez *Bénéfice d'inventaire.* Les cas du paiement sont à la charge du débiteur, 1248. Nature de ceux qui doivent entrer et être compris dans les offres de paiement, 1258. Cas où les frais d'offres et de consignation sont à la charge du créancier, 1260. La compensation de deux dettes qui ne sont pas payables au même lieu, n'est admise qu'en faisant raison des frais de remise, 1296.

La veuve qui n'a point renoncé dans le délai prescrit, doit les frais des poursuites faites contre elle comme commune, 1459. Le vendeur qui use du pacte de rachat, ne peut rentrer en possession qu'après avoir payé les frais de la vente, 1673. Les frais funéraires, ceux de justice et ceux faits pour la conservation de la chose sont créances privilégiées, 2101 et 2102. Voyez *Avances.*

FRAIS d'actes en matière de vente. Voyez *Vente.*

— de contrat. Voyez *Contrat.*

— d'enlèvement d'un objet vendu. Voyez *Délivrance.*

— d'inscription. Voyez *Inscription.*

— de labours. Voyez *Labours.*

FRAIS de transcription. Voyez *Transcription.*

— de transport du dépôt. Voyez *Dépôt.*

FRANÇAIS, (comment s'acquiert et se perd la qualité de) 7 et suiv. Voyez *Droits civils.*

FRANÇAIS en pays étranger : formalités qu'ils ont à remplir pour l'exercice de leurs droits civils, leurs actes de naissance, décès, mariage et testamens. Voyez *Droits civils, Etat civil* et *Testamens.*

FRAUDE et dol dans les actes relatifs au mariage, au divorce et aux donations : leurs effets. Voyez *Mariage, Divorce* et *Donations.* La fraude employée pour attirer les pigeons, lapins et poissons dans un autre colombier, garenne ou étang, empêche d'en conserver la propriété, 564. Les créanciers peuvent attaquer les actes de leur débiteur faits en fraude de leurs droits, 1167. Effet de la présomption à l'égard des actes faits en fraude de la loi, 1350.

Présomptions qui ne peuvent être admises à l'égard des actes attaqués pour cause de fraude, 1353. Actions des créanciers relativement à la séparation de biens obtenue et exécutée en fraude de leurs droits, 1447. Fraude qui peut donner lieu aux créanciers de la femme d'attaquer sa renonciation à la communauté et celle de ses héritiers, 1464.

FRÈRES et sœurs : le mariage est prohibé entre eux, 162. Ils peuvent réciproquement former opposition à leur mariage, 174. Ils sont admis à composer le conseil de famille pour la nomination d'un tuteur, 408. Ils peuvent être nommés subrogés tuteurs, 423. On ne peut leur opposer le défaut de dénonciation de l'assassinat d'un défunt à la succession duquel ils sont appelés,

728. Ils forment le deuxième degré d'une génération, 738. La réprésentation est admise en faveur des enfans et descendans de frères ou sœurs d'un défunt, quand même il n'y aurait que ces descendans, 742. Leurs droits successifs, 745, 749, 760, 752 et 766. Dispositions permises en faveur des enfans, des frères et sœurs du testateur, 1049.

FRUITS : cas où sont meubles les fruits des arbres, 520. Sont immeubles les fruits civils, non encore recueillis, 520; appartiennent au propriétaire, par droit d'accession, 547. Droit du propriétaire sur les fruits naturels de sa propriété, *ibid.* Conditions auxquelles les fruits produits par la chose, appartiennent au propriétaire, 548. Nature des fruits naturels, 583. Des fruits industriels, *ibid.* Des fruits civils, 584.

Fruits dont l'usufruitier a droit de jouir, 582 et suiv. Comment s'acquièrent les fruits civils, 586. Quotité de fruits que peut exiger celui qui jouit des droits d'usage et d'habitation, 630. Les fruits des choses sujettes à rapport ne sont dus qu'à compter du jour de l'ouverture de la succession, 856. Intérêts auxquels donne lieu la restitution de fruits, 1155. Restitution de fruits indûment reçus, 1378.

FRUITS qui entrent dans la communauté entre époux, 1401. Cas où le mari séparé de biens, n'est tenu qu'à la représentation des fruits existans, lors de la demande de la dissolution du mariage, 1539. Le mari a seul le droit de percevoir les fruits des biens dotaux, 1549. Le mari ne doit point restituer les fruits de l'usufruit entré en dot et échus pendant le mariage, 1568. Jour à compter duquel sont dus les fruits de la dot à restituer, 1570. Voyez *Restitution.* Mode du partage des fruits des immeubles dotaux, après la dissolution du mariage, 1571. Voyez *Partage.* Compte que le mari doit rendre des fruits des biens paraphernaux de sa femme, 1577.

FRUITS appartenant à l'acquéreur. Voyez *Délivrance.*

— produits par la chose déposée. Voyez *Dépôt.*

FUMIER : le preneur du cheptel en profite seul, 1811. Voyez *Engrais.*

FUNÉRAIRES. (frais) Voyez *Frais.*

FUREUR (l'état de) est une cause d'interdiction, 489. Voyez *Interdiction.*

FUTURS, époux. Voyez *Époux.*

G.

GAGE et nantissement : droit qu'il confère au créancier, 2073. Cas où ce droit a lieu, 2074

et 2075. Cas où le privilège subsiste sur le gage, 2076. Il peut être donné par un tiers, 2077. Le créancier ne peut s'approprier ni disposer du gage, 2078. Le débiteur reste propriétaire du gage, jusqu'à l'expropriation s'il y a lieu, 2079. Obligations réciproques du créancier et du débiteur, 2080. Si le gage est une créance qui porte intérêt, le créancier les impute sur ceux qui peuvent lui être dus, et à défaut sur le capital, 2081.

Cas où le débiteur ne peut réclamer la restitution du gage, à moins que le détenteur n'en abuse, 2082. Il est indivisible nonobstant la divisibilité de la dette. Quelles sont, à cet égard, les obligations réciproques des héritiers du débiteur, et des héritiers du créancier à l'égard des cohéritiers, 2083. Celui qui ne peut trouver une caution est reçu à donner un gage en nantissement. Voyez *Caution.*

GAGES des domestiques (les) ne se compensent pas avec le legs qui leur est fait, 1023. Le maître est cru sur son affirmation pour leur quotité, 1781.

GAGNANT au jeu. Voyez *Jeu.*

GAIN, (cas où la chance du) donne lieu au contrat aléatoire, 1104. Dommages-intérêts auxquels donne lieu la privation du gain résultante de l'inexécution des obligations, 1149.

GAINS. (société universelle de) Voyez *Société.*

GALERIES, (les tableaux qui sont dans les) ne font pas partie des meubles meublans, 534.

GARANTIE (effets de la) des lots en matière de partage, 884 et 1476. Celui qui constitue une dot, doit la garantir, 1440 et 1547. Cas où les père et mère, ascendans et tuteurs sont garans, envers l'un des époux, des dettes acquitées par lui à la décharge de l'autre, 1513. Objets de la garantie, 1625. Dans tous les cas, le vendeur est obligé à garantir l'acquéreur de l'éviction, 1626 et 1628. Les parties peuvent ajouter à cette obligation, ou en diminuer l'effet, 1627. Cas où le vendeur, en cas d'éviction, est tenu à la restitution du prix et des fruits; au paiement des frais et loyaux coûts, tant du contrat que de la garantie, et aux dommages-intérêts, 1629, 1630 et 1645.

En cas d'éviction, la diminution de valeur ou la détérioration de la chose vendue, n'empêche pas l'action de l'acheteur contre le vendeur, en restitution de la totalité du prix, 1631. Cas où les dégradations sont à la charge de l'acquéreur, 1632. Cas où le vendeur est tenu de payer à l'acquéreur évincé la plus value de l'objet vendu, 1633. L'acquéreur évincé doit être remboursé de toutes les réparations qu'il aura faites au fonds, 1634.

Cas où le vendeur est obligé de payer les dépenses d'agrément et voluptuaires, 1635. Cas où l'acquéreur évincé peut demander la résiliation de la vente, 1636. Dans tous les cas, lorsque la vente n'est pas résiliée, la valeur de la partie évincée est remboursée à l'acquéreur, suivant l'estimation à l'époque de l'éviction, 1637. Si le vendeur n'a pas déclaré les servitudes apparentes dont l'héritage se trouve grevé, il peut demander ou la résiliation du contrat ou une indemnité, 1638.

Comment doivent être décidées les autres questions relatives aux dommages-intérêts que l'acquéreur peut répéter pour l'inexécution de la vente, 1639. Cas où la garantie pour cause d'éviction cesse en faveur de l'acquéreur, 1640. Cas où le vendeur est tenu de la garantie, à raison des défauts cachés de la chose vendue, 1641. Le vendeur n'est pas tenu des vices apparens, 1642. Cas où il est tenu des vices cachés, 1643. La partie du prix qui doit être rendue à l'acheteur pour raison des vices de la chose vendue, sera arbitrée par experts, 1644. Cas où le vendeur n'est tenu qu'à la restitution du prix et aux frais de la vente, 1646.

La perte qui résulte de la mauvaise qualité de l'objet vendu est pour le vendeur. Celle arrivée par cas fortuit est pour le compte de l'acheteur, 1647. Dans quel délai l'action résultant des vices redhibitoires doit être intentée par l'acquéreur, 1648. Elle n'a pas lieu pour les ventes faites par autorité de justice, 1649. Cas où le preneur cité en justice, au sujet de la chose louée, peut appeler le bailleur en garantie. Cas où il doit être mis hors d'instance pour la même cause, 1727.

GARANTIE à l'égard des événemens. Voyez *Événemens.* En matière d'hypothèques. Voyez *Hypothèques.* Celle due par un mandataire. Voyez *Mandataire.* Garantie en matière de prescription. Voyez *Prescription.* Voyez aussi l'article *Recours.*

GARDIENS des détenus, (les) sont tenus de donner avis de leur décès à l'officier de l'état civil, 84. Les gardiens de dépôts sont sujets à la contrainte par corps, pour la représentation des choses qui leur sont confiées, 2060.

GARENNE (cas où les lapins qui passent dans une autre) appartiennent au propriétaire, 564. Voyez *Lapins.*

GELÉE. (perte résultante de la) Voyez *Baux.*

GENDRES (les) doivent des alimens à leurs beau-père et belle-mère, 206.

GÉNÉALOGIE en matière de succession ; règles pour l'établir, 734.

GÉNÉRATIONS. (la proximité de parenté s'établit par le nombre de) Chaque génération s'appelle un degré, 735. Voyez *Successions.*

GENS DE JOURNÉE : forme de leurs billets et promesses, 1326.

— de travail : leur action pour le paiement de leur salaire, se prescrit par six mois, 2271.

GÉRENS. Voyez *Gestion, Fondés de pouvoirs et Préposés.*

GERMAINS : (parens) leurs droits dans les successions, 735.

GESTION des exécuteurs testamentaires, des tuteurs et des mandataires. Voyez *ces mots en particulier,* et *administration.* Engagemens qui résultent de celle des affaires d'autrui, 1372 et suiv.

GLACES. Cas où celles d'appartemens sont immeubles, 525. Cas où elles sont meubles meublans, 534. Conditions sans lesquelles l'usufruitier, ou ses héritiers, ne peut enlever celles qu'il aurait fait placer, 599.

GONDS, (sont réparations locatives celles à faire aux) 1754.

GOUVERNEMENT de la République française (le) admet l'étranger à établir son domicile en France, et lui accorde la jouissance des droits civils, 13. Peut autoriser un français à accepter les fonctions publiques conférées par un gouvernement étranger, 17. Rend la qualité de Français à l'individu qui l'a perdue, en l'autorisant à rentrer en France, 18 et 19.

Il peut accorder des dispenses d'âge pour le mariage, 145. Lève les prohibitions de mariage entre oncle et nièce, tante et neveu, 164. Peut dispenser de la seconde publication de mariage, 169. Autorise les dispositions entre-vifs ou testamentaires en faveur des hospices, des pauvres et des établissemens publics, 910. Voyez *Agens du gouvernement.*

GRÂCE. (terme de) Voyez *Terme de Grâce.*

GRAINS coupés sont meubles, 520 Voyez *Récoltes.* Cas où ils ne sont point compris dans le mot *meubles,* 533. Condition sous laquelle l'usufruitier a droit de se servir de ceux compris dans l'usufruit, 587. Prestations en grains. Voyez *Prestations.*

GRAND-JUGE (le) ministre de la Justice, rend publics les jugemens de déclaration d'absence, 118.

GRATUIT, (le dépôt proprement dit est un contrat essentiellement) 1917. Titre purement gratuit. Voyez *Titre.*

GREFFES des tribunaux de première instance : un des doubles des registres de l'état civil y est déposé chaque année, 43, 44 et 63. Devoirs

et fonctions du greffier, 49. Les renonciations aux successions et les déclarations relatives au bénéfice d'inventaire, doivent être faites dans ces greffes sur un registre particulier, 784, 793. Ainsi que la renonciation de la femme survivante à la communauté 1457.

GREFFIERS, ne peuvent devenir cessionnaires des procès de la compétence de leur tribunal, 1597.

— des tribunaux de première instance : leurs fonctions particulières dans les procédures relatives au divorce, 249, 287.

— des tribunaux criminels : sont tenus, dans les 24 heures de l'exécution des jugemens à mort, d'envoyer à l'officier de l'état civil tous les renseignemens nécessaires pour dresser l'acte de décès, 83.

GRÈLE. (perte occasionnée par la) Voyez *Baux.*

GREVÉ DE RESTITUTION : comment et à quelle condition les pères et mères peuvent donner leurs biens en tout ou en partie, à un ou plusieurs de leurs enfans, 1048 Comment et à quelle condition tout individu peut, en cas de mort sans enfans, donner à ses frères ou sœurs tout ou partie de ses biens disponibles, 1049. Condition sans laquelle les dispositions ci-dessus ne sont pas valables, 1050.

Comment, en cas de mort du grevé de restitution au profit de ses enfans, ceux-ci et les descendans d'un enfant prédécédé, recueillent la portion de ce dernier, 1051. L'enfant, le frère ou la sœur donataire de biens sans charge de restitution, et acceptant une nouvelle libéralité, sous la condition que les biens précédemment donnés demeureront grevés de cette charge, ne peuvent diviser les deux dispositions, 1052. Époque à laquelle s'ouvrent les droits des appelés ; effet de l'abandon anticipé de la jouissance au profit des appelés, à l'égard des créanciers du grevé, 1053. Dans quel cas et pour quel objet les femmes de grevés ont un recours subsidiaire sur les biens à rendre, 1054. Celui qui fait les dispositions à charge de restitution, peut nommer un tuteur chargé de l'exécution de ces dispositions, 1055.

Dans quel cas et dans quel délai il est nommé un tuteur à la diligence du grevé, ou de son tuteur, s'il est mineur, 1056. Cas où le grevé est déchu du bénéfice de la disposition, 1057. Après le décès de celui qui a disposé à la charge de restitution, il est procédé à l'inventaire de tous ses biens, excepté dans le cas d'un legs particulier, 1058. A la requête de qui est fait cet inventaire, et qui en supporte les frais, 1059 et suiv.

Le grevé de restitution est tenu de faire procéder à la vente, par affiche et enchères, de tous les meubles et effets, 1062 et 1063. Exception, 1064. Dans quel délai le grevé est tenu de faire emploi des deniers provenant tant de la vente des meubles et effets, que des recouvremens et remboursemens de rentes, 1065, 1066. De quelle manière se fait cet emploi, 1067 et 1068. A la diligence de qui et comment sont rendues publiques les dispositions à charge de restitution, 1069.

Par qui peut être opposé le défaut de transcription de l'acte contenant la disposition et effet de cette opposition, 1070. Comment le défaut de transcription ne peut être suppléé ni regardé comme couvert ; Qui sont ceux qui ne peuvent opposer aux appelés le défaut de transcription ou inscription, 1072. Responsabilité du tuteur nommé pour l'exécution, 1073. Si le grevé est mineur, il ne peut, dans le cas même de l'insolvabilité de son tuteur, être restitué, contre l'inexécution des règles qui lui sont prescrites, 1074.

GROSSES des titres : foi qui leur est due, 1335.

— des contrats de mariage : ce qu'elles devront contenir en cas de changemens aux conventions matrimoniales, 1397.

GROSSES réparations. Voyez *Réparations.*

GROSSESSE (la) de la femme connue du mari avant le mariage, ne peut l'autoriser à désavouer l'enfant, 314.

H.

HABITANS (le cours de la source qui fournit de l'eau aux) d'une commune, village, hameau, etc. ne peut être changé, 643.

HABITATION qui doit être fournie à la veuve, 1570. Voyez *Logement.* Lieu d'habitation. Voyez *Domicile,* Droits d'usage et d'habitation. Voyez *Usages.*

HABITS de deuil. Voyez *Deuil.*

HALLAGE, (chemin de) Voyez *Chemin de hallage.*

HARDES. (linges et) Voyez *Linges* et *hardes.*

HASARD, (découverte d'un trésor par l'effet du) 716. Voyez *Trésor.* La condition casuelle est celle qui dépend du hazard, 1169.

HAVRES d'pendent du domaine public, 538.

HAIES, (causes, effets et dépenses de la mitoyenneté des) de séparation entre héritages voisins, 666 et suiv. Règles sur leur plantation, 670 et suiv.

HERBAGES qui croissent sur le bord de la mer, (les droits sur les) sont réglés par des lois particulières , 717.

HÉRÉDITÉ, (les actions et pétition d') relativement à un absent , s'éteignent par le laps de temps établi pour la prescription , 137. Vente d'une hérédité. Voyez *Transport.*

HÉRITAGE vendu, (garantie d'un) Voyez *Garantie.* Servitudes sur les fossés et haies entre les héritages. Voyez *Fossés* et *Servitudes.*

HÉRITIERS et cohéritiers : ceux d'un absent peuvent se faire envoyer en possession provisoire, 120. Le défaut d'autorisation de la femme, dans un contrat , peut être opposé comme une nullité , 225. D'la fixé aux héritiers d'un mari qui conteste la légitimité d'un enfant , pour suivre la réclamation , 317. Les héritiers d'un enfant en réclamation d'état, peuvent intenter, et même après sa mort , suivre cette action, 329. La tutelle ne passe point aux héritiers d'un tuteur , 419.

Les biens de ceux qui décèdent sans héritiers appartiennent à la nation , 539. Ceux de l'usufruitier ne peuvent réclamer d'indemnité relativement à des coupes de bois que ce dernier n'aurait pas faites, 590. Conditions sous lesquelles ceux de l'usufruitier peuvent enlever les glaces, tableaux , et ornemens que ce dernier aurait fait placer , 599.

Règles de l'ouverture des successions , et de la saisine des héritiers légitimes , 718. Qualités requises pour exercer les droits d'héritier , 725 et 731. Les enfans naturels ne sont héritiers, que lorsqu'ils ont été reconnus, 756. Nul n'est tenu d'accepter une succession, 775. L'effet de l'acceptation résulte de la qualité prise d'héritier , de tout acte qui ne peut être fait qu'en cette qualité ; de la donation , vente ou transport de droits successifs ; de la renonciation au profit d'un héritier , et de celle au profit de tous les cohéritiers, si elle n'est point gratuite, 778 et suiv.

L'héritier qui renonce est censé n'avoir jamais été héritier, 784. Effets de cette renonciation. Voyez *Successions*. Obligations de l'héritier qui prend cette qualité sous bénéfice d'inventaire, 793. Effets du partage et des rapports à l'égard des héritiers , 815. Les cohéritiers contribuent au paiement des dettes , 870. Effets du partage et de la garantie des lots , 883. Voyez *Lots*. L'action en rescision est admise pour cause de violence ou de dol dans les partages , 887. Voyez *Rescision*.

Conditions exigées pour rendre valable une demande en révocation d'une donation , pour cause d'ingratitude, par le donataire contre les héritiers du donateur , et par les héritiers du donateur contre le donataire , 957. Tout legs pur et simple donne sur la chose léguée un droit transmissible aux héritiers du légataire , 1014. Voyez *Legs*. Les pouvoirs d'un exécuteur testamentaire ne passent point à ses héritiers , 1052. Une disposition testamentaire est caduque, lorsque l'héritier institué se trouve incapable de la recueillir , 1043.

Cas où on est censé avoir stipulé pour ses héritiers ou ayans-cause, 1122. Droits du créancier qui passent à ses héritiers, 1179. Portion pour laquelle la confusion de la créance a lieu , lorsque le débiteur ou le créancier solidaires deviennent héritiers l'un de l'autre , 1209. Effets des obligations divisibles ou indivisibles relativement aux héritiers du créancier ou du débiteur , 1220 et suiv. L'héritier bénéficiaire est subrogé de plein droit , aux créanciers qu'il solde , 1251.

L'acte authentique fait foi entre les parties contractantes et leurs héritiers, 1319. Effet des actes sous seing - privé à l'égard de l'héritier des parties contractantes, 1322 et suiv. Cas où les héritiers encourent l'effet de la clause pénale résultant de l'obligation du débiteur , 1232 et suiv. Cas où ils peuvent opposer les nullités d'une donation , 1340. Effet du serment décisoire à l'égard des héritiers , 1365.

Le gérant des affaires d'autrui les doit continuer, si le maître vient à mourir, jusqu'à ce que l'héritier en prenne la direction, 1373. Cas où il est dû récompense aux héritiers de l'un des époux en communauté , 1405. Effet du paiement des dettes de l'un ou de l'autre des époux à l'égard des héritiers de chacun d'eux , 1410 et suiv. Ceux du mari qui a donné un effet mobilier de la communauté doivent récompense au légataire , si cet effet ne tombe point dans leur lot , 1423.

Effet des baux que le mari peut faire des biens de sa femme, à l'égard des héritiers de cette dernière , 1429. Règles et conditions relatives aux héritiers concernant leur acceptation de la communauté entre époux et à la renonciation qu'ils peuvent y faire , 1455 et suiv. Inventaire que doit faire contradictoirement avec les héritiers du mari , la femme survivante qui veut renoncer à la communauté , 1456 et 1458.

Effet du divertissement ou recélé d'objets de la communauté, contre la veuve et ses héritiers, 1460. Délai dans lequel les héritiers de la veuve ou de la femme pourront faire faire inventaire et renoncer à la communauté, 1461 et 1466. Cas où les créanciers de la femme peuvent , ou non attaquer la renonciation de ses héritiers à la communauté 1464.

Mode et effet du partage de la communauté

entre les époux ou leurs héritiers, 1467 et 1468. Dettes de la communauté entre époux dont leurs héritiers, sont tenus, 1482 et suiv. Effet de la renonciation de la femme à la communauté, à l'égard de ses héritiers et de ceux de son mari, 1494 et 1495. Preuve à laquelle sont admis les héritiers de la femme pour établir la valeur du mobilier qui lui est échu pendant le mariage, 1504.

Faculté qu'ont les héritiers de l'époux qui a ameubli un héritage, de le retirer, 1509. Remboursement de dettes acquitées par le mari à la décharge de sa femme, dont sont tenus les héritiers de cette dernière, 1513. La faculté accordée à la femme et aux enfans de reprendre le mobilier franc et quitte, ne s'étend point aux héritiers ascendans et collatéraux, 1514.

Effet à l'égard des héritiers, de la clause par laquelle on assigne, à chacun des époux, des parts inégales dans la communauté, 1520 et suiv. Cas où les héritiers peuvent faire révoquer l'aliénation de l'immeuble dotal, 1560. Mode et effet de la restitution de la dot de la femme à l'égard des héritiers, 1564 et suiv. Droits des héritiers d'un associé décédé, 1868. Les engagemens formés entre l'emprunteur et le prêteur, passent à leurs héritiers, 1879. La prescription ne court pas contre l'héritier bénéficiaire, 2258.

Les engagemens de la caution passent à ses héritiers. Voyez *Caution*; du dépositaire. Voyez *Dépôt*. Comment s'interrompt la prescription à l'égard des héritiers du débiteur. Voyez *Prescription*. Héritiers en matière de priviléges, Voyez *Priviléges*. Héritiers de l'acquéreur d'un objet vendu à pacte de rachat. Voyez *Rachat*. Les héritiers du mari sont chargés du deuil de sa veuve, Voyez *Deuil*. Héritiers des *Condamnés*, des *Enfans naturels*, des *Interdits*. Voyez ces mots en particulier.

Homologation (l') du tribunal est prescrite pour les délibérations du conseil de famille, qui prononcent l'exclusion et la destitution d'un tuteur, 448; pour celles de ce même conseil, qui autorisent un tuteur à emprunter, aliéner et hypothéquer les biens du mineur, 458; pour toute transaction relative à l'administration des propriétés du mineur, 467; pour l'autorisation d'emprunter donnée au mineur émancipé, 483; pour les conventions de mariage de l'enfant d'un interdit, 511.

Honneur et respect (l'enfant à tout âge doit) à ses père et mère, 371.

Hôpitaux et hospices civils, mode d'y constater le décès, 80. Celui qui veut devenir tuteur officieux d'un enfant recueilli dans un hospice, ne le peut sans le consentement des administrateurs, 361. Le conseil de famille délibéra si un interdit doit être placé dans un hospice, 510. Les dispositions entre-vifs ou testamentaires au profit des hospices ne peuvent avoir leur effet sans l'autorisation du Gouvernement, 910.

Hôpitaux militaires : mode d'y constater les décès, 97.

Hôtelleries, (le commencement de preuve s'applique aux dépôts faits dans les) 1348.

Hôteliers : sont censés dépositaires des objets qui leur sont confiés, 1952. Leur action à raison du logement et de la nourriture qu'ils fournissent, se prescrit par six mois, 2271.

Huile, (vente d') Voyez *Vente*.

Huissiers : ne peuvent devenir cessionnaires des procès de la compétence de leur tribunal, 1597; sont contraignables par corps, pour la restitution des titres et deniers à eux confiés, 2060. Leur action, pour leur salaire, se prescrit par un an, 2272. Sont déchargés des pièces, après deux ans depuis l'exécution de la commission, 2276. Voyez *Officiers ministériels*.

Hypothécaire (action) en matière de vente, Voyez *Acheteur*.

Hypothèques. Ceux qui jouissent des biens d'un absent, en vertu de l'envoi provisoire, ne peuvent hypothéquer les immeubles, 128. L'autorisation du mari ou du juge est nécessaire à la femme pour hypothéquer, 217. Un tuteur ne peut hypothéquer les biens de son mineur sans y être autorisé par le conseil de famille, 457 et 458. Un interdit et un prodigue, sans l'assistance du conseil, 499 et 513. Mode d'acquittement des dettes auxquelles le fonds sujet à l'usufruit, est hypothéqué, 611.

Dans le cas d'un rapport dans une succession, les créanciers ayant hypothèque peuvent intervenir au partage, 865. Le légataire particulier n'est pas tenu des dettes et charges, sauf toutefois l'action hypothécaire sur l'immeuble légué, 871. Les immeubles à recouvrer par l'effet de la réduction, le sont sans charge d'hypothèques créées par le donataire, 929. Formalités prescrites pour la transcription aux hypothèques des donations qui en sont susceptibles, 939.

L'effet du droit de retour d'une donation est de faire revenir les biens au donateur, francs et quittes de toutes hypothèques, sauf celle de la dot et des conventions matrimoniales, 952. L'effet de la révocation est de n'admettre aucune hypothèque du chef du donataire, 954 et 958. Effets du legs universel, à titre universel et particulier sous le rapport des hypothèques, 1009, 1012, 1017 et 1020.

Les

Les dispositions par actes entre - vifs ou testamentaires, à charge de restitution, doivent être transcrites aux hypothèques, 1069.

Effet des obligations divisibles relativement aux dettes hypothécaires, 1221. Cas où la clause pénale peut donner lieu à l'action hypothécaire, contre les héritiers du débiteur, 1232. Règles relatives à la subrogation des hypothèques du créancier contre le débiteur, 1250. La subrogation a lieu de plein droit au profit de l'acquéreur qui paie les créanciers hypothécaires, 1251. Effet de la consignation déclarée bonne et valable, sur les hypothèques du créancier, 1263. Effet de la novation sur les hypothèques, 1278 et suiv. Cas où l'hypothèque peut autoriser, au préjudice des tiers, la réclamation d'une créance susceptible d'être éteinte par la compensation, 1299.

Le mari peut hypothéquer seul les biens de la communauté, 1421. Recours réservé à celui des deux époux qui, par l'effet de l'hypothèque exercée sur l'immeuble qui lui est échu en partage, est poursuivi pour la totalité d'une dette de communauté, 1489. Faculté qu'a le mari d'hypothéquer les immeubles ameublis, 1508. Cas où les immeubles dotaux peuvent ou non être hypothéqués, 1555. La femme et ses héritiers n'ont point de privilèges pour la répétition de la dot sur les créanciers antérieurs à elle en hypothèque, 1572. Le vendeur qui use de la faculté de rachat, doit recevoir de l'acquéreur l'immeuble exempt d'hypothèques, 1673.

Le mandat doit être exprès, s'il s'agit d'hypothèque, 1988 ; celle d'un immeuble dont on n'est pas propriétaire rend coupable de stellionat, 2059. Définition des hypothèques, 2114. Dans quels cas l'hypothèque a lieu, 2115. Ses diverses espèces et leur définition, 2116 et 2117. Objets susceptibles d'hypothèques, 2118 ; les meubles n'ont pas de suite par hypothèque, 2119.

Dispositions relatives aux navires et bâtimens de mer, 2120. Quels sont les droits et créances auxquels l'hypothèque légale est attribuée, 2121. Droits du créancier qui a une hypothèque légale, 2122. D'où résulte l'hypothèque judiciaire ; sur quoi elle peut s'exercer. Cas où les décisions arbitrales emportent hypothèque, 2123. Par qui et comment peuvent être consenties les hypothèques conventionnelles, 2124 et 2125. Pour quelles causes les biens des mineurs, des interdits, et des absens peuvent être hypothéqués, 2126.

L'hypothèque conventionnelle ne peut être consentie que par acte passé devant deux notaires, ou devant un notaire assisté de deux témoins, 2127. Cas où les contrats passés en pays étrangers ne peuvent donner hypothèque sur des biens de France, 2128. Dans quel cas une hypothèque conventionnelle est valable, 2129 et 2132. Quels sont les biens qui ne peuvent être hypothéqués, 2129. Cas où le débiteur peut consentir que les biens qu'il acquerra à l'avenir demeurent affectés à la créance, à mesure des acquisitions, 2130.

Cas où le créancier peut obtenir un supplément d'hypothèque, 2131. L'hypothèque acquise s'étend à toutes les améliorations survenues à l'immeuble hypothéqué, 2133. Rang que les hypothèques ont entre elles, 2134. Au profit de qui existe l'hypothèque indépendamment de toute inscription, 2135. Sous quelles peines les maris et les tuteurs sont tenus de rendre publiques les hypothèques dont leurs biens sont grevés, 2136.

Obligations des subrogés tuteurs, quant aux biens du tuteur, 2137. Cas où les inscriptions seront ordonnées par le commissaire du Gouvernement près le tribunal civil du lieu de la situation des biens, 2138. La femme et les mineurs, leurs parens, ou, à défaut, leurs amis peuvent requérir les inscriptions, 2139. Pour quels objets les immeubles, qui ne sont pas indiqués au contrat pour l'inscription, restent affranchis de l'hypothèque, 2140.

Il ne peut être convenu, dans le contrat de mariage, qu'il ne sera pris aucune inscription, 2140 et suiv. Cas où les tuteurs et les maris peuvent demander que l'hypothèque soit restreinte aux immeubles suffisans pour opérer une pleine garantie en faveur du mineur et de la femme : formalités à remplir au sujet de la restriction, 2143 et 2144.

La réduction de l'hypothèque à certains immeubles emporte la radiation de tous les autres, 2145. Où se font les inscriptions et dans quel délai elles doivent être faites, 2146. Tous les créanciers inscrits le même jour, exercent en concurrence une hypothèque de la même date, 2147. Formalités qu'ils ont à remplir pour opérer l'inscription, 2148. Comment se font les inscriptions sur les biens d'une personne décédée, 2149. Formalités à remplir de la part du conservateur, 2150. Quels sont les droits du créancier inscrit pour un capital produisant intérêts ou arrérages, 2151.

Celui qui a requis une inscription, peut changer sur le registre des hypothèques, le domicile par lui élu, à la charge d'en indiquer un autre dans le même arrondissement, 2152. Formalités à remplir pour l'inscription des droits d'hypothèque de la *nation*, des *communes et établissemens publics*, des *mineurs* ou *interdits*, et des *femmes mariées*, 2153. Pendant

quel temps les inscriptions conservent l'hypothèque. Cas où cesse leur effet , 2154. A la charge de qui sont les frais d'inscription et ceux de transcription , 2155. Comment sont intentées les actions auxquelles les inscriptions peuvent donner lieu contre les créanciers , 2156. Mode de la radiation des inscriptions , 2157. Formalités à remplir de la part de ceux qui requièrent la radiation , 2158.

La radiation d'une inscription, non consentie, est demandée au tribunal dans le ressort duquel l'inscription a été faite. Cas où cette demande peut être portée à un autre tribunal, 2159. Cas où la radiation doit être ordonnée par les tribunaux .160. Cas où l'action en radiation des inscriptions , ou en réduction d'une partie en ce qui excède la proportion convenable , est ouverte au débiteur. Règles qu'on suit à ce sujet , 2161. Exception , *ibid.*

Ce qu'on entend par inscriptions excessives, 2162. Autres cas où les inscriptions peuvent être réduites comme excessives, 2163. Comment et par qui est arbitré l'excès des inscriptions, 2164. Comment se détermine la valeur des immeubles sujets à dépérissement , dont la comparaison est à faire avec celle des créances et du tiers en sus, 2165. Effets des priviléges et hypothèques contre les tiers détenteurs, 2166.

Cas où le tiers détenteur est obligé à toutes les dettes hypothécaires, 2167. Cas où il est tenu de payer tous les intérêts et capitaux exigibles, ou de délaisser l'immeuble hypothéqué, sans aucune réserve, 2168. Dans quel cas et dans quel délai chaque créancier a le droit de faire vendre l'immeuble hypothéqué. Formalités à remplir à ce sujet, 2169. Cas où le tiers détenteur qui n'est pas personnellement obligé à la dette , peut s'opposer à la vente de l'héritage qui lui a été transmis, et en requérir la discussion préalable, pendant laquelle il est sursis à la vente , 2170.

L'exception de discussion ne peut être opposée au créancier privilégié, 2171. Par qui et à quelle époque peut être fait le délaissement par hypothèque, 2172 et 2173. Jusqu'à quelle époque et à quel préalable le tiers détenteur a, malgré le délaissement , la faculté de reprendre l'immeuble, 2173. Comment se fait le délaissement et nomination d'un curateur à cet effet, 2174.

Quelles sont les détériorations qui donnent lieu contre le tiers détenteur à une action en indemnité. Jusqu'à quelle concurrence il peut répéter ses impenses et améliorations , 2175. Le tiers détenteur doit les fruits de l'immeuble hypothéqué, à dater du jour de la sommation de payer , ou de délaisser, 2176.

Les servitudes et droits réels que le tiers détenteur avait sur l'immeuble avant sa possession renaissent après le délaissement ou après l'adjudication faite sur lui, 2177. De quelle manière les débiteurs personnels du tiers détenteur exercent leur hypothèque sur le bien délaissé ou adjugé 2177. Le tiers détenteur qui a payé la dette hypothécaire, ou délaissé l'immeuble, ou subi l'expropriation de l'immeuble hypothéqué , a le recours en garantie contre le débiteur principal , 2178.

Formalités à observer de la part du tiers détenteur qui veut purger sa propriété , 2179. Extinction des priviléges et hypothèques, 2180. Mode de purger les propriétés des priviléges et hypothèques , 2181 et 2182. Formalités à observer de la part du nouveau propriétaire qui veut se garantir des poursuites que les créanciers sont autorisés à diriger contre lui , 2183.

Déclaration que l'acquéreur ou le donataire doit faire par l'acte de vente , 2184. Cas où tout créancier , dont le titre est inscrit , peut requérir la mise de l'immeuble aux enchères et adjudications publiques. Ses obligations à ce sujet , 2185.

Dans quel cas la valeur de l'immeuble demeure définitivement fixée au prix stipulé dans le contrat, ou déclaré par le nouveau propriétaire, 2186. Mode de la revente sur enchères, 2187. Quels sont les frais à la charge de l'adjudicataire , 2188. L'acquéreur qui conserve l'immeuble mis aux enchères , en se rendant dernier enchérisseur, n'est pas tenu de faire transcrire le jugement d'adjudication , 2189. Le désistement du créancier requérant la mise aux enchères, ne peut , sans aucun rapport, empêcher l'adjudication publique, si ce n'est du consentement exprès de tous les autres créanciers , 2190. Obligations du vendeur envers l'acquéreur qui s'est rendu adjudicataire , 2191.

Le créancier surenchérisseur, ne peut , dans aucun cas , être contraint d'étendre sa soumission , que sur le mobilier ou les immeubles hypothéqués à sa créance , 2192. Mode de purger les hypothèques quand il n'existe pas d'inscription sur les biens des maris et des tuteurs, 2193. Formalités à observer à cet effet, de la part de l'acquéreur , 2194. Cas où les immeubles vendus passent à l'acquéreur sans aucune charge, à raison des dots , reprises et conventions matrimoniales de la femme ou de la gestion du tuteur, 2195.

Cas où l'acquéreur est libéré à l'égard des inscriptions du chef des femmes , mineurs ou interdits , du prix ou de la portion du prix par lui payée aux créanciers placés en ordre utile, 2195. Cas où il ne peut faire aucun paiement au préjudice desdites inscriptions , *ibid.*

Publicité des registres des conservateurs, 2196 et 2199 et suiv. Leur responsabilité, 2197 et 2198. Voyez *Conservateur*. Indivisibilité de l'hypothèque. Voyez *Indivisibilité*. Subrogation aux hypothèques en matière de cautionnement. Voyez, *Subrogation*.

I.

IGNORANCE. (cause d') Voyez *Cause d'ignorance*.

ILES : cas où elles appartiennent à la nation ou aux propriétaires riverains, 560, 561.

ILOTS. Cas où il appartiennent à la nation, 560,

IMBÉCILLITÉ (l'état d') est une cause d'interdiction, 489.

IMMEUBLES, (les) même ceux possédés par les étrangers, sont régis par la loi française, 3. L'envoi en possession des immeubles d'un absent doit être précédé d'une estimation par experts, 126. Le conseil de famille seul peut autoriser un tuteur à aliéner ou hypothéquer ceux du mineur, 457. Formalités à remplir par l'héritier bénéficiaire pour la vente des immeubles, 806. Les immeubles non susceptibles de partage entre les héritiers sont vendus par licitation, 827.

Le rapport des immeubles, dans une succession, peut être exigé en nature, 859 et 860. Ceux grevés de rentes par hypothèque spéciale peuvent être rendus libres avant la formation des lots, sinon l'héritier dans le lot duquel ils tombent, est seul chargé des dettes, 872. Ce qui les constitue, et leur énumération, 516 et suiv. L'usufruit peut être établi sur les immeubles, 581. État des immeubles dont l'usufruitier doit faire faire inventaire, 600.

La subrogation a lieu de plein droit au profit de l'acquéreur d'immeubles, qui paie les créanciers hypothécaires, 1251. Effet des conventions des mineurs, et interdits relativement à l'aliénation d'immeubles, 1314. Mode de restitution de ceux indûment reçus, 1379. Ceux qui entrent ou non dans l'actif de la communauté entre époux, 1401, 1402, 1404 et suiv. Effet de l'extinction des dettes dont sont grevés les immeubles des successions échues aux époux en communauté, 1412 et suiv.

Cas où le mari peut disposer entre - vifs des immeubles de la communauté, 1422. Ceux que la femme séparée de corps et de biens peut ou non aliéner, 1449. Effet de cette aliénation, 1450. Les époux peuvent convenir que l'on comprendra dans la communauté tout ou partie des immeubles, par la voie de l'ameublissement, 1497. Effet de cette clause, 1505. Cas où ceux

constitués en dot peuvent ou non être aliénés, 1535 et 1538. Effet du régime dotal, sur les immeubles constitués en dot ou acquis des deniers dotaux, 1552 et suiv. Mode et effet de la restitution de la dot en immeubles, 1564.

Le débiteur peut être exproprié de ses immeubles, 2204. A quelle charge le créancier peut percevoir les fruits d'un immeuble reçu en antichrèse, 2085. Les contributions et charges annuelles doivent être payées par lui, 2086. Il doit pourvoir à l'entretien et aux réparations, *ibid.* Cas où le débiteur peut en réclamer la jouissance, et le créancier, l'expropriation, Voyez *Antichrèse*. Comment se fait la compensation des fruits de l'immeuble et des intérêts. Voyez *Antichrèse*,

Comment le créancier exerce les privilèges et hypothèques. Voyez *Antichrèse*. Les privilèges peuvent être sur les immeubles, 2099. L'usufruit et les accessoires des immeubles sont susceptibles d'hypothèques, 2118. Il n'y a d'hypothèque valable que celle qui déclare spécialement la nature et la situation de l'immeuble, 2129. Bail des immeubles. Voyez *Baux*. Fruits de ceux reçus en antichrèse. Voyez *Fruits* et *Antichrèse*. Nue propriété et fermage des immeubles. Voyez *Fermages* et *Nue propriété*. Remploi de ceux vendus. Voyez *Remploi*.

IMMIXTION (cas et effets de l') dans les biens de la communauté entre époux, 1454 et 1459.

IMPENSES qui ont amélioré la chose : il doit en être tenu compte au donataire, dans le cas de rapport, 861 et 862. Voyez les articles *Dépenses* et *Hypothèques*.

IMPOSITIONS. Voyez *Contributions*.

IMPOSSIBLES (conditions) dans une donation, ou dans un testament, sont censées non écrites, 900. La condition d'une chose impossible est nulle, 1172.

IMPRUDENCE. Responsabilité à laquelle elle donne lieu, 1383.

IMPUISSANCE (l'allégation d') de la part d'un mari n'est point un motif de désavouer un enfant, 313.

IMPUTATION (règles et effets de l') des paiemens, 1253.

INALIÉNABILITÉ. Voyez *Aliénation* et *Vente*.

INCAPABLES de succéder, de disposer et de recevoir par actes entre-vifs ou testamentaires, (personnes déclarées) par la loi, 725 et 901.

INCAPACITÉ (effet de l') de l'officier public sur l'acte qu'il a reçu, 1318. Voyez *Capacité*.

INCENDIE, (effet d'un) sur la chose sujette à l'usufruit, 624. Application du commence-

8

ment de preuve aux dépôts faits en cas d'incendie, 1348.

— de la chose louée. Voyez *Baux.*

INCERTITUDE (cas où l') dans la convention donne lieu au contrat aléatoire , 1104.

INCESTUEUX (les enfans) ne peuvent être légitimés ni même reconnus , 331 et 342. La loi ne leur accorde que des alimens, 762.

INCIDENT. (faux) Voyez *Faux.*

INCOMPÉTENCE (effet de l') de l'officier public sur l'acte qu'il a reçu, 1518.

INCONDUITE d'un fils de famille : moyens de répression que la loi donne aux pères et mères et tuteurs, 375 et 468. L'inconduite notoire est un motif d'exclusion de la tutelle, 444.

INCONNUS (l'enfant inscrit comme né de père et mère) peut faire preuve de filiation par témoins, 323.

INCORPORATION , (la propriété s'acquiert par) 712. Tout ce qui s'incorpore à la chose appartient au propriétaire, 551.

INCORPORELS, (droits) Voyez *Droits.*

INDEMNITÉS : cas où le pupille peut en réclamer de son tuteur officieux, et le mineur de son tuteur , 369 et 421. On ne peut être contraint de céder sa propriété pour cause d'utilité publique , que moyennant une juste et préalable indemnité, 545. Celui qui a fait des constructions ou plantations avec ses matériaux, et qui est obligé de les enlever, n'a droit à aucune indemnité, 555. Les héritiers de l'usufruitier n'en peuvent prétendre pour des coupes de bois non faites, Voyez *Héritiers.*

L'usufruitier ne peut prétendre à aucune, relativement aux améliorations qu'il a faites, 599. Cas où le propriétaire d'une *source* peut réclamer une indemnité des habitans qui n'en ont pas acquis ou prescrit l'usage, 645. Il en est dû pour l'exhaussement d'un mur mitoyen , 658. Cas où il y a lieu à une indemnité , relativement au droit de passage sur l'héritage voisin , 682 et suiv. Celle résultante des conventions ou obligations consenties pour un tiers , 1120. Il en est dû au gérant des affaires d'autrui , pour tous les engagemens qu'il a pris, 1375.

Cas où il en est dû à l'un des époux en communauté , 1403, 1406 et suiv. Cas où la stipulation de la dot constituée par l'un des époux donne lieu à l'action en indemnité envers l'autre, 1439. Celle dont le rapport doit être fait lors du partage des biens de la communauté entre époux, 1468 et suiv. Celle que la femme qui renonce à la communauté a droit d'y reprendre , 1493. Celle due à l'un des époux, relativement aux dettes qu'il a acquittées à la décharge

de l'autre 1513. Voyez *Récompense* et *Dommages - intérêts.* En matière de vente, Voyez *Garantie.*

INDICES de mort violente. Voyez *Mort violente.* Indices résultant de faits servant à établir la filiation d'un enfant légitime, 323.

INDIGNES de succéder, (personnes déclarées) et comme telles, exclues des successions, 727. Effet de l'indignité , 728.

INDIVIS, (biens) Voyez *Licitations* et *partages.* Effet de l'indivis, à l'égard de la prescription des servitudes , 700. Effet des acquisitions d'objets indivis , faites pendant la communauté entre époux , 1408. Forme de l'aliénation de l'immeuble dotal, lorsqu'il est indivis , et impartageable, 1558.

INDIVISIBILITÉ de l'hypothèque, 2114.

— du gage. Voyez *Gage.*

INDIVISIBLES. (obligations divisibles et) Voyez *Contrats.*

INDIVISION, (nul ne peut être contraint à demeurer dans l') 815. L'action en rescision est admise contre tout acte qui a pour objet de faire cesser l'indivision entre cohéritiers, 888.

INDUSTRIE. (produit de l') des enfans mineurs : les pères et mères n'en ont pas la jouissance, 387. Les actions et intérêts, dans les compagnies d'industrie, sont de nature mobilière, 529. Les fruits industriels appartiennent au propriétaire, 547. Les fruits industriels d'un fonds sont ceux qu'on obtient par la culture, 583. Partages des acquêts provenant de l'industrie des deux époux, 1498. A défaut d'argent ou d'autres biens, chaque associé doit apporter dans la société son industrie, 1833.

— (louage d') Voyez *Louage.*

INÉGALITÉ des lots (l') en nature, se compense par un retour, soit en rente, soit en argent, 833.

INEXÉCUTION des obligations. Voyez *Contrats.*

— de la vente. Voyez *Garantie.*

INFAMANTE (la condamnation à une peine) emporte la privation des droits civils , donne lieu à la demande en divorce , exclut de la tutelle. Voyez *Droits civils , Divorce* et *Tutelle.*

INFIDÉLITÉ (le tuteur dont la gestion atteste l') est exclu de la tutelle, 444.

INFINI (la représentation a lieu à l') dans la ligne directe descendante , 740.

INFIRMITÉS (des) graves, et dûment justifiées, dispensent de la tutelle, 434.

INGRATITUDE (l') est une cause de révocation.

de donation et de disposition testamentaire , 953, 955 et 1046.

INHUMATION (l') ne peut être faite qu'avec l'autorisation de l'officier de l'état civil, 77. Voyez *Décès*.

INJURES graves d'un époux envers l'autre (les) donnent lieu à la demande en divorce, 231 et 259. Celles envers un donateur sont un motif de révocation de disposition entre-vifs ou testamentaire, 955, 1046 et 1047.

INNOVATIONS. Aucun associé n'en peut faire sur les immeubles de la société. Voyez *Société*.

INONDATIONS , en matière de bail, sont un cas fortuit extraordinaire. Voyez *Baux*.

INSAISISSABLE : cas où la rente viagère ne peut être stipulée telle, 1981.

INSCRIPTION des jugemens d'interdiction. Voyez *Interdiction* ; des sommes colloquées avec privilèges sur des immeubles, 1069 et 1072. Voyez *Hypothèques*. Les privilèges ne se conservent que par l'inscription aux hypothèques, 2106. Les frais d'inscription sont avancés par l'inscrivant, 2155.

INSCRIPTIONS EXCESSIVES. Voyez *Excessives*.

INSCRIPTION DE FAUX. Voyez *Faux*.

INSOLVABILITÉ (effets de l') d'un des cohéritiers ou successeurs à titre universel, 876 , 885 et 886. Des grevés de restitution et des tuteurs, 1070 et 1071. Par qui doit être payée la somme due par le codébiteur solidaire devenu insolvable, 1214. Cas où l'insolvabilité du délégué donne lieu à un recours de la part du créancier contre le débiteur qui a consenti la délégation , 1276. Effet de l'insolvabilité du mari sur le rapport à la succession du père de sa femme, de la dot constituée à cette dernière, 1573.

INSOLVABILITÉ de la caution. Voyez *Caution*.

INSPECTEURS aux revues (les) remplissent les fonctions d'officiers d'état civil à l'armée, 89.

INSTITUTEURS (responsabilité des) à l'égard du dommage causé par leurs élèves, 1384. Leur action pour les leçons qu'ils donnent se prescrit par six mois, 2261.

INSTITUTION d'héritier. Voyez *Donations* et *Successions*.

INSTRUMENS des sciences ne sont pas compris dans le mot *Meuble* , 533. Les fermiers sont contraignables par corps, pour la restitution , à la fin du bail des instrumens aratoires , 2062. Voyez *Ustensiles*.

INSU (emploi des matières à l') du propriétaire. Voyez *Matières*.

INSUFFISANCE de la loi. Voyez *Loi*.

INTERDICTION et INTERDITS : les majeurs interdits ont leur domicile chez leur curateur, 108. L'opposition à un mariage pour cause de démence, n'est reçue qu'à la charge de provoquer l'interdiction , et d'y faire statuer , 174. La femme de l'interdit ne peut ester en jugement, ni contracter sans l'autorisation du juge , 222. Les interdits ne peuvent être tuteurs, ni membres d'un conseil de famille , 442.

Cas où le majeur doit être interdit , 489. Quelles sont les personnes recevables à provoquer l'interdiction , 490. Cas où elle doit et peut être provoquée par le commissaire du Gouvernement , 491. Devant quel tribunal est portée la demande en interdiction , 492. Formalités prescrites pour la poursuivre , 493 et 494. Comment se compose le conseil de famille qui a lieu à ce sujet , 495. Où et par qui le défendeur est interrogé , 496.

Le tribunal commet, s'il y a lieu , un administrateur provisoire pour prendre soin de la personne et des biens du défendeur, 497. Où et comment doit être rendu le jugement, 498. Ce que le tribunal peut ordonner, même dans le cas où la demande est rejetée , 499. En cas d'appel , ce que doit faire le tribunal d'appel , 500.

A qui est signifié , et où doit être affiché le jugement portant interdiction , ou nomination d'un conseil , 501. Époque de laquelle a son effet l'interdiction ou la nomination d'un conseil , 502. Cas où les actes antérieurs à l'interdiction peuvent être attaqués , 503. Cas où les actes faits par un individu peuvent ou ne peuvent pas être attaqués après sa mort ; pour cause de démence, 504. Cas où il est nommé un tuteur à l'interdit , et à quelle époque cessent les fonctions de l'administrateur provisoire , 505. Le mari est , de droit , le tuteur de la femme interdite , 506.

Par qui sont réglées la forme et les conditions de l'administration , dans le cas où la femme est nommée tutrice de son mari interdit, 507. Durée de la tutelle d'un interdit , 508. L'interdit est assimilé au mineur pour sa personne et pour ses biens , 509. Emploi des revenus d'un interdit , 510. Comment sont réglées la dot , l'avancement d'hoirie , et autres conventions matrimoniales de l'enfant d'un interdit , 511. Comment cesse l'interdiction, et à quelle époque l'interdit peut reprendre l'exercice de ses droits , 512.

Les successions échues aux interdits ne peuvent être valablement acceptées que par leur tuteur , 776. Le scellé doit être apposé sur les effets de ces successions , 819. Le partage doit être fait en justice , 838. Les donations qui lui sont

faites ne sont valables que d'après l'acceptation de leur tuteur, 955 et 1057. La transcription aux hypothèques doit s'en faire à la diligence de son tuteur, 940.

INTERDICTION (la société finit par l') d'un associé, 1865. A qui doit être remis le dépôt, quand le majeur déposant est frappé d'interdiction, 1940 ; elle fait cesser le mandat, 2003. Voyez *Interdits.*

INTERDICTION : elle est prononcée contre les officiers ministériels qui ont signé un acte d'opposition au mariage dans lequel les formalités légales n'auraient pas été remplies, 176.

INTERDITS (les) ne peuvent contracter, 1124 et 1125. Cas où ils peuvent attaquer leurs engagemens pour cause d'incapacité, *ibid.* Délai dans lequel doit se former l'action en nullité ou rescision des conventions souscrites par les interdits, 1304. Effet de la restitution contre leurs engagemens, 1312. La prescription ne court pas contre les interdits, 2252. Ils ne peuvent être expropriés avant la discussion du mobilier. Voyez *Expropriation.* Bien des interdits en matière d'hypothèques. Voyez *Hypothèques.* Dans quel délai on doit demander pour les interdits la rescision de la vente pour cause de lésion. Voyez *Rescision.*

INTÉRESSÉS : la transaction faite par l'un d'eux ne lie pas les autres. Voyez *Transactions.*

INTÉRÊTS (les) de toute somme appartenante à un mineur non employée, sont dus par le tuteur, 456. A compter de quelle époque porte intérêt, le reliquat dû par le tuteur, 474. Dans les compagnies de finance les intérêts sont de nature mobilière, 529. Ceux des sommes exigibles sont des fruits civils, 584. Ceux des sommes placées appartiennent à l'usufruitier qui n'a pu trouver de caution, 602. Cas où l'usufruitier doit compte au propriétaire du fonds chargé de l'usufruit, des contributions et des sommes payées pour l'acquittement des dettes, 609 et 612. Epoque à compter de laquelle sont dus les intérêts des choses sujettes à rapport, 856.

Cas où l'usufruitier doit compte, au propriétaire, des intérêts des contributions aux charges, 609. Ceux auxquels l'inexécution des obligations donne lieu, 1153 et suiv. La demande d'intérêts formée contre l'un des débiteurs solidaires fait courir les intérêts à l'égard de tous, 1207. Cas où le créancier perd la solidarité pour les intérêts échus, 1212. Imputation qui s'en fait, 1254.

Ils doivent être compris dans les offres du capital, 1258. Ceux d'un capital consigné doivent être remis jusqu'au jour du dépôt, 1259. Restitution des intérêts indûment reçus, 1378. Ceux

qui entrent dans la communauté entre époux, sont à la charge de la communauté, 1401 et 1409. Ceux de la dot courent du jour du mariage, 1440 et 1548. Jour à compter duquel les remplois, récompense et indemnités des époux en communauté portent intérêts, 1473.

Jour à compter duquel les créances que l'un des époux a à exercer contre l'autre, portent intérêt, 1479. Cas où la clause de séparation de dettes n'empêche pas la communauté des époux d'être chargée des intérêts qui ont couru depuis le mariage, 1512. Le mari seul a droit de toucher les intérêts du fonds dotal, 1549. Jour à compter duquel courent les intérêts de la dot à restituer, 1570. Ceux des sommes prêtées se prescrivent par cinq ans, 2277.

INTÉRÊTS du prix de la vente. Voyez *Acheteur* ; d'une créance en matière de gage. Voyez *Gage* ; en matière d'hypothèques. Voyez *Hypothèques.*

INTÉRÊTS des sommes dont le mandataire est reliquataire. Voyez *Mandataires* ; de la valeur de la chose prêtée. Voyez *Prêt.*

INTERPOSÉES (toute donation faite à personnes) est nulle, 1099 et 1100. Ce qu'on entend par personnes interposées, *ibid.*

INTERPRÉTATION (mode d') des conventions, 1156 et suiv.

INTERROGATOIRE de l'individu dont on provoque l'interdiction, 496. Voyez *Interdiction.*

INTERROMPUE, (possession non) Voyez *Possession.*

INTRIGUES. Voyez *Manœuvres.*

INVENTAIRES : le tribunal commet un notaire dans ceux qui intéressent un absent, 113. L'envoi en possession provisoire des biens de l'absent exige un inventaire, 126. La levée des scellés mis en cas de divorce, pour cause déterminée, n'a lieu qu'en faisant inventaire avec prisée, 270.

Les époux divorçant par consentement mutuel sont tenus préalablement de faire inventaire général de leurs meubles et immeubles, 279. Le tuteur doit, dans les dix jours de sa nomination, faire procéder à l'inventaire des biens du mineur en présence du subrogé tuteur, 451. L'envoi en possession d'une succession dévolue au conjoint survivant, ou à la République, exige un inventaire dans les formes prescrites pour les successions bénéficiaires : le délai est de trois mois pour délibérer, 769, 794, 795, 800 et 801. Les frais sont à la charge de la succession bénéficiaire, 810.

Le curateur à une succession vacante est tenu d'en faire constater l'état par un inventaire, 815. *Idem*, lorsque les créanciers ont fait apposer

les scellés, 821. L'exécuteur testamentaire doit y faire procéder lorsqu'il y a des héritiers mineurs, interdits, ou absens, 1031. Il y est également procédé après le décès de celui qui a disposé à la charge de restitution, 1058 et suiv. Celui auquel est tenu de faire procéder l'usufruitier entrant en jouissance, 600.

Celui prescrit pour jouir des droits d'usage et d'habitation, 626. L'indication dans un inventaire d'un acte sous seing-privé en assure la date, 1328. Celui auquel le mari doit faire procéder lorsqu'il survient une succession aux époux en communauté, 1414 et suiv. Moyen de suppléer cet inventaire, 1415.

Effet du non inventaire après la mort naturelle et civile des époux, 1442. Celui qu'est obligée de faire faire la femme survivante qui veut conserver la faculté de renoncer à la communauté, 1456. Effet de l'inventaire relativement au paiement des dettes de la communauté entre époux, 1483. Cas où le mobilier des époux n'ayant pas été constaté par un inventaire, est réputé acquêt, 1499.

Cas où le mobilier échu à chacun des époux, doit être constaté par un inventaire, 1504. Preuves qui peuvent le suppléer, *ibid.* Effets de l'inventaire du mobilier apporté en communauté par les époux à l'égard de leurs dettes, et des créanciers de chacun d'eux, 1510. Objets dont il doit être fait inventaire lorsque les époux se marient sans communauté, 1532.

IRRÉVOCABILITÉ de l'acquisition à pacte de rachat. Voyez *Rachat.*

IRRIGATION (eaux qui peuvent servir à l') des propriétés, 644.

ISSUE. Voyez *Passage.*

J.

JARDINS. (causes et effets de la mitoyenneté des murs entre cours et), 653 et suiv.

JEU (le) est un contrat aléatoire, 1964. La loi n'accorde aucune action pour dettes du jeu, 1965. Quels sont les jeux exceptés de la disposition précédente, et dans quel cas le tribunal peut rejeter la demande, 1966. Cas où le perdant peut répéter ce qu'il a volontairement payé, 1967.

— d'exercice : la loi accorde action pour dettes provenant des jeux d'exercices, tels que les armes, les courses, la paume, etc., 1966.

JOUISSANCE des droits civils. Voyez *Droits civils.* On peut avoir à prétendre un droit de jouissance sur les biens, 543. Cas où le débiteur peut réclamer celle de l'immeuble remis en an-

tichrèse, Voyez *Antichrèse.* Cas où le propriétaire est en droit de remettre en jouissance d'une chose louée, Voyez *Baux.* Voyez les articles *Fruits* et *Revenus, Usufruit* et *Biens Paraphernaux.*

JOURNALIÈRES. Voyez *Gens de journée.*

JOURNÉE. (gens de) Voyez *Gens de journée.*

JOURS. Voyez *Vues.*

JUDICIAIRES, (cautions) *Hypothèques* et *Séparation.* Voyez ces mots en particulier.

JUGEMENS en matière d'état civil, d'absence, de mariage, de divorce, d'adoption, de paternité et de filiation, de tutelle, d'interdiction, de succession et donations. Voyez tous ces mots en particulier, à l'article *Tribunaux.* Effet de ceux de séparation de biens, 1444 et suiv. L'hypothèque judiciaire résulte des jugemens soit contradictoires, soit par défaut, définitif, ou provisoires, 2123,

La contrainte par corps ne peut être appliquée qu'en vertu d'un jugement. Voyez *Contrainte par corps.* Ester en jugement. Voyez *Ester,* Jugement passé en force de chose jugée. Voyez *Force jugée.* Jugement provisoire. Voyez *Provisoire.* La preuve de lésion ne peut être admise que par jugement. Voyez *Rescision.* Les transactions ont entre les parties, l'autorité d'un jugement en dernier ressort. Voyez *Transactions.*

JUGES (les) peuvent être poursuivis comme coupables de déni de justice, s'ils refusent de juger sous prétexte du silence, de l'obscurité ou de l'insuffisance des lois, 4. Ils ne peuvent prononcer par voie de disposition générale et réglementaire, sur des causes qui leur sont soumises, 5. Ils ne peuvent devenir cessionnaires des procès de la compétence de leur tribunal, 1597. Ils sont déchargés des pièces cinq ans après le jugement du procès, 2276. Voyez *Tribunaux.*

JUGES DE PAIX (les) délivrent les actes de notoriété qui suppléent aux actes de naissance, 70. Ils peuvent procéder à l'inventaire du mobilier et des titres d'un absent, 126. Ils passent les actes d'adoption, 353; dressent le procès-verbal des demandes et consentemens relatifs à la tutelle officieuse, 363; reçoivent la déclaration pour la nomination du conseil spécial donné par le père à la mère survivante et tutrice, 392; pour la nomination d'un tuteur, 397 et 398; cette nomination d'un tuteur est faite par un conseil de famille, qui peut être convoqué d'office et à la poursuite du juge de paix du domicile du mineur, 405, 406 et 421.

Le juge de paix en règle la composition, fixe le lieu, le jour et l'heure de la réunion,

prononce sans appel contre les non-comparans, une amende qui ne peut excéder 5o fr., ajourne ou proroge l'assemblée qui se tient de plein droit dans son domicile, la préside, y a voix délibérative et prépondérante en cas de partage, 469. Il ne peut se dispenser de convoquer le conseil de famille lorsqu'il est requis par des parens et alliés qui proposent la destitution d'un tuteur, 446. Il reçoit le serment de l'expert nommé par le juge de paix assisté de son greffier, 453. Il doit déférer à la réquisition des parens qui demandent la convocation du conseil de famille pour émanciper un mineur, 479 Il peut apposer d'office le scellé sur les effets d'une succession dont quelques héritiers sont absens, mineurs ou interdits, 819.

L'émancipation d'un mineur s'opère par la déclaration du père ou de la mère reçue par le juge de paix assisté de son greffier, 477. Il

Les testamens faits dans un lieu dont les communications sont interceptées par maladie contagieuse, peuvent être reçus par lui, 985. Un des originaux des testamens faits sur mer est adressé par le ministre de la marine au juge de paix du domicile du testateur, pour en faire le dépôt au greffe de la justice de paix, 991. Leurs obligations en cas d'absence de l'ascendant auquel l'acte respectueux eût dû être fait, 155.

JURISCONSULTES, (le tuteur ne peut transiger au nom du mineur sans l'avis de trois) 467.

JUSTICE, (frais de) Voyez *Frais.* Autorité de justice. Voyez *Autorité.* Citation en justice. Voyez *Citation* et l'article *Tribunaux.*

L.

LABOUREURS : forme de leurs billets ou promesses, 1326.

LABOURS (frais de) dont doit tenir compte le propriétaire qui veut jouir des fruits de la propriété qui les a produits, 548; dont ne doit pas compte le propriétaire du bien, au moment où finit l'usufruit, 585.

LACS. (l'alluvion n'a pas lieu à l'égard des) Droit qu'a le propriétaire sur le terrain couvert d'eau, (558.)

LAINE provenant du cheptel se partage entre le bailleur et le preneur, 1811.

LAIS et relais de la mer qui dépendent du domaine public, 538. Voyez *Relais.*

LAITAGES. (le preneur du bail à cheptel profite seul des) 1811. Ce qu'on peut stipuler dans le cheptel à colon partiaire au sujet des laitages, 1828.

LAPINS des garennes (cas où les) sont immeubles, 524, Cas où ceux qui passent dans une autre garenne appartiennent au propriétaire, 664.

LATRINES. Voyez *Fosses d'aisance.*

LÉGALE : (caution) condition qu'elle doit remplir, 2040.

LÉGALES, (hypothèques) Voyez *Hypothèques.*

LÉGALISATION des extraits des registres de l'état civil, par le président du tribunal de première instance, 45.

LÉGATAIRES (comment les) d'un absent peuvent exercer leurs droits sur ses biens, 123. L'héritier bénéficiaire est tenu de leur rendre compte et de les payer, 803 et 808. Quels sont les légataires qui contribuent, avec les héritiers, au paiement des dettes de la succession, 857. Ils ne peuvent demander la réduction de dispositions entre-vifs, ni en profiter, 921. Ils ne peuvent être pris pour témoins du testament par acte public, 975.

LEGS. Condition sans laquelle un héritier ne peut réclamer ceux qui lui ont été faits, 843. Jusqu'à quelle concurrence l'héritier qui renonce à la succession peut réclamer le legs à lui fait, 845. Voyez *Rapports.* Comment se fait la réduction des legs, 926. Ce qu'on entend par legs universel, 1003. Obligation du légataire universel à l'égard des héritiers du testateur, 1004. A compter de quel jour il a la jouissance des biens compris dans le testament, 1005. Lorsqu'il n'y a pas d'héritiers, le légataire universel est saisi de plein droit par la mort, 1006. Formalités à observer pour la mise à exécution d'un testament olographe, et d'un testament dans la forme mystique, 1007. Cas où le légataire est tenu de se faire envoyer en possession par justice, 1008. Obligations du légataire universel qui se trouve en concours avec un héritier auquel la loi réserve une quotité des biens, 1009 et 1012.

Définition du legs à titre universel, 1010. A qui le légataire universel est tenu de demander la délivrance, 1011. Cas où le légataire universel est tenu de payer les legs particuliers, concurremment avec les héritiers naturels, 1013. A compter de quel jour le légataire particulier peut se mettre en possession de la chose léguée, 1014. Cas où les intérêts ou fruits de la chose léguée courent du jour du décès, 1015.

A la charge de qui sont les frais de la demande en délivrance et les droits d'enregistrement, 1016 et 1017. Mode de délivrance de la chose léguée, 1018. Cas où ne sont pas censées faire partie du legs, les acquisitions dont le testateur a augmenté l'immeuble légué, postérieurement à la donation, 1019. Exception, *ibid.*

Cas

Cas où celui qui doit acquitter le legs n'est point tenu de le dégager des hypothèques ou autres charges dont il pourrait être grevé, 1020. Cas où le legs est nul, 1021. Comment doit être payé le legs d'une chose indéterminée, 1022. Les legs faits au créancier et au domestique, ne sont pas censés en compensation de la créance ni des gages, 1023. Le légataire particulier n'est point tenu des dettes de la succession, 1024.

Pension ou rente viagère léguée par un testateur, qui doit être acquittée par le légataire de l'usufruitier, 610; n'entrent dans la société de tous biens présens, que pour la jouissance, ceux qui pourront avenir aux associés par legs, 1837.

LÉGITIMATION des enfans naturels. Voyez *Enfans naturels.*

LÉGITIMITÉ des enfans nés dans le mariage. Voyez *Mariage* et *Paternité.*

LÉGUÉS. (biens) Voyez *Legs.*

LÉSION : dans quels cas elle peut donner lieu à la réclamation contre une acceptation de succession, 783 ; à la rescision en matière de partages, 887. Voyez *Partages* et *Rescision.* Cas où elle vicie ou ne vicie point les conventions et contrats, 1118. Cas où elle donne lieu à la rescision en faveur du mineur, 1305. Les transactions ne peuvent être attaquées pour cause de lésion. Voyez *Transactions.*

LETTRE. (le mandat peut être donné par) 1985.

LEVÉE des scellés. Voyez *Scellés.*

LIBÉRALITÉS par donations entre-vifs et testamentaires. Voyez *Donations* et *Testamens.*

LIBÉRATION (règles sur la) du débiteur par le paiement, 1235 et suiv. Cas où la quittance du capital d'une chose prêtée, opère la libération des intérêts, 1908.

LIBERTÉ. (abandon de biens que peut faire le débiteur pour obtenir sa) 1268.

LIBRE disposition qu'ont les particuliers du bien qui leur appartient, 537.

LICITATION (la) de biens indivis avec un mineur, n'exige point d'autorisation du conseil de famille, pourvu qu'elle soit faite aux enchères, 460. La vente par licitation devant le tribunal est obligatoire, lorsque les immeubles ne peuvent pas se partager : les parties peuvent convenir de la faire devant un notaire, 827. Elle a lieu également en justice pour tous les biens d'une succession lorsque tous les cohéritiers ne sont pas présens, ou qu'il y a des mineurs et des interdits, 838. Celle entre propriétaires communs de la chose mobilière formée des matières par eux fournies, 575.

Effet des acquisitions par licitation pendant la communauté entre époux, 1408. Forme de celle des immeubles de la communauté entre époux, 1476. Vente aux enchères ou par licitation d'une chose commune à plusieurs, et dont le prix est partagé entre les copropriétaires, 1686. Chacun des copropriétaires peut demander que les étrangers soient appelés à la licitation. Cas où ils y sont nécessairement appelés, 1687, Mode et formalités à observer pour la licitation, 1688. Voyez *Indivis* et *Privilèges.*

LICITE. (cause) est essentielle pour la validité des conditions et obligations, 1108, 1131 et suiv.

LIGNE paternelle et maternelle : divers ordres de successions dans chacune, 733. Divisions et subdivisions de ces deux lignes, en ligne directe, et ligne collatérale, 736.

LINGE DE CORPS n'entre point dans la désignation du mot *Meubles*, 533. Conditions sous lesquelles l'usufruitier a droit de jouir de celui compris dans l'usufruit, 589.

LINGES ET HARDES (la femme qui renonce à la communauté en retire seulement les) à son usage, 1492 et 1495. Ceux que la femme demandant la restitution de sa dot pourra retirer, 1566.

LINGOTS PRÊTÉS (comment se fait la restitution des) 1897.

LIQUEURS (condition sous laquelle l'usufruitier peut se servir des) comprises dans l'usufruit, 587.

LIQUIDATIONS qui intéressent les absens : un notaire est commis pour les y représenter, 113.

LIQUIDES, (la compensation a lieu entre dettes également) 1291.

LIT, (division d'une succession entre frères et sœurs du même) ou qui diffèrent lits, 752. Enfans du second lit. Voyez *Mariage.*

LITS entrent dans le nombre des meubles meublans, 534.

LITS des *fleuves* et *rivières.* Voyez ces deux mots.

LITIGIEUX. (droit) Voyez *Droit* et *Transport.*

LIVRAISON, (effets de l'obligation relativement à la) de la chose qui en a été l'objet, 1136 et suiv. Cas où la sommation d'enlever un corps certain qui doit être livré, peut être faite, 1264.

LIVRAISON de l'objet vendu. Voyez *Délivrance.*

LIVRES ne sont pas compris dans le mot *Meubles*, 533. Preuve résultante de ceux des marchands et particuliers, 1329 et suiv.

LOCATAIRES. Voyez *Baux.*

LOCATION. Les droits d'usage et d'habitation ne peuvent être loués, 631 et 634.

LOCATIVES. (réparations) Voyez *Réparations.*

LOGEMENT : temps pendant lequel la communauté doit un logement à la veuve, 1465. Le fermier sortant doit laisser à son successeur le logement convenable pour la culture, 1777.

LOIS. (Loi relative à la publication, aux effets et à l'application des)

Texte de la loi formant le titre préliminaire du Code civil, 1 à 6. Les conventions tiennent lieu de loi à ceux qui les ont faites, 1134. Nullité des conditions prohibées par la loi, 1172.

LOTS (partage des) en matière de succession, 815. Chaque cohéritier est censé avoir succédé seul et immédiatement à tous les effets compris dans son lot, ou à lui échus sur licitation, et n'avoir jamais eu la propriété des autres effets de la succession, 883. Les cohéritiers demeurent respectivement garans des troubles et évictions seulement qui procèdent d'une cause antérieure au partage : cas où la garantie n'a pas lieu, 884.

Chacun des cohéritiers est personnellement obligé, en proportion de sa part héréditaire, d'indemniser son cohéritier de la perte que lui a causé l'éviction. Si l'un des cohéritiers se trouve insolvable, la portion dont il est tenu doit être également répartie entre le garanti et tous les cohéritiers solvables, 885. La garantie de la solvabilité du débiteur d'une rente ne peut être exercée que dans les cinq ans qui suivent le partage. Il n'y a pas lieu à garantie à raison de l'insolvabilité du débiteur, quand elle n'est survenue que depuis le partage consommé, 886.

Comment peut être exercée l'action en réméré contre les héritiers de l'acquéreur, lorsque la partie vendue se trouve échue au lot de l'un d'eux. Voyez *Rachat.* Retour de lot. Voyez *Retour.* Soulte de lot. Voyez *Soulte.*

LOUAGE : (contrat de) il y en a de deux sortes : celui des choses, et celui d'ouvrage, 1708. Définition du louage des choses, 1709. Définition du louage d'ouvrage, 1710. Subdivision de ces deux genres de louage, 1711.

LOUAGE des maisons et des meubles. Voyez *Bail à loyer;* des héritages ruraux. Voyez *Bail à ferme;* du travail ou du service. Voyez *Loyer;* des animaux dont le produit se partage entre le propriétaire et celui à qui il les confie. Voyez *Bail à Cheptel;* d'ouvrage. Voyez *Devis et Marchés.*

Combien il y a d'espéces principales de louage d'ouvrage et d'industrie, 1779. On ne peut engager ses services que pour un temps, et une entreprise déterminée, 1780. Cas où le maître est cru sur son affirmation, à l'égard des domestiques et ouvriers, 1781. Louage des voitures par terre et par eau. Voyez *Voituriers.*

LOYERS de maison (les) sont des fruits civils, 584. Ils s'acquièrent jour par jour, 586. Intérêts auxquels ils donnent lieu, 1155. Temps pendant lequel la veuve ne doit point de loyer à la communauté, 1465.

— (bail à) ce que c'est, 1711.

— (les) sont créances privilégiées, 2102.

LOYAUX-COUTS du contrat, (le vendeur qui use du pacte de rachat ne peut rentrer en possession, qu'après avoir payé les) 1673 ; d'un contrat de vente. Voyez *Garantie.*

M.

MAÇON. Voyez *Architectes.*

MAGASIN A SEL (obligation de celui qui veut établir un) contre un mur, 674.

MAIN-D'OEUVRE (remboursement de la) auquel est tenu le propriétaire qui conserve les constructions et plantations faites par un tiers sur son fonds, 555.

MAIN-D'OEUVRE D'ARTISAN. Voyez *Artisan.*

MAIN-LEVÉE des oppositions au mariage, et de l'interdiction, (formalités et régles de la) 174, 177 et 512.

MAIRES des communes (les) doivent surveiller la remise aux archives de la commune, du double des registres de l'état civil, 43. Ils visent et certifient les affiches de vente des biens des mineurs, 459.

MAISON MEUBLÉE, (ce que comprend la vente d'une) et celle d'une maison avec tout ce qui s'y trouve, 535. Effet des baux faits par le mari, d'une maison appartenant à sa femme, 1430. Voyez *Baux.*

— commune ou Mairie : les publications de mariage se font devant la porte, et un extrait de l'acte de publication doit y être affiché, 63.

— de correction. La femme adultère est condamnée à y être recluse, 298 et 308. Voyez *Maisons publiques.*

— paternelle (la) est le lieu du domicile de l'enfant mineur, 108. Il ne peut la quitter sans permission de son père, si ce n'est pour enrôlement volontaire, après l'âge de dix-huit ans révolus, 374.

— de prêt sur gage. (les dispositions de la loi sur le gage ne sont pas applicables aux maisons) Voyez *Gage.*

MAISONS publiques : mode d'y constater les décès, 80, 84 et 85. Voyez *Décès*.

— de santé. Le conseil de famille délibère si interdit doit y être placé, 510.

MAITRES : le majeur qui sert ou travaille habituellement chez un maître, a son domicile dans sa maison, 109. Attributions d'un maître sur un navire, pour recevoir le testament d'un homme de l'équipage, 988. Les maîtres sont responsables du dommage causé par leurs domestiques, 1384.

— de pension ; ils sont créanciers privilégiés sur la généralité des meubles et des immeubles, 2101.

— de sciences d'agrémens. Voyez *Instituteurs*.

MAJEUR ET MAJORITÉ. Les témoins produits aux actes de l'état civil doivent être majeurs, 37. L'acte de mariage doit énoncer si les futurs époux sont majeurs ou mineurs, 63 et 76. Les majeurs qui servent ou travaillent chez autrui, ont le même domicile que lui, 109. Avant de contracter mariage, l'enfant de famille majeur est tenu de demander, par un acte respectueux et formel, le conseil de ses père et mère, ou aïeuls, 151. La demande en divorce par consentement mutuel n'est point admise si les époux ne sont pas majeurs, 275. L'adoption, pour cause d'un service qui a sauvé la vie, ne peut avoir lieu si l'adoptant n'est majeur, 345. La majorité affranchit de la puissance paternelle, 372 et 377. Elle est fixée à vingt-un ans accomplis ; à cet âge on est capable de tous les actes de la vie civile, excepté pour le mariage, 488.

Le majeur ne peut attaquer l'acceptation qu'il a faite d'une succession que dans le cas du dol notoire, 783. Si tous les héritiers d'une succession sont présens et majeurs, l'apposition des scellés n'est pas nécessaire, 819. Ils peuvent régler le mode de partage, *ibid*. Forme de donation par un donataire majeur, 933. Les témoins appelés pour être présens à un testament doivent être majeurs, 980. Cas où ils sont restitués pour cause de lésion, 1313.

MAJEURE. (force) Voyez *Force*.

MAJORITÉ (la déclaration de) du mineur ne fait point obstacle à sa restitution, 1307. Effet de la ratification du mineur en majorité, 1311. Voyez *Majeurs*.

MALADIES : forme et effets des testamens faits dans les lieux où il en règne de contagieuses, 85.

MALES, (les témoins produits aux actes de l'état civil, et ceux appelés pour être présens à testament doivent être) 37 et 980.

MALHEUREUX : (débiteur) l'abandon de ses biens à ses créanciers lui est permis, 1268.

MANDANT : ses obligations relativement aux engagemens contractés par le mandataire, 1998. Cas où il doit rembourser au mandataire les avances et frais que celui-ci a faits pour l'exécution du mandat, 1999. Cas où il doit indemniser le mandataire des pertes que celui-ci a essuyées à l'occasion de sa gestion, 2000. A dater de quel jour il doit au mandataire l'intérêt de ses avances, 2001.

Plusieurs personnes peuvent constituer le même mandataire pour une affaire commune : obligations de chacune d'elles, 2002. Le mandant peut révoquer sa procuration quand bon lui semble, 2004. La révocation notifiée au seul mandataire ne peut être opposée aux tiers qui ont traité dans l'ignorance de cette révocation, 2005.

MANDAT (l'engagement résultant de la gestion tacite des affaires d'autrui, a le même effet que le) exprés du propriétaire, *ibid*. Définition du mandat, 1984. Manière dont il peut être donné, 1985. L'acceptation peut n'être que tacite, 1985. Cas où le mandat est gratuit, 1986. Cas où il est ou *spécial* ou *général*, 1987. Ce qu'il embrasse, quand il est conçu en termes généraux, 1988. Cas où il doit être exprés, 1988. Pouvoirs du mandataire, 1989. Femmes et mineurs émancipés peuvent être choisis pour mandataires, 1990. Règles d'après lesquelles le mandant a action contre les femmes et mineurs mandataires, *ibid*. Différentes manières dont le mandat finit, 2003. Voyez *Mandataire, Mandant* et *procuration*.

MANDATAIRE ne peut se rendre adjudicataire des biens qu'il s'est chargé de vendre, 1596. Ses obligations, 1991. Sa responsabilité, 1992. Il est tenu de rendre compte de sa gestion à celui dont il tient ses pouvoirs, 1993. Cas où le mandataire répond de celui qu'il s'est substitué. Dans tous les cas le mandant peut agir directement contre celui-ci, 1994.

Cas où il y a solidarité entre plusieurs fondés de pouvoir, ou mandataires établis par le même acte, 1995. A dater de quelle époque le mandataire doit l'intérêt des sommes qu'il a employées à son usage, et de celles dont il est reliquataire, 1996. Cas où le mandataire n'est tenu d'aucune garantie pour ce qui a été fait au-delà de ses pouvoirs, 1997. Depuis quel jour la constitution d'un nouveau mandataire pour la même affaire, vaut révocation du premier, 2006. Ce qu'il doit faire lorsqu'il veut renoncer au mandat. Cas où cette renonciation emporte une indemnité de sa part en faveur du mandant, 2007. Ce qu'il fait dans l'ignorance des causes qui font cesser le mandat, est valide, 2008. Même disposition à l'égard des tiers, 2009. En

cas de mort du mandataire, que doivent faire ses héritiers; 2010. Voyez *Mandat* et *Pouvoirs.*

MANOEUVRES. (cas où les) rendent la convention nulle, 1116.

MANUFACTURES. (bail de) Voyez *Baux.*

MARC-LE-FRANC, (la réduction des dispositions testamentaires qui en sont susceptibles se fait au) 926.

MARCHANDE PUBLIQUE, (la femme) ne peut ester en jugement sans l'autorisation de son mari 215; peut s'obliger sans cette autorisation pour son négoce, et oblige son mari, 220; elle n'est réputée marchande publique qu'en faisant un commerce séparé, *ibid.* Biens que celle en communauté peut engager par ses obligations, 1426.

MARCHANDISES. (vente de) Voyez *Vente.*

MARCHANDS : forme de leurs billets ou promesses, 1526. Preuves résultantes de leurs registres, livres et papiers, 1329. et suiv. La séparation de biens de la femme dont le mari est marchand, doit être affichée au tribunal de commerce, 1445. Les marchands en gros, en détail, sont créanciers privilégiés, 2101. Voyez *Privilèges.* Leur action pour les marchandises vendues à des particuliers se prescrit par un an, 2272.

MARCHÉ, (ce que c'est qu'un) 1711. Le maître peut résilier par sa seule volonté le marché à forfait. Voyez *Devis* et *Marchés.*

MARCHE - PIED, (obligation du propriétaire riverain qui profite de l'alluvion de laisser le) ou chemin de hallage, 556. Il est une servitude établie pour l'utilité publique, 655.

MARIAGE, (le condamné à une peine qui emporte mort civile, ne peut contracter) et celui qu'il avait contracté précédemment est dissous quant à ses effets civils, 25. Comment se prouve le mariage, à défaut des registres de l'état civil, 46. Par qui et comment doivent être faites les publications; leur délai et forme du registre où elles sont inscrites; 63 et 64.

Formalités prescrites pour la célébration du mariage, dans le cas où elle n'a pas eu lieu dans l'année des publications, 65; pour les actes d'opposition, 66 et 67. Peine encourue par l'officier de l'état civil qui célèbre le mariage avant la remise de la main-levée des oppositions, 68. Ce qu'il doit faire lorsqu'il n'y a pas d'opposition, 69.

Chacun des époux doit remettre à l'officier de l'état civil l'acte de sa naissance, 70. Forme de l'acte de notoriété dans le cas où les époux ne pourraient se procurer celui de naissance, 71. Par qui doit être homologué l'acte de notoriété,

72. Forme de l'acte authentique du consentement, 73. Où et comment se fait la célébration du mariage, 74 et 75. Ce qui doit être énoncé dans l'acte de mariage, 76. Formes particulières des actes de publication et de célébration du mariage des militaires et employés à la suite des armées, 94 et 95. Comment l'époux absent dont le conjoint a contracté une nouvelle union, est recevable à attaquer ce mariage, 139.

Qualités et conditions requises pour pouvoir contracter mariage, 144 à 164. Formalités relatives à la célébration, 165 à 171. Oppositions, 172 à 179. Demandes en nullité, 180 à 202. Obligations qui naissent du mariage, 203 à 211. Droits et devoirs respectifs des époux, 212 à 226. Dissolution du mariage, 227. Seconds mariages, 228. Filiation des enfans nés dans le mariage, 312. Le mariage est prohibé entre l'adoptant, l'adopté et ses descendans, 348. Effets de la puissance paternelle sur les enfans pendant le mariage, 573 et suiv.

Le mineur est émancipé de plein droit par le mariage, 476. Les donations en faveur de mariage ne sont pas révocables pour cause d'ingratitude, 959. Règles et effets des règles faites par contrat de mariage, aux époux et aux enfans à naître du mariage, 1081. Sous quelles modifications les époux peuvent, par contrat de mariage, ou pendant le mariage, se faire réciproquement telle donation qu'ils jugeront à propos, 1091.

A compter de quelle époque court le délai accordé aux femmes mariées pour se pourvoir contre les conventions qu'elles ont souscrites, 1304. Les conventions matrimoniales sont rédigées avant le mariage, 1594. Elles ne peuvent recevoir aucun changement après sa célébration, 1395. Les changemens qui s'y feraient avant cette célébration doivent être constatés par acte dans la même forme que le contrat, 1396.

Conventions des époux lorsque l'un d'eux ou tous deux ont des enfans de précédens mariages, 1496 et 1527. Effet de ces conventions, *ibid.* Epoux qui doivent contribuer aux charges du mariage, 1530 et 1537. Celles auxquelles la femme dont tous les biens sont paraphernaux, doit contribuer, 1575. Cas où la prescription est suspendue pendant le mariage, 2256. Cas où il ne peut être célébré avant la notification de l'acte respectueux, 152. Voyez *Contrat de mariage.*

MARINE : mode de constater les naissances et les décès pendant un voyage de mer, et de recevoir les testamens des gens de l'équipage et des passagers, 59, 86 et 988.

MASSE, (rapport à la) en matière de succession : comment il se fait, 829 et suiv. Voyez *Partages*, *Rapports*, et *Successions.*

MATÉRIAUX : temps jusqu'auquel ils sont meubles , 552. Obligation du propriétaire du sol qui a fait des ouvrages avec des matériaux qui ne lui appartenaient pas , 554. Droit qu'a le propriétaire d'obliger celui qui a fait des constructions et plantations avec ses matériaux, de les enlever ou de les conserver , *ibid.* Ceux au remboursement desquels est tenu le propriétaire sur le fonds duquel il a été fait des constructions , plantations , etc. 555.

Cas où l'usufruitier a ou non le droit de jouir des matériaux résultant de la destruction par suite d'accidens, de bâtimens sujets à l'usufruit, 624. Cas où le propriétaire est tenu de payer à la succession de l'ouvrier, architecte, ou entrepreneur , la valeur des matériaux préparés. Voyez *Devis* et *Marchés* et *Matières.*

MATERNITÉ (la recherche de la) est admise , 341.

MATIÈRES CRIMINELLES. Voyez *Criminelles.*

MATIÈRES (droit de celui qui a procuré des) pour la formation d'une chose composée de diverses autres, 570 et suiv. Droit qu'a le propriétaire de matières employées à son insu, de réclamer ou les matières ou la valeur , et des dommages-intérêts, sans préjudice de la poursuite extraordinaire, 576 et 677. Obligation de celui qui établit contre un mur un amas de matières corrosives , 674.

MATRIMONIALES. (conventions) Voyez *Conventions* et *Femmes mariées.*

MAUVAIS TRAITEMENS. Voyez *Délits* , *Excès* et *Sévices.*

MAUVAISE FOI (l'héritier qui a omis par) de comprendre dans l'inventaire des effets de la succession, est déchu du bénéfice d'inventaire, 810. Effet de la mauvaise foi , relativement à la restitution de choses indûment reçues, 1378 et 1379. Voyez *Bonne foi.*

MAUVAISE QUALITÉ de la chose vendue. Voyez *Garantie.*

MÉCONTENTEMENT , (le père ou le tuteur qui a des sujets de) contre son fils ou son pupille, peut le faire arrêter. Voyez *Puissance paternelle* et *Tutelle.*

MÉDAILLES ne sont pas comprises, ni indiquées dans le mot *Meubles,* 533.

MÉDECINS : leurs honoraires sont créances privilégiées , 2101. Leur action , pour leurs visites , se prescrit par un an , 2272. Voyez *Docteurs en médecine.*

MÉDICAMENS. Voyez *Apothicaires.*

MÉLANGE, (effet du droit d'accession , relativement à la formation d'une chose par) de diverses matières , 573.

MÉNAGE (proportion dans laquelle la femme qui a obtenu sa séparation de biens doit contribuer aux frais du) 1448.

MENTIONS DE DÉPOT sont faites sur les registres , de suite, 2203.

MER : (la) des lois particulières règlent les droits sur les effets qui y sont jetés, et sur les productions de ses rivages, 717. Formes et effets des testamens faits pendant un voyage de mer, 988 et suiv. Lais et relais de la mer. Voyez *Lais* et *Relais.*

MÈRE (la) à défaut du père peut faire opposition au mariage de son enfant , 173. Celle survivante, et non remariée , ne peut faire détenir un enfant qu'avec le concours de deux plus proches parens , 381. Celle remariée ne peut avoir la jouissance des biens d'un enfant de son premier mari, 386. Le père peut nommer, à la mère survivante et tutrice , un conseil , 391. A défaut du père , la mère peut faire émanciper son enfant mineur , 477. Voyez les articles *Pères, Mères* et *Epoux.*

MESURE, (excédant de) Voyez *Excédant.* Vente à la mesure. Voyez *Vente.*

MÉTAIRIE, (les fumiers provenant du cheptel donné au fermier appartiennent à la) 1824.

MÉTAYER. Voyez *Fermier.*

MÉTIER, (le tuteur officieux peut être condamné à donner à son pupille des secours propres à lui procurer un) 509. Effet du métier du mari , relativement au rapport à la succession du père de sa femme de la dot constituée à cette dernière, 1573.

MÉTIERS, (arts et) Voyez *Arts* et *Métiers.*

MEUBLES : désignation de ceux du mineur qui doivent être vendus par le tuteur, 452. Les père et mère n'y sont pas tenus, s'ils préfèrent les garder en nature , 453. Choses qui sont ou ne sont pas meubles, 520 et suiv. Leurs diverses natures , 527. Choses qui ne sont pas comprises dans l'acception du mot *meuble* employé seul, 533. Ce qu'on entend par meubles meublans, 534. Ils sont compris dans la vente d'une maison meublée , 535. L'usufruit peut être établi sur des biens meubles , 581.

Conditions sous lesquelles l'usufruitier a droit de jouir de certains meubles , 589. Ceux dont l'usufruitier doit faire faire inventaire , 600. Vente qui peut avoir lieu des meubles, lorsque l'usufruitier ne fournit point de caution , 603. Exception . *ibid.* Mode d'estimation des meubles dans un partage de succession , 825. Comment s'en fait la vente , dans le cas où elle est jugée

nécessaire, 826. Comment s'opère le rapport du mobilier, 868. Par quel laps de temps se prescrit l'action pour dettes , relativement aux meubles, 880. Condition sans laquelle n'est point valable une donation d'effets mobiliers, 948.

Désignation des meubles que le grevé de restitution est tenu de faire vendre, 1063. Mode de restitution de meubles indûment reçus, 1379. Mode et effet de la restitution de la dot en meubles, 1564. Les priviléges peuvent être sur les meubles, 2099. Voyez *Hypothèques.* Bail de meubles. Voyez *Baux.* La maison louée doit être garnie de meubles suffisans. Voyez *Baux.*

MEUBLES, (biens) Voyez *Biens meubles* et *Mobilier.*

MEURTRIER (le) d'un défunt est indigne de lui succéder, 727.

MIEL. (ruches à) Voyez *Ruches.*

MILITAIRES. Voyez *Armée de terre* et de *mer.*

MINES, (règles relatives aux) que doit observer le propriétaire qui veut fouiller sa propriété, 552. Jouissance qu'en a l'usufruitier, 598. Produits des mines qui entrent dans la communauté entre époux, 1403.

MINEURS ET MINORITÉ. L'acte de mariage doit énoncer si les futurs époux sont mineurs ou majeurs, 76. Où est le domicile du mineur non émancipé, 108. Qualités et conditions requises des mineurs qui veulent contracter mariage, 144. La femme d'un mineur ne peut ester en jugement sans l'autorisation du juge, 224. Cas où l'action en réclamation d'état peut, ou ne peut pas être intentée par les héritiers du mineur, 329.

Envers qui peut être exercée la faculté d'adopter ou de devenir tuteur officieux, 345 et 351. Obligations réciproques de l'adoptant et du pupille. Voyez *Adoption* et *Tutelle officieuse.* Jusqu'à quelle époque l'enfant est sous l'autorité de ses père et mère, 372. Ce que c'est qu'un mineur, 388. A qui appartient l'administration de ses biens, 389. Le survivant des époux a de plein droit la tutelle de ses enfans mineurs non émancipés, 390.

Conseil de tutelle nommé à la mère survivante. Actes qu'elle peut faire sans l'assistance de ce conseil, 391. Mode de nomination de ce conseil, 392. Cas où il est nommé un curateur au ventre ; droits de ce curateur à la naissance de l'enfant, 393. Quels sont les devoirs de la mère qui refuse d'accepter la tutelle, 394. Obligations de la mère tutrice qui veut se remarier et conserver la tutelle, 395. Dans le cas où elle la conserve, son second mari est nécessairement co-tuteur. Responsabilité de ce dernier, 396.

A qui appartient le droit individuel de choisir un tuteur, 397. Comment peut être exercé ce droit, 398. Cas où la mère remariée ne peut choisir un tuteur à ses enfans, 399. Condition sans laquelle n'est point valable le choix d'un tuteur fait par la mère remariée et maintenue dans la tutelle, 400. Cas où le tuteur élu par le père ou la mère, n'est pas tenu d'accepter la tutelle, 401.

A qui appartient la tutelle, dans le cas où le survivant des père et mère du mineur ne lui a pas nommé un tuteur, 402. Cas où la tutelle est déférée par le conseil de famille. Comment il est convoqué, et de quelles personnes il se compose, 404 et suiv. Cas où il est nommé un protuteur au mineur, 417.

Pouvoirs respectifs du protuteur, du tuteur et du subrogé tuteur. Obligations du mineur à leur égard, 418 et suiv. Le mineur est émancipé de plein droit par le mariage : il peut l'être lorsqu'il a atteint l'âge de quinze ans révolus : formalités de l'émancipation et droit qu'elle lui confère, 476 et 477.

Les successions échues aux mineurs ne sont valablement acceptées que par leurs tuteurs ou curateurs, 776, 817 et 819. Nomination d'un tuteur spécial pour chaque mineur qui a des intérêts opposés dans le partage d'une succession, 838. S'il y a lieu à licitation, elle est faite en justice, et les partages sont définitifs, 839 et 840. Capacité de disposer du mineur âgé de moins de seize ans, ou parvenu à cet âge, 903 et 904. La donation qui lui est faite doit être acceptée par son tuteur ou son curateur, et transcrite aux hypothèques sous leur responsabilité, 935, 940 et 942. Le mineur ne peut être exécuteur testamentaire, 1030. Il ne peut faire de donation par contrat de mariage qu'avec le consentement et l'assistance de ceux dont le consentement est requis pour la validité de son mariage, 1095.

Les mineurs sont incapables de contracter, 1124. Ceux qui ont contracté avec eux ne peuvent leur opposer leur incapacité, 1125. Cas où le mineur ne peut attaquer ses engagemens pour cause d'incapacité, *ibid.* Délai dans lequel le mineur doit former l'action en nullité ou rescision de ses conventions, 1504. Cas où le mineur est restitué contre ses engagemens, 1505. Effet de cette restitution, 1512. Capacité du mineur pour consentir les conventions matrimoniales, 1398.

Effet résultant du défaut d'inventaire après décès, s'il existe des enfans mineurs de l'un des époux, 1442. La contrainte par corps ne peut

être prononcée contre les mineurs, 2064. Ils ont ainsi que les interdits, hypothèque sur les biens de leurs tuteurs, à raison de leur gestion, 2121. Cas où elle existe indépendamment de toute inscription, 2135. La prescription ne court pas contre les mineurs, 2252. Voyez *Prescription.*

— (baux des biens des) Voyez *Baux.* Ils ne peuvent être expropriés de leurs immeubles avant la discussion du mobilier. Voyez *Expropriation.* Ceux émancipés peuvent être choisis pour mandataires. Voyez *Mandat.* Le délai pour la faculté de rachat court contre le mineur. Voyez *Rachat* et l'article *Hypothèques.*

MINISTÈRE public. (la transaction n'empêche pas la poursuite du) Voyez *Transactions* ; voyez aussi l'article *Commissaires du Gouvernement.*

MINISTRES du culte (les) ne peuvent recevoir de la personne qu'ils auront assistée pendant sa dernière maladie, que des dispositions rémunératoires à titre particulier ; exception, dans le cas de parenté, 909.

MINISTRE de la guerre : dépôt aux archives de son ministère des registres de l'état civil, concernant les militaires hors du territoire de la République, 91.

MINISTRE de la marine : le double original des testamens faits sur mer, lui est adressé, et il en fait faire le dépôt au greffe de la justice de paix du domicile du testateur, 991.

MINORITÉ. Voyez *Mineurs*, *Émancipation* et *Tuteur.* Effet de la minorité à l'égard de la prescription des servitudes établies en faveur d'un héritage appartenant à plusieurs copropriétaires, 710.

MINUTES : il doit en rester de tous actes portant donation, sous peine de nullité, 931. Moyen de suppléer celles des actes de notaires, 1336. Les officiers publics sont contraignables par corps pour la représentation de leurs minutes, 2060.

MISE en cause (cas où l'héritier du débiteur d'une dette indivisible peut demander la) de ses cohéritiers, 1225.

— en possession d'un objet vendu. Voyez *Délivrance.*

MISSIONS du Gouvernement (les) dispensent de la tutelle, 428.

MITOYEN. (mur) Voyez *Murs.*

MIXTE : (condition) sa nature et ses effets, 1171.

MOBILIER. (objets indiqués par cette expression de) 535. Nature et effet du droit d'accession, relativement aux choses mobilières, 565. L'objet mobilier vendu à deux personnes appar-

tient à celle qui s'en trouve en possession réelle, 1141. Celui qui entre dans la composition de l'actif de la communauté entre époux, 1401. Mode de constater la valeur du mobilier échu des successions aux époux en communauté, 1415.

Cas où le mari peut disposer entre-vifs et à titre gratuit du mobilier de la communauté, 1422. La femme séparée de corps et de biens peut disposer de son mobilier, 1449. Cas où, lors du partage de la communauté entre époux, les prélèvemens s'exercent sur le mobilier, 1471.

La femme qui a renoncé à la communauté perd son droit sur le mobilier qui y est entré de son chef, 1492. Stipulation des époux que le mobilier n'entrera point en communauté, ou n'y entrera qu'en partie, 1497. Effet de cette stipulation, 1500. Le mobilier présent et futur des époux, est exclus de la communauté réduite aux acquêts, 1498. Effet de cette exclusion, *ibid.* Cas où le mobilier des époux est réputé acquêt de communauté, 1499.

Cas où le paiement des dettes des époux peut se poursuivre sur le mobilier de la communauté, 1510. Effet de la faculté accordée à la femme et aux enfans de reprendre le mobilier apporté en communauté, 1514. Effet à l'égard du mobilier des époux, de la clause portant qu'ils se marient sans communauté, 1531 et suiv. Effet du régime dotal relativement au mobilier, 551. Voyez les articles *Délivrance*, *Effets* et *Société.*

MOBILIERS, (choses) (le dépôt ne peut avoir pour objet que des) 1918.

MOBILIÈRES. (dettes) Voyez *Mobilier.*

MŒURS : on ne peut déroger par des conventions particulières aux lois qui les intéressent, 6. Toutes dispositions entre-vifs ou testamentaires qui leur sont contraires, sont réputées non écrites, 900. Voyez *Bonnes mœurs.*

MOINS prenant, (le rapport se fait en nature ou en) 858, 860 et 868.

MOITIÉ. (cheptel donné à) Voyez *Cheptel.*

MORT. Voyez *Décès.*

MORT civile, (quelles sont les condamnations qui emportent la) 22 et 23. Cas où les peines afflictives n'emportent pas la mort civile, 24. Droits, actions et prérogatives que fait perdre la mort civile, 25 et 227. A qui passent ces droits et actions, 25, 390, 718 et 719. Époque à compter de laquelle les condamnations contradictoires, et par contumace, emportent la mort civile, 26 et 27. Effets des condamnations par contumace, 28 et suiv. En aucun cas, la prescription de la peine ne réintègre le condamné dans ses droits civils pour l'avenir, 32. A qui appartiennent les biens acquis par le con-

damné depuis la mort civile encourue, 33. Exceptions, *ibid.*

Celle de l'usufruitier éteint l'usufruit, 617. Dissolution de la communauté entre époux, par la mort civile, 1441. Ses effets, 1452. Règles relatives à l'inventaire et renonciation applicables aux femmes d'individus morts civilement, 1456 et suiv. et 1462. Elle donne ouverture au préciput, 1517. La société finit par la mort civile et par la mort naturelle, 1865. A qui doit être remis le dépôt en cas de mort du déposant, 1939. L'effet du mandat cesse par la mort civile ou naturelle, soit du mandant soit du mandataire, 2003. Celle du bailleur ou du preneur ne résout pas le bail. Voyez *Baux.*

Mort violente. (indices de) Voyez *État civil.*

Moulins à vent ou à eau qui sont immeubles, 519.

— sur bateaux sont meubles, 531. Forme de leur saisie, *ibid.*

Muet. Voyez *Sourd - Muet.*

Municipalité : on y fait toute déclaration relative au domicile, 103. Son consentement est nécessaire à celui qui veut devenir tuteur officieux d'un enfant sans parens, 361. Voyez *Maison commune* et *Officiers municipaux.*

Murs des places de guerre et des forteresses font partie du domaine public, 540. Dépenses de gros murs qui sont à la charge du propriétaire du fonds sujet à l'usufruit, 605. Exception, *ibid.* Murs de soutenement et de clôture qui sont à la charge du propriétaire du fonds sujet à l'usufruit, 606. Causes, effets et dépenses de la mitoyenneté des murs, 653. Propriétaires à la charge desquels sont les gros murs d'une maison à divers étages et appartenant à différentes personnes, 664. Ouvrages intermédiaires requis pour certaines constructions près ou contre un mur, 674. Ceux dans lesquels on peut ou non pratiquer des fenêtres et ouvertures, 675 et suiv.

Mystique : (testament) sa forme, 976. Voyez *Testamens.*

N.

Naissance, (comment se prouve la) à défaut des registres de l'état civil, 46. Dans quel délai, et par qui doivent être faites les déclarations de naissance et leur forme, 55 et suiv. Obligation de celui qui trouve un enfant nouveau né, 58. Forme de l'acte de naissance d'un enfant né pendant un voyage de mer, 59 et suiv. Où se fait l'inscription de l'acte de reconnaissance d'un enfant, 62.

La présentation des actes de naissance est nécessaire aux futurs époux, pour la célébration du mariage. Manière de suppléer à ceux qu'on ne peut se procurer, 70. Même obligation de la part des époux qui demandent le divorce par consentement mutuel, 283. Voyez *Paternité* et *Enfans naturels.*

Naissance. (distinction de) Voyez *Distinction.*

Nantissement (la remise de la chose donnée en) ne fait pas présumer la remise de la dette, 1286. Définition du nantissement et ses diverses espèces, 2071 et 2072.

Nation : îles, îlots et atterrissemens qui lui appartiennent, 560. Elle a hypothèque sur les biens des receveurs et administrateurs comptables, 2121. Biens appartenant à la nation, Voyez *Domaines nationaux* et *Domaine public.* Elle est soumise à la prescription, et peut l'opposer. Voyez *Prescription.*

Nationaux, (biens) Voyez *Biens.*

Naturalisation en pays étrangers (la) fait perdre la qualité de Français, 17.

Nature (les ascendans succèdent aux choses données par eux à leurs descendans, lorsque les objets se retrouvent en) 747. Chacun des cohéritiers peut demander sa part en nature dans les meubles et immeubles d'une succession, 826. Le rapport, dans une succession, se fait en nature, ou en moins prenant, 858. Obligation d'exécuter les dispositions à charge de rendre en nature les objets donnés ou légués, 1063.

Naufrage, (le commencement de preuve s'applique aux dépôts faits en cas de) 1348.

Navires sont meubles, 531. Forme de leur saisie, *ibid.* Voyez *Marine* et *Hypothèques.*

Nécessaire. (dépôt) Voyez *Dépôt.*

Négligence (l'héritier bénéficiaire et le donataire doivent compte des détériorations que les meubles ou immeubles ont éprouvées par leur) 805 et 863. Influence des circonstances sur les dommages - intérêts résultant de la négligence du gérant des affaires d'autrui, 1374. Responsabilité à laquelle la négligence donne lieu, 1383. Négligence dont le mari est responsable, 1562 et 1567.

Négoce. Voyez *Commerce.*

Négocians. Voyez *Marchands.*

Négociation. (consommation de la) Voyez *Consommation.*

Nés et à naître. (enfans) Voyez *Enfans.*

Neveu et nièce. Prohibition de mariage entre l'oncle et la nièce, la tante et le neveu, 163. Le gouvernement peut lever cette prohibition, 164.

Les

les neveux et nièces du meurtrier d'un défunt dont ils héritent , ne sont point tenus de le dénoncer , 728. L'oncle et le neveu sont au troisième degré, 738. Représentation des neveux et nièces dans les successions auxquelles ils sont appelés , 742 et suiv. Dispositions , à la charge de restitution , permises en leur faveur , 1049.

NICHE (les statues placées dans une) sont immeubles, 525.

NOCES (les frais de) ne sont point sujets à rapport , 852. Dans quel délai la femme peut convoler en secondes noces , 228. Voyez *Mariage.*

NOMINATION d'un tuteur. (forme de la) Voyez *Tuteur.*

— d'experts en matière de lésion. Voyez *Rescision.*

NOMS. Un de principaux faits qui établissent la possession d'état , est que l'individu porte le nom du père auquel il prétend appartenir , 321. Si un enfant a été inscrit sous de faux noms , la filiation peut se prouver par témoins , 323. L'adoption confère le nom de l'adoptant à l'adopté , en l'ajoutant au nom propre de ce dernier , 347.

NOMS ET PRÉNOMS : les actes de l'état civil doivent énoncer ceux de tous les individus qui y sont dénommés , 34 , 57 , 58 , 63 , 71 , 73 , 76 , 79 et 81. Voyez *État civil.*

NOTAIRES (les) représentent un présumé absent dans les inventaires, comptes, partages et liquidations, 113. Assistent les époux qui demandent le divorce par consentement mutuel, 281. Quelles sont leurs fonctions dans cette circonstance, 283 et suiv. Il reçoivent les déclarations pour la nomination du conseil spécial donné par le père à la mère survivante et tutrice , 392. Pour le choix d'un tuteur , *ibid.* Ils reçoivent les enchères pour la vente des immeubles d'un mineur, 397. Dans un partage qui intéresse un mineur , les lots peuvent être tirés au sort en leur présence , 466. Tout jugement portant interdiction , ou nomination d'un conseil sera affiché dans leurs études, 501.

Les immeubles vendus par licitation le sont devant notaire, 827. Après la vente, le notaire procède aux comptes, à la formation de la masse générale , à la composition des lots, 828. S'il s'élève des contestations, le notaire dresse procès-verbal des dires des parties , et les renvoie devant le commissaire chargé du partage , 837. Tous actes portant donation entre-vifs , sont passés devant notaires dans la forme des contrats , et il en reste minute , sous peine de nullité , 931 et 932.

Le testament par acte public est reçu par deux notaires en présence de deux témoins , ou par un notaire en présence de quatre témoins : les clercs de notaires qui reçoivent les actes ne peuvent servir de témoins , 971 et 975. L'ouverture des testamens olographes et mystiques, doit se faire en présence d'un notaire , 1007. Voyez *Testamens.*

La révocation d'un testament ne peut se faire que par un testament postérieur , ou par un acte devant notaire , 1035. Actes d'emprunt et quittances de paiement qui doivent être faits par les notaires, 1250. Foi due aux copies qu'ils délivrent , 1335. Choses dont il doit être passé acte devant notaires, et effet de ces actes, 1341. Les conventions matrimoniales sont rédigées par acte devant notaire , 1394.

Ce qui leur est prescrit relativement aux changemens en contre-lettres faits à l'occasion d'un contrat de mariage, 1397. Le rétablissement de communauté entre époux séparés ne peut se faire que par acte devant notaires , 1451. Ne peuvent devenir cessionnaires des procès de la compétence du tribunal , dans lequel ils exercent leurs fonctions, 1597. Ils sont contraignables par corps , pour la restitution des titres, et deniers à eux confiés, 2060.

NOTORIÉTÉ. (actes de) Voyez *Actes.*

NOURRITURE (les frais de) ne sont point sujets à rapport , 852. Temps pendant lequel la veuve peut prendre sa nourriture , et celle de ses domestiques sur la communauté , 1465. Voyez *Alimens.*

NOVATION (la) dans la créance contre le débiteur par l'acceptation de l'héritier pour débiteur , empêche de demander la séparation du patrimoine du défunt d'avec le patrimoine de l'héritier, 878. Sa nature et ses effets, 1254 et 1271.

NUE PROPRIÉTÉ (cas où le créancier d'une femme mariée ou d'une succession qui lui est échue ne peut obtenir son paiement que sur la) de ses immeubles personnels , 1410 , 1413 et 1417. Les amendes encourues par la femme en communauté ne peuvent se poursuivre que sur la nue propriété de ses biens personnels, 1424.

NUL. (titre) Voyez *Titre.*

NULLITÉ de mariage : par qui peut être attaqué celui contracté sans le consentement libre des deux époux, ou de l'un d'eux, et dans le cas où il y a eu erreur dans la personne , 180. Cas où la demande en nullité n'est pas recevable , 181. Par qui peut être attaqué le mariage contracté sans le consentement prescrit par la loi, 182. Cas où l'action en nullité ne peut être intentée ni par les époux, ni par

les parens, 183. Quel est le mariage qui peut être attaqué, soit par tous ceux qui y ont intérêt, soit par le ministère public, 184 et 191. Exception, 185. Dans aucun cas la famille ne peut demander la nullité du mariage auquel elle a consenti, 186.

Cas où les collatéraux ni les enfans nés d'un autre mariage ne peuvent intenter l'action en nullité, 187. Comment l'époux au préjudice duquel a été contracté un second mariage, peut en demander la nullité, 188. Ce qui se fait dans le cas où les nouveaux époux opposent la nullité du premier mariage, 189. Dans quel cas, et sous quelles modifications le commissaire du Gouvernement peut et doit demander la nullité du mariage, 190. Amende encourue par l'officier public, par les parties contractantes, et par ceux sous la puissance desquels elles ont agi, dans le cas où le mariage n'a pas été précédé des formalités voulues par la loi, 192 et 193.

Condition sans laquelle nul ne peut réclamer le titre d'époux et les effets civils du mariage, 194. La possession d'état ne peut dispenser de représenter l'acte de célébration, 195. Cas où les époux sont respectivement non recevables à demander la nullité de cet acte, 196. Cas où la légitimité des enfans ne peut être contestée, même après le décès de leurs père et mère, sous le prétexte du défaut de représentation de cet acte, 197. Où doit se faire l'inscription du jugement en vertu duquel la preuve d'une célébration légale du mariage est acquise aux époux; effets de cette inscription tant à leur égard, qu'à l'égard des enfans issus de ce mariage, 198.

Par qui peut être intentée l'action criminelle, dans le cas où les époux ou l'un d'eux sont décédés sans avoir découvert la fraude, 199. Dans le cas où l'officier public est décédé lors de la découverte de la fraude, 200. Effets, à l'égard des époux et de leurs enfans, du mariage déclaré nul, 201 et 202.

Nullité des actes publics et privés. Cas où les actes d'opposition au mariage sont nuls, 176. Par qui peut être opposée la nullité d'un acte passé par une femme, sans l'autorisation de son mari, 225. Cas où sont nuls toute aliénation, toute obligation contractée à la charge de la communauté entre époux, 271; tout traité entre le tuteur et le mineur devenu majeur, 472; tous actes passés par un interdit, 502; les stipulations relatives au rachat des rentes perpétuelles, 530; la renonciation de l'usufruitier à l'usufruit, 622; toute donation qui comprend des biens à venir, 943.

Sont nuls toute convention par laquelle le donateur renonce à la révocation de la donation pour survenance d'enfant, 965; tous les testamens où l'on n'aura pas rempli les formalités prescrites par la loi, 1001; tous legs d'une chose appartenante à autrui, 1021; toute disposition testamentaire en faveur d'un incapable, 1039 et 1045; tout partage de biens fait en contravention à la loi, 1078.

Nullité résultante du défaut ou de l'invalidité du consentement dans les conventions et conditions, 1109 et suiv. Causes de nullité des conditions, 1172 et suiv. Effet de la nullité à l'égard des obligations avec clauses pénales, 1227. Extinction des obligations par l'effet des nullités des conventions, 1234 et 1304. Effet de la ratification d'une obligation ou donation contre laquelle la loi admet l'action en nullité, 1338 et suiv. Causes et effets de la nullité de la séparation de biens, 1443 et suiv.

Cas où l'acte de rétablissement de communauté entre époux séparés est nul, 1451. Sont nulles les conventions contraires à la faculté d'accepter ou de renoncer à la communauté entre époux, 1453; l'autorisation générale d'aliéner donnée à la femme, 1538. Le défaut de formalités en matière d'hypothèques, emporte nullité, 2185.

NULLITÉ en matière de vente. Voyez *Vente.*

O.

OBÉISSANCE (la femme doit) à son mari, 213.

OBJET. (les transactions se renferment dans leur) Voyez *Transactions.*

OBLIGATIONS contractées par des étrangers envers des Français et réciproquement : les tribunaux en connaissent, 14 et 15;

— qui naissent du mariage, 203. Voyez *Mariage.*

La femme mariée n'en peut contracter sans l'autorisation de son mari, ou du juge, 217, 219 et 221. Nullités de celles contractées à la charge de la communauté par le mari, pendant la demande en divorce, 271. Les obligations contractées par un mineur sont réductibles en cas d'excès, 484. La propriété des biens s'acquiert et se transmet par l'effet des obligations, 711.

Obligations qui sont de nature mobilière, 529; celles de l'usufruitier, 600; celles qui naissent des engagemens sans convention, 1370; qui résultent des délits et quasi-délits, 1382. Nature et effet des obligations permises et défendues à la femme mariée vivant en communauté, 1427 et suiv. Effet de celles solidairement consenties par la femme et le mari en

communauté, 1431. Cas où le mari n'est point tenu des retranchemens et dépérissement des obligations comprises dans la dot dont la restitution est demandée, 1567. Le cautionnement ne peut exister que sur une obligation valable. Voyez *Cautionnement.* Voyez aussi l'article *Contrats.*

Obscur. (pacte) Voyez *Pacte.*

Obscurité des lois (l') n'est point un prétexte pour les juges de ne point juger, 4.

Officiers de l'état civil, (les) rédigent tous les actes de l'état civil, et ne peuvent y insérer que ce qui doit y être déclaré, 34 ; donnent lecture des actes aux parties et les signent, 38 ; déposent au greffe du tribunal le double des registres, 43 ; sont tenus, sous peine d'amende, de donner avis au commissaire du Gouvernement de la mention d'un acte relatif à l'état civil qu'ils ont faite en marge d'un acte déjà inscrit, 49 ; sont responsables des altérations et faux, et ne doivent faire aucune inscription sur feuilles volantes, 51 et 52 ; reçoivent les déclarations de naissance, et en rédigent de suite l'acte, 55 et 56.

Toute personne qui trouve un enfant nouveau né, le remet à l'officier civil qui en dresse procès-verbal et l'inscrit sur les registres, 58. Le ministre de la marine leur adresse copie des actes de naissance rédigés sur les vaisseaux, laquelle copie doit être inscrite de suite sur le registre, 60.

Ils font les publications et affiches des actes de mariage, 63 ; mettent leur *visa* sur l'original des oppositions au mariage, 66 ; l'inscrivent sur les registres, et font mention en marge des jugemens et actes de main-levée, 67 ; se font remettre les actes de naissance ou de notoriété, les actes de consentement ou respectueux prescrits par la loi, et font la célébration du mariage dont ils dressent acte sur-le-champ, 70.

Aucune inhumation ne se fait sans leur autorisation, 77. Ils rédigent et inscrivent tous les actes de décès, même ceux arrivés dans les hôpitaux militaires, dans les prisons et maisons de réclusion, ainsi que, par suite d'exécution à mort, 78. Les jugemens de rectification des actes de l'état civil sont inscrits par eux sur les registres, 101.

Ils sont tenus, sous peine d'amende, de remplir toutes les formalités prescrites pour la publication et la célébration du mariage, 165 et 172. L'action civile, en cas de fraude dans un acte de l'état civil, est dirigée même contre ses héritiers, 200. Sur le vu du jugement définitif qui admet le divorce, ils le prononcent,

258, 266, 290 et 294. Voyez l'article *État civil.*

Officiers militaires. Voyez *Armée* et *Militaires.*

Officiers ministériels (les) qui, dans la rédaction d'un acte d'opposition au mariage, n'ont pas rempli toutes les formalités prescrites par la loi, encourent la peine d'interdiction, 178. Les offres réelles doivent se faire par les officiers ministériels ayant, pour ce, caractère, 1258.

Officiers municipaux (les) peuvent recevoir un testament dans un lieu avec lequel toute communication est interceptée à cause de la peste, 985. Voyez les articles *Communes*, *Mairies* et *Municipalités.*

Officiers de police (les) constatent les indices de mort violente, en dressent procès-verbal, et l'envoient à l'officier de l'état civil, 81 et 82.

Officiers publics, (nature et effet du titre authentique reçu par les) 1317. Foi due aux copies des titres délivrées par les officiers publics, 1335. Ils ne peuvent se rendre adjudicataires des biens nationaux, dont la vente se fait par leur ministère, 1596. Cas où la contrainte par corps a lieu contre les officiers publics, 2060.

Officiers de santé (les) font les déclarations de naissance, 56 ; sont appelés pour dresser procès-verbal d'un cadavre trouvé avec indices de mort violente, 81 ; certifient les états de maladies qui dispensent de paraître devant le juge, 236. Ils ne peuvent recevoir que des dispositions rémunératoires des personnes qu'ils ont traitées dans leur dernière maladie, 909. Les officiers de santé des armées peuvent recevoir les testamens des militaires, 982 et 985 ; ils sont créanciers privilégiés, 2101.

Offres : le débiteur ne peut offrir de la plus mauvaise qualité de la chose qui n'est déterminée que par son espèce, 1246. Règles et effet des offres de paiement et consignation, 1257.

Olographe (le testament) n'est point valable s'il n'est écrit en entier, daté et signé par le testateur, 970.

Oncle et tante : prohibition de mariage entre l'oncle et la nièce, la tante et le neveu. Le Gouvernement peut lever cette prohibition, 163 et 164. Les oncles et les tantes peuvent former opposition au mariage de leurs neveux et nièces, 173. On ne peut leur opposer le défaut de dénonciation du meurtrier d'un défunt dont ils héritent, 728. L'oncle et le neveu sont au troisième degré, 738. Voyez *Collatéraux.*

ONÉREUX (contrat à titre) son espèce , 1106. Voyez *Titre.*

OPPOSITION au mariage : à qui appartient le droit de la former. Formalités prescrites relativement aux actes d'opposition , et leur effet , 66, 68, 172 et 173. Seuls cas où le frère ou la sœur, l'oncle ou la tante, le cousin ou la cousine germains , le tuteur ou le curateur peuvent la former ; et formalités prescrites à ce sujet, 174 et 175. Forme de l'opposition , 176. Dans quel délai le tribunal de première instance prononce sur la demande en main-levée , 177. S'il y a appel , il y est statué dans les dix jours de la citation, 178. Effet du rejet de l'opposition, 179.

OPPOSITION à la levée des scellés dans une succession ; les créanciers ont droit de la former , 821. Voyez *Scellés.*

OPPOSITION : effet du paiement fait au préjudice d'une opposition , 1242. Le dépôt ne peut être remis au déposant, lorsqu'il existe entre les mains du dépositaire une opposition , 1944.

ORDONNANCE du juge en matière de divorce, 258 et 270.

ORDRE PUBLIC : on ne peut y déroger par des conventions particulières , 6. Faculté accordée d'établir des servitudes qui ne sont pas contraires à l'ordre public, 686. La cause du contrat est illicite quand elle est contraire à l'ordre public , 1133.

ORIGINAUX des titres : cas où ils doivent être représentés , 1334.

ORNEMENS (cas où les) d'appartemens sont immeubles , 525. Conditions sous lesquelles l'usufruitier ou ses héritiers peut faire enlever les ornemens qu'il aurait fait placer , 599.

OUTILS. Voyez *Ustensiles* et *Instrumens.*

OUVERTURE des successions (le lieu de l') est déterminé par le domicile , 111. Cette ouverture a lieu par la mort naturelle , et la mort civile , 718.

OUVERTURES qui peuvent ou non être établies sur la propriété voisine, 675.

OUVRAGES (obligation du propriétaire du sol qui a faites) avec des matériaux qui ne lui appartenaient pas, d'en payer la valeur, 555. Droit qu'a le propriétaire, d'obliger celui qui a fait des ouvrages avec les matériaux, de les enlever, ou de conserver les ouvrages , 555.

Ouvrage intermédiaire, requis pour certaines constructions entre voisins , 674. Louage d'ouvrage. Voyez *Devis et Marchés.* Cas où le propriétaire est tenu de payer à la succession

des ouvriers, architectes et entrepreneurs , la valeur des ouvrages faits. Voyez *Devis et Marchés.*

OUVRIERS (les) travaillant chez autrui , y ont leur domicile, 109. Leur action pour le paiement de leurs journées, se prescrit par six mois, 2271. Voyez *Gens de journée.*

P.

PACAGE (le droit de) est du nombre des servitudes discontinues , 688.

PACTE ambigu et obscur en matière de vente. Voyez *Vente.*

PAILLES qui sont immeubles , 524. Le fermier sortant doit laisser celles de l'année à son successeur , 1778.

PAISIBLE (possession) Voyez *Possession.*

PAPETERIES : les ustensiles nécessaires à leur exploitation sont immeubles , 524.

PAPIER timbré. Voyez *Timbre.*

PAPIERS domestiques, (preuve résultante des) 1331. Cas où ils peuvent suppléer l'inventaire que le mari est tenu de faire faire des successions échues aux époux en communauté, 1415.

PARAPHE des registres de l'état civil , 41.

PARAPHERNAUX. (biens) Voyez *Biens Paraphernaux.*

PARCOURS (le propriétaire qui veut se clore perd son droit de) et vaine pâture , 648.

PARENS et alliés en ligne directe et collatérale, entre lesquels le mariage est prohibé, 161. Quels sont ceux qui peuvent former opposition au mariage ou en demander la nullité, 173, 187 et 188. Les parens des époux demandeurs en divorce, à l'exception des enfans, peuvent être appelés en témoignage , 250. Le concours des deux plus proches parens paternels est nécessaire à la mère qui veut faire détenir son enfant, 381.

Les parens forment le conseil de famille convoqué pour nommer un tuteur à un mineur , et délibérer sur ses intérêts , toutes les fois qu'il en est requis, 406. Un ou plusieurs parens et alliés du mineur au degré de cousins germains, peuvent requérir son émancipation , 479. Tout parent est recevable à provoquer l'interdiction de son parent , 490.

Fixation des divers degrés de parenté pour l'ordre des successions, 755. A défaut de parens au degré successible, les biens d'une succession passent au conjoint survivant ou à la République , 767. Les parens ou alliés , jusqu'au quatrième degré inclusivement, ne peuvent être

témoins du testament par acte public , 875.
Droits des parens en matière d'hypothèques.
Voyez *Hypothèques.*

PARI. Voyez *Jeu.*

PARQUET des glaces. Voyez *Glaces.*

PART en nature dans une succession : chacun des cohéritiers peut la demander , 826.

PART et portion virile , (les héritiers sont tenus des dettes et charges d'une succession pour leur) 873.

PARTAGE de voix (en cas de) dans un conseil de famille , celle du juge de paix qui le préside est prépondérante , 416.

PARTAGES en exécution de dispositions entre-vifs et testamentaires ; comment les absens sont représentés dans les partages qui les intéressent , 113. Préalable sans lequel un tuteur ne peut provoquer un partage intéressant le mineur ; où se fait ce partage , 465 et 466. Le partage peut toujours être provoqué : on peut cependant convenir de le suspendre. Effet de cette convention , 815. Cas où il peut être demandé , quand même l'un des cohéritiers aurait joui séparément de partie des biens de la succession , 816.

Par qui peut être exercée l'action en partage à l'égard des cohéritiers mineurs , interdits et absens , 817. Cas où le mari peut ou ne peut pas , sans le concours de sa femme , provoquer le partage des objets à elle échus. Formalités prescrites aux cohéritiers de la femme qui veulent provoquer le partage définitif , 818.

Cas où le scellé sur les effets de la succession est ou n'est pas nécessaire. A la requête et à la diligence de qui il doit , dans le premier cas , être apposé , 819 et 820. Lorsque le scellé est apposé , tous créanciers peuvent y former opposition , 821. A quel tribunal sont soumises l'action en partage et les contestations y relatives. Où se font les licitations , 822.

Cas où le tribunal commet un des juges pour les opérations du partage , 823. Par qui et comment est faite l'estimation des immeubles , 824 ; celle des meubles , 825. Cas où les meubles et les immeubles sont vendus publiquement. Cas où la licitation de ces derniers peut être faite devant un notaire , 826 et 827. A quelle fin les cohéritiers sont renvoyés devant le notaire , après la vente des objets de la succession , 828.

Ce que chaque cohéritier rapporte à la masse , 829. Ce que les cohéritiers à qui il est dû , prélèvent sur cette masse , dans le cas où le rapport n'est pas fait en nature , 830. Quand et comment il est procédé à la composition des lots , 831 et 832. Comment se compense

leur inégalité , 833. Par qui ils sont faits , 834. Ce que chaque copartageant peut proposer avant le tirage des lots , 835.

Formalités prescrites pour la subdivision à faire entre les souches copartageantes , 836. Ce que doit faire le notaire devant qui les opérations sont renvoyées , 837. Comment doit être fait le partage dans le cas où tous les cohéritiers ne sont pas présens , ou s'il y a parmi eux des interdits ou des mineurs , même émancipés, 838.

Comment se fait la licitation dans le cas où elle a lieu , 839. Cas où les partages sont définitifs , ou seulement provisionnels , 840. Personnes qui peuvent être écartées du partage. Moyen à employer à cet effet , 841. A qui doivent être remis les titres particuliers ; ceux d'une propriété divisée , et ceux communs à toute l'hérédité , 842. Pour quelles causes les partages peuvent être rescindés , 887.

Comment les père et mère et autres ascendans peuvent faire le partage de leurs biens entre leurs enfans et descendans , 1075 et 1076. Partage qui ne peut avoir pour objet que les biens présens. Comment se partagent ceux non compris dans le partage lors du décès de l'ascendant , 1076 et 1077. Cas où le partage est nul , et où il en peut être provoqué un nouveau dans la forme légale , 1078.

Causes pour lesquelles le partage fait par un ascendant peut être attaqué , 1079. Qui doit faire l'avance des frais et les supporter en définitif , ainsi que les dépens de la contestation , 1080. Effet des conventions des mineurs et interdits relativement aux partages , 1314. Mode et effets du partage de la communauté entre époux , 1467 et 1468 ; de la communauté réduite aux acquêts , 1498. Faculté qu'a l'époux qui a ameubli un héritage de le reprendre lors du partage en le précomptant sur sa part , 1509.

Nature et effet des clauses par lesquelles on assigne à chacun des époux des parts inégales dans la communauté , 1520. Mode de partage des fruits des immeubles dotaux après la dissolution du mariage , 1571. Règles applicables au partage des successions entre associés , 1872.

PARTAGE des fruits d'une chose louée. Voyez *Baux.* Prélèvement avant partage. Voyez *Prélèvement.*

PARTIE principale : effet du droit d'accession relativement à deux choses dont l'une forme l'objet principal ; 566.

PARTIES contractantes. Voyez *Contrats.*

PARTS (fixation des) de chaque associé. Voyez *Société.*

PASSAGE (droit de) dont l'usufruitier a droit

de jouir , 597. Cas où on peut avoir droit de passage sur le terrain voisin , 682. Le passage est du nombre des servitudes discontinues , 688. La servitude de puiser de l'eau à une fontaine , emporte le droit de passage , 696. Cas où tous les copropriétaires sont obligés d'exercer le droit de passage par le même endroit , 700.

PASSAGERS dans un vaisseau ; forme de leurs testamens , 995.

PASSIF. Voyez *Dettes.*

PATERNITÉ ET FILIATION. Filiation des enfans légitimes ou nés dans le mariage , 312 à 318. Preuves de la filiation des enfans légitimes , 319 à 330.

PATRIMOINE DU DÉFUNT. Les créanciers ont le droit , dans tous les cas , d'en demander la séparation d'avec celui de l'héritier : prescription de ce droit , 878 et 879.

PATURE. (parcours et vaine) Voyez *Parcours.*

PAUVRES : les dispositions entre-vifs ou testamentaires en leur faveur , ne sont acceptées qu'avec l'autorisation du gouvernement , 910 et 937.

PAVÉS des chambres , (sont réparations locatives celles à faire aux) 1754.

PAIEMENT, (règles et effets du) en général , 1234 et suiv. Du paiement avec subrogation , 1249. De l'imputation des paiemens , 1253. Des offres de paiement et de la consignation , 1257. Nature et effet de la preuve du paiement , 1315. Délai de paiement pour un objet vendu. Voyez *Délivrance.*

PAYS ÉTRANGERS : les Français qui y résident sont régis par les lois concernant l'état et la capacité des personnes , 3. Formalités pour rendre valides les actes de l'état civil qui y sont reçus , 47, 48, 170 et 171. Forme de testamens qui y sont faits , 999 et 1000. Cas où les jugemens rendus en pays étrangers emportent hypothèque 2123.

PEAUX DES BÊTES , (cas où le preneur du cheptel est tenu de rendre compte des) 1809.

PÊCHE (la) est réglée par des lois particulières, 715.

PEINTS ; il en est prononcé contre les Français qui portent les armes contre la patrie , 21. Contre les auteurs d'altération et de faux dans les actes de l'état civil , 52. Les peines afflictives infamantes excluent de la tutelle , 443. Voyez l'article *Condamnation.* On peut ajouter dans une transaction une peine contre celui qui ne l'exécutera pas , 2047.

PÉNALES. (clauses) Voyez *Clauses pénales.*

PENDULES sont du nombre des meubles meublans , 534.

PENSION ; (maîtres de) leur action , pour le prix de la pension de leurs élèves , se prescrit par un an , 2272. Voyez *Maîtres de pension.*

PENSIONS. Le mari contre lequel la femme forme une demande en divorce, est tenu de lui en payer une alimentaire, 259 et 268. L'obligation est réciproque dans le cas d'un divorce prononcé , 301. Celle qui doit être acquittée par le légataire universel de l'usufruit , 610. Les arrérages d'une pension alimentaire se prescrivent par cinq ans , 2277.

PÉPINIÈRE (conditions auxquelles les arbres d'une) font partie de l'usufruit , 590.

PERDANT au jeu. Voyez *Jeu.*

PERDUES, (choses) dont le maître ne se représente pas : des lois particulières règlent les droits de celui qui les trouve , 717.

PÉREMPTION de l'action en réclamation d'état, intentée par les héritiers de l'enfant , 330.

PÈRES ET MÈRES, (à défaut de registres de l'état civil, les naissances, mariages et décès peuvent être prouvés par les registres et papiers des) 46. Leur consentement est nécessaire pour le mariage d'un enfant mineur, et leur conseil, lorsqu'il est majeur, 148 et suiv. Ils ont droit de former opposition au mariage, 173. Ils contractent l'obligation de nourrir, entretenir, et élever leurs enfans , 203. Aucune demande en divorce par consentement mutuel ne peut être admise en justice sans le consentement des père et mère, 278. Nul ne peut être adopté sans leur consentement , 346 et 361. Autorité des père et mère sur leurs enfans, 371. Ils ont le plein droit leur tutelle , 389 et suiv. Un père chargé d'une tutelle ne peut plus être chargé que de celle de ses enfans , 435.

Les père et mère, quoique mineurs, peuvent être membres du conseil de famille , 442. Tant qu'ils ont la jouissance propre et légale des biens du mineur , ils sont dispensés de vendre les meubles, 453. Ils ne peuvent emprunter, aliéner, hypothéquer pour leur enfant mineur sans une autorisation du conseil de famille, 457. Ils sont dispensés, pendant la tutelle , de fournir le compte de leur gestion, 470. Leur seule déclaration , reçue par le juge de paix, suffit pour opérer l'émancipation de leur enfant mineur , 477.

Ils ont droit à la succession de leurs enfans morts sans postérité, 746. Ils peuvent accepter pour leur enfant mineur , la donation qui lui est faite, 935. Les biens dont ils ont la faculté de disposer peuvent être donnés par eux , à un ou plusieurs de leurs enfans, avec la charge de

ndre ces biens aux enfans nés et à naître, au premier degré seulement des donataires, 1048.

Ils peuvent, par acte entre-vifs ou testamentaire, faire entre leurs enfans et desrendans la distribution et le partage de leurs biens, 1075. Ils ont le droit, par contrat de mariage, de donner tout ou partie des biens qu'ils laisseront au jour de leur décès, tant au profit des époux, que des enfans, 1082. Voyez *Époux*. Les père et mère ayant l'usufruit légal du bien de leurs enfans, ils sont dispensés de donner caution, 601. Effet de la destination de père de famille à l'égard des servitudes continues et apparentes, 692. Causes et effets de cette destination, 693. Cas où la crainte envers les pères et mères, ne suffit pas pour annuler le contrat, 1114. Leur responsabilité à l'égard du dommage causé par leurs enfans mineurs, 1384.

Effet de l'abandon par les pères et mères d'un immeuble à l'un des époux en communauté, 1406. Effet de la stipulation de la dot faite par les pères et mères, 1458 et suiv. Cas où ils sont garans, envers l'un des époux, des dettes qu'il a acquittées à la décharge de l'autre, 1513. Nature et effet de leurs obligations relativement à la constitution dotale de leurs enfans, 1544 et suiv. Conditions sous lesquelles la mère peut aliéner ses immeubles dotaux pour l'établissement de ses enfans, 1555 et 1556.

Pέrιιs (cas où les choses) sont à la charge du débiteur, 1195 et suiv.; du créancier, 1205. Cas où elles libèrent le débiteur, 1302.

Pέrιι (effet de la mise en) de la dot de la femme, 1565.

Pέrιιs et Risques en matière de vente. Voyez *Dépérissement*, *Garantie*, *Pertes et Risques*.

Pεrρέτυειε demευre, (objets mobiliers) qui sont immeubles, 524.

Pεrσoνννες. (condition des) Voyez *Condition*.

Pεrτε (l'usufruit s'éteint par la) de la chose qui y était sujette, 617. Cas où la chance de la perte donne lieu au contrat aléatoire, 1104. Dommages-intérêts auxquels les pertes donnent lieu, 1149 et suiv. Extinction des obligations par la perte de la chose qui en a été l'objet, 1234 et 1302. Responsabilité relativement à la perte d'une chose indûment reçue, 1379. Cas où la perte de la dot de la femme tombe uniquement sur elle, 1573.

L'estimation donnée au cheptel dans le bail, a d'autre objet que la fixation de la perte, 1805. Ce qu'on peut stipuler au sujet de la perte totale du cheptel à colon partiaire, 1828. Est

nulle la stipulation qui affranchit un ou plusieurs associés de toute contribution aux pertes, 1855. Le dépositaire doit être indemnisé des pertes occasionnées par le dépôt, 1947.

Pεrτε de la chose louée, résultant des vices ou défauts. Voyez *Baux*.

— du cheptel de fer. Voyez *Cheptel*.

— de l'objet vendu. Voyez *Délivrance*.

— du gage. Voyez *Gage*.

— essuyée par un mandataire. Voyez *Mandant*.

— de la chose prêtée. Voyez *Prêt*.

Pεrτε (forme et effet des testamens faits dans des lieux dont la communication est interceptée par la) 985.

Pετιτs-ενfαns (les) nés ou à naître peuvent être l'objet d'une disposition par acte entre-vifs ou testamentaire de leurs aïeuls, 1048.

Pηαrμαcιεns (les) ne peuvent recevoir de legs de la personne qu'ils ont traitée dans sa dernière maladie, 909.

Pιέcεs fαυssεs (sont nulles les transactions faites sur des) 2055.

Pιεrrεrιεs ne sont pas comprises dans le mot *Meubles*, 535.

Pιgεons des colombιεrs (cas où les) sont immeubles, 524. Cas où ceux qui passent dans un autre colombier appartiennent au propriétaire, 564.

Pλαcεμεns des sommes et du prix des denrées comprises dans l'usufruit, lorsque l'usufruitier ne trouve pas de caution, 602.

Pλαcεs de guerre des) font partie du domaine public, 540. Terrains des fortifications et remparts des places de guerre qui appartiennent à la nation, 641.

Pλαιντε (en cas de) en faux principal, l'exécution de l'acte argué de faux est suspendu, 1319.

Pλαncηεrs (propriétaires à la charge desquels sont les) d'une maison à plusieurs étages, et appartenant à diverses personnes, 664.

Pλαncηεrs de cλοισons (sont réparations locatives celles à faire aux) 1754.

Pλαntατιοns que le propriétaire a le droit de faire, 552. Droit du propriétaire, sur les plantations existantes sur sa chose, 555. Obligation du propriétaire du sol, qui a fait des plantations avec des matériaux qui ne lui appartenaient pas, d'en payer la valeur, 554. Droit qu'a le propriétaire, d'obliger celui qui a fait des plantations avec ses matériaux, de les enlever

:ou de conserver les plantations d'arbres , 455. Voyez *Arbres.*

PLANTIS des rivages de la mer. Voyez *Mer.*

PLATRE (les effets mobiliers scellés au) sont immeubles , 525.

PLUIES, (eaux des) Voyez *Eaux pluviales.*

PLUS VALUE de la chose vendue. Voyez *Garantie.*

POIDS. (vente au) Voyez *Vente.*

POISSONS DES ÉTANGS sont immeubles , 524. Cas où ceux qui passent dans un autre étang appartiennent au propriétaire , 564.

POLICE (les lois de) obligent tous ceux qui habitent le territoire , 3. Mesure de police pour constater la mort violente , 81. Lois de police relatives aux fouilles et constructions que doit observer le propriétaire , 552. Choses communes, dont les lois de police règlent la jouissance , 714.

POLICE CORRECTIONNELLE. (il n'est point dérogé aux lois qui ordonnent la contrainte par corps en matière de) 2070. Voyez *Contrainte par corps.*

PORCELAINES qui sont ou ne sont pas du nombre des meubles meublans , 534.

PORTES des places de guerre et des forteresses font partie du domaine public , 540. Les portes sont du nombre des servitudes apparentes , 689. Sont réparations locatives celles à faire aux portes, 1754.

PORTION (part et) des enfans légitimes et naturels dans les biens de leurs pères et mères , et des héritiers dans les successions , 761 , 845, 875 et 928. Voyez *Successions et Partages.*

PORTS qui dépendent du domaine public , 538.

POSSESSION (envoi en) des biens d'un absent, 120. Servitudes qui peuvent ou non s'établir par la possession, 690. Le cohéritier qui fait le rapport d'un immeuble peut en retenir la possession jusqu'au remboursement de ce qui lui est dû , 867. Le légataire universel se fait envoyer en possession par une ordonnance du président du tribunal , 1008.

La possession d'une chose peut être l'objet d'un contrat , 1127. Celle d'objets mobiliers vendus à deux personnes successivement , rend propriétaire celle qui a eu la première cette possession, 1141. Effets de la possession appuyée d'actes récognitifs et confirmatifs , 1337. Il s'opère un nouveau bail quand, à l'expiration du premier , le preneur est laissé en possession , 1758.

Le privilège ne subsiste sur le gage , qu'autant que le créancier a le gage en sa possession, 2076.

Pour pouvoir prescrire il faut une possession continue et non interrompue , paisible, publique, non équivoque, et à titre de propriétaire, 2229. Possession en matière de vente. Voyez *Garantie.* Possession indue. Voyez *Restitution de fruits.*

POSSESSION D'ÉTAT (comment s'établit la) 321.

POSSESSOIRES. (actions) Voyez *Actions.*

POSTÉRITÉ (succession d'une personne morte sans) 746 et 767.

POSTHUME (la survenance d'un enfant, même d'un) révoque toute donation , 960 et 966.

POTESTATIVE : (condition) sa nature et ses effets , 1170.

POURSUITES JUDICIAIRES : domicile où elles peuvent être faites , 111. Voyez *Domicile et Actions.* Poursuites auxquelles donne lieu l'emploi de matières à l'insu du propriétaire , 577. Cas où il y a lieu au sursis des poursuites contre le débiteur , 1244. Cas où la poursuite en expropriation peut être suspendue par le juge , 2212. Les poursuites sur les biens ne sont empêchées ni suspendues par l'exercice de la contrainte par corps. Voyez *Contrainte par corps.*

POURSUITES en matière d'hypothèques : formalités à observer lorsqu'on veut s'en garantir. Voyez *Hypothèques.*

POUTRES (le rétablissement des) est du nombre des grosses réparations à la charge du propriétaire du fonds sujet à l'usufruit , 606. Exception, *ibid.* Placement de poutres qui peut avoir lieu dans le mur mitoyen, 657.

POUVOIRS , (le mandataire ne peut outrepasser ses) 1989. Fondés de pouvoirs. Voyez *Fondés de pouvoirs.*

PRÉ (bail d'un) est censé fait pour une année lorsqu'il n'y a point d'écrit , 1774.

PRÉCÉDENS mariages. Voyez *Mariage.*

PRÉCIPUT conventionnel : sa nature et son effet, 1515. Les dons et legs faits par préciput ou hors part, ne sont point sujets à rapport , 843 et 919.

PRÉFÉRENCE : comment elle s'exerce entre plusieurs vendeurs relativement au privilège 2103; entre créanciers privilégiés. Voyez *Privilèges.*

PRÉFETS (les) sont dispensés de la tutelle , 427.

PRÉJUDICE causé à l'acquéreur. Voyez *Délivrance.*

PRÉLÈVEMENS (les) en matière de succession , se font autant que possible, en objets de mêmes nature , qualité et bonté, 830. Cas où il

a prélèvement au profit de l'un des époux
ont le bien a été vendu, 1433.

Prélèvemens qui ont lieu dans le partage de
communauté entre époux, 1470 et suiv.
ode de prélévement des apports des futurs
rs du partage de la communauté réduite aux
quêts, 1498.

Prélèvemens de chacun des époux lors de
dissolution de la communauté d'où le mobi-
er est exclus, 1503. Nature et effet de la clause
e prélévement avant partage, 1515. Voyez
pports et *Reprises*.

Prélèvement des linges et hardes. Voyez
inges et *Hardes.*

Preneur de bail. Voyez *Baux.*

Prénoms. Voyez *Noms* et *Prénoms.*

Préposés, (responsabilité des commettans
l'égard du dommage causé par leurs) 1384.
oyez *Fondés de pouvoirs* et *Gérens.*

Prescription (effet de la) de la peine à
gard du condamné, 52. Dans quel délai se
rescrivent les actions en pétition d'hérédité,
d'autres droits relativement à un absent,
57 ; l'action en réclamation d'état à l'égard de
nfant, 330 ; l'action du mineur contre son
teur, relativement aux faits de la tutelle,
5. Les terrains des places de guerre appar-
ennent à la nation, si la propriété n'en a point
é prescrite contre elle, 541. Cas où le droit
propriétaire ne nuit point à la propriété
quise par un tiers, par prescription, soit
n souterrain ou autre partie de bâtiment,
3.

Les îles, îlots et atterrissemens formés dans
fleuves et rivières, appartiennent à la nation,
n'y a prescription contraire, 560. L'usufruit
teint par le non usage pendant trente ans,
7. L'usufruit qui n'est pas accordé à des par-
culiers ne dure que trente ans, 619. Nature
effet de la prescription acquise sur la chute
le cours d'eau, 641 et suiv. Cas où il y a
escription de l'action en indemnité relative au
oit de passage sur le fonds d'autrui, 685.
fet des titres constitutifs et récognitifs qui
peut s'acquérir par prescription, 695. Cas où
prescription des servitudes est ou non acquise,
6 et suiv.

La propriété s'acquiert par la prescription,
2. Par quel temps se prescrivent la faculté
accepter ou de répudier une succession, 789 ;
ction en recours du créancier d'une succession
néficiaire non opposant, contre les légataires
9 ; la convention de suspendre le partage,
5 ; le droit de demander la séparation des
trimoines du défunt d'avec celui de l'héritier,
7 et suiv.; la garantie entre cohéritiers pour
la solvabilité du débiteur d'une rente, 886 ; la
demande en révocation d'une disposition entre-
vifs ou testamentaire pour cause d'ingratitude,
957 et 1047 ; la révocation d'une donation par
survenance d'enfant, 966.

L'acte qui interrompt la prescription à l'égard
du créancier, profite aux autres, 1199 ; elle est
interrompue par les poursuites faites contre l'un
des débiteurs solidaires, 1206 ; son effet sur
l'extinction des obligations, 1234 ; relativement
aux immeubles et à l'aliénation d'immeubles
dotaux, 1560 et suiv.; elle éteint les privilèges
et hypothè. les, 2180.

Définit.on de la prescription, 2219 ; on ne
peut d'avance y renoncer : on peut renoncer à
la prescription acquise, 2220. La renonciation
à la prescription est expresse ou tacite ; de
quoi cette dernière est le résultat, 2221. Celui
qui ne peut aliéner ne peut renoncer à la prescription, 2222. Les juges ne peuvent pas suppléer d'office le moyen résultant de la prescription, 2223 ; elle peut être opposée en tout état
de cause : exception, 2224. Qui sont ceux qui
peuvent opposer la prescription, 2225. Choses
qui ne peuvent être soumises à la prescription,
2226.

La nation, les communes et les établissemens
publics sont soumis aux mêmes prescriptions
que les particuliers, 2227. Ce que c'est que la
possession, 2228. Conditions sans lesquelles on
ne peut prescrire, 2229. Cas où l'on est
présumé posséder pour soi et à titre de propriétaire, 2230. Cas où, même quand on a
commencé à posséder pour autrui, on est présumé posséder à titre de propriétaire, 2231.

Quels sont les actes qui ne peuvent fonder
ni possession, ni prescription, 2232 et 2233.
A quelle époque, en cas de violence, commence
la possession utile, 2233. Le possesseur actuel
qui prouve avoir possédé anciennement, est présumé avoir possédé dans le temps intermédiaire,
2234. Ce qu'on peut faire pour compléter la
prescription, 2235. Qui sont ceux qui ne prescrivent jamais, 2236 et 2237. Exception, 2238.

On ne peut prescrire une chose transmise par
des fermiers, dépositaires, et autres détenteurs
précaires, 2239. En quel sens on ne peut prescrire contre son titre, 2240. En quel sens on
le peut, 2241. Comment peut être interrompue
la prescription, 2242. Cas où il y a interruption
naturelle, 2243.

Comment se forme l'interruption civile, 2244.
Cas où la citation en conciliation interrompt la
prescription, 2245. Dans tous les cas la citation
en justice interrompt la prescription, 2246. Cas
où l'interruption est regardée comme non avenue,
2247. La reconnaissance que le débiteur ou le

possesseur fait du droit de celui contre lequel il prescrivait, interrompt la prescription, 2248.

Comment s'interrompt la prescription contre plusieurs débiteurs solidaires et contre leurs héritiers, 2249. Cas où l'interpellation faite à l'un des héritiers d'un débiteur solidaire, n'interrompt pas la prescription à l'égard des autres cohéritiers; elle ne s'interrompt que pour la part de cet héritier, *ibid.* Comment on peut interrompre la prescription pour le tout à l'égard des autres codébiteurs, *ibid.*

Comment on interrompt la prescription contre la caution d'un débiteur, 2250. Cas où la prescription court contre toutes personnes, 2251. Elle ne court pas contre les mineurs et interdits, 2252. Elle ne court point entre époux, 2253. Cas où elle court contre la femme mariée, 2254. Exception, 2255. Cas où la prescription est suspendue pendant le mariage, 2256.

Quand commence à courir la prescription à l'égard d'une créance conditionnelle, à l'égard d'une action en garantie, et à l'égard d'une créance à jour fixe, 2257. A l'égard de quoi la prescription ne court pas contre l'héritier bénéficiaire, 2258. Elle court contre une succession vacante, *ibid.* Elle court encore pendant les trois mois pour faire inventaire, et les quarante jours pour délibérer, 2259.

Comment se compte la prescription, et à quelle époque elle est acquise, 2260. Dans les prescriptions qui s'accomplissent par jours, les jours complémentaires sont comptés, 2261. Toutes les actions tant réelles que personnelles sont prescrites par trente ans, 2262. Après vingt-huit ans de la date du dernier titre, le débiteur peut être contraint à en fournir un nouveau à ses frais, 2263.

Cas où celui qui acquiert de bonne foi, et par juste titre, un immeuble, en prescrit la propriété par dix ans, et par vingt ans, 2265. Comment se compte la prescription dans le cas précédent, 2266. Le titre nul par défaut de forme ne peut servir de base à la prescription de dix et vingt ans, 2267. La bonne foi est toujours présumée; c'est à celui qui allègue la mauvaise foi à la prouver, 2268. Il suffit que la bonne foi ait existé au moment de l'acquisition, 2269. Après dix ans l'architecte et entrepreneurs sont délivrés de la garantie des gros ouvrages, 2270. Quelles sont les actions qui se prescrivent par six mois, 2271. Celles qui se prescrivent par un an, 2272.

Cas où l'action des avoués se prescrit par deux et par cinq ans, 2273. A quelle époque la prescription, dans les cas ci-dessus, cesse de courir, 2274. Dans quels cas, et à qui peut être déféré le serment pour cause de prescription, 2275.

Temps après lequel les juges, avoués, et huissiers, sont déchargés des pièces qui leur ont été confiées, 2276. Quelles sont les actions qui se prescrivent par cinq ans, 2277.

Toutes les prescriptions ci-dessus courent contre les mineurs et interdits, sauf leur recours contre leurs tuteurs, 2278. En fait de meubles, la possession vaut titre. Exception, 2279. Cas où le propriétaire originaire d'une chose volée, ne peut se la faire rendre, qu'en remboursant au possesseur le prix qu'elle lui a coûté, 2280. Comment doivent être réglées les prescriptions commencées à l'époque de la publication de la présente loi, 2281. Prescription trentenaire. Voyez *Trentenaire.*

PRÉSENS d'usage pour noces, etc. (les) ne sont pas sujets à rapport dans une succession, 852.

PRÉSENS. Voyez *Absens.*

PRÉSIDENS du tribunal de première instance et d'appel leurs fonctions et attributions particulières en matière d'actes de l'état civil, etc. Voyez *Tribunaux.*

PRÉSOMPTIONS : cas où elles servent à admettre la preuve de filiation, 323. La présomption de survie est déterminée par les circonstances du fait, et à leur défaut, par la force de l'âge ou du sexe, 720. Le dol ne se présume pas, et doit être prouvé, 1116. Nature et effet des présomptions établies par ou non établies par la loi, 1350 et 1353. Voyez *Preuve.*

PRESSOIRS : cas où ils sont immeubles, 524.

PRESTATIONS en grains ou denrées (les) peuvent se compenser avec des sommes liquides et exigibles, 1291.

PRÊT A USAGE (la demande en restitution de) ne peut être admise en compensation, 1293. Combien il y a de sortes de prêts, 1874. Nature du prêt à usage, 1875. Il est essentiellement gratuit, 1876. Le prêteur demeure propriétaire de la chose prêtée, 1877. Ce qui peut être l'objet du commodat, 1878. Les engagemens formés par cette convention passent aux héritiers de l'emprunteur et du prêteur, 1879.

Obligations de l'emprunteur, 1880. Cas où il sera tenu de la perte de la chose prêtée, même arrivée par cas fortuit, 1881 et suiv. Cas où l'emprunteur n'est pas tenu de la détérioration de la chose prêtée, 1884. L'emprunteur ne peut retenir la chose par compensation de ce que le prêteur lui doit, 1885. L'emprunteur ne peut répéter la dépense qu'il a faite pour user de la chose, 1886. Cas où plusieurs emprunteurs sont solidairement responsables de la même chose envers le prêteur, 1887.

Engagemens du prêteur à usage, 1888. Cas où peut obliger l'emprunteur à lui rendre la chose prêtée, 1889. Quelles sont les dépenses relatives à la chose prêtée, que le prêteur est tenu de rembourser à l'emprunteur, 1890. Cas où le prêteur est responsable des défauts de la chose prêtée, 1891.

Nature du prêt de consommation, 1892. La perte d'une chose prêtée à consommation, de quelque manière qu'elle arrive, est pour l'emprunteur, 1893. Choses qu'on ne peut pas donner à titre de prêt de consommation, 1894.

Comment doit se faire la restitution d'une somme prêtée, 1895. Comment doit se faire celle des lingots et des denrées, 1896 et 1897. Obligations du prêteur, 1898. Il ne peut redemander les choses prêtées avant le terme convenu, 1899. Cas où le juge peut accorder un délai pour la restitution des choses prêtées, 900. Dans quel cas et comment le juge peut fixer à l'emprunteur un terme de paiement, 1901. Engagemens de l'emprunteur, 1902. Comment il doit payer la valeur des choses empruntées qu'il est dans l'impossibilité de rendre, 1903. Dans quel cas et depuis quelle époque l'emprunteur doit l'intérêt de la valeur de la chose prêtée, 1904.

Choses pour le prêt desquelles il est permis de stipuler des intérêts, 1905. L'emprunteur ne peut répéter, ni imputer sur le capital, des intérêts qu'il a payés, quoique n'étant pas stipulés, 1906. Fixation de l'intérêt légal et de intérêt conventionnel, 1907. La quittance du capital donnée sans réserve des intérêts, en fait présumer le paiement, et en opère la libération, 1908.

Dans quel cas le prêt prend le nom de constitution de rente, 1909. Cette rente peut être ou perpétuelle ou viagère, 1910. La première est essentiellement rachetable. Fixation du délai pour le rachat, 1911. Cas où le débiteur d'une rente perpétuelle peut être contraint au rachat, 1912. Cas où le capital d'une rente perpétuelle devient exigible, 1913. Règles concernant les rentes viagères, 1914.

PRÊT A GROSSE AVENTURE (le) est un contrat aléatoire, 1964. Voyez l'article *Emprunt*.

PRÊT. (maisons de) Voyez *Maisons de prêt*.

PRÉTENTIONS (renonciation à toutes) en matière de transactions. Voyez *Renonciation*.

PRÊTEUR PRIVILÉGIÉ. Voyez *Conservateur des hypothèques*.

PRÊTEUR A USAGE. Voyez *Prêt*.

PRÊTRES. Voyez *Ministres du culte*.

PREUVE (moyen d'établir la) des naissances, mariages et décès, à défaut de registres de l'état civil, 46. Moyen de faire valoir celle de l'intention de changer de domicile, 104. Nature de celle exigée d'un individu qui réclame un droit échu à un absent, 135. Le demandeur en divorce qui nie qu'il y a eu réconciliation, est tenu d'en faire preuve, soit par écrit soit par témoins, 274. Nature des preuves qui établissent la filiation d'enfant légitime et de possession d'état, 319 et 324. Le dol doit être prouvé, 1116. Preuve nécessaire pour établir la novation, 1273. Preuve de la remise de la dette de la part du créancier, 1282.

PREUVE exigée pour établir l'existence des cas fortuits, 1302 ; pour obtenir le remboursement de ce qui a été payé aux incapables qui ont obtenu la restitution contre leurs conventions, 1312. Nature et effet de la preuve des obligations et du paiement, 1315. Les énonciations étrangères à la disposition d'un acte ne peuvent servir que d'un commencement de preuve, 1320. Preuve à établir de l'erreur qui s'est glissée dans un acte sous seing-privé, 1327.

Preuve résultante des registres et livres des marchands, écrits et papiers domestiques, 1329 et suiv. ; des copies et expéditions de titres, 1335. Cas où la preuve testimoniale et le commencement de preuve sont ou non admis, 1341. Cas où les présomptions dispensent ou non des preuves, 1352 et suiv. L'aveu de la partie ne peut être révoqué à moins qu'on ne prouve qu'il a été la suite d'une erreur de fait, 1356. Preuve résultante du serment, 1365.

Les pères et mères, instituteurs et artisans qui prouvent qu'ils n'ont pu empêcher le fait qui donne lieu à leur responsabilité du dommage causé par leurs enfans, élèves et apprentis, sont déchargés de cette responsabilité, 1584. Preuves qui peuvent suppléer l'inventaire des successions échues aux époux, et que le mari est tenu de faire faire, 1415 ; qui peuvent suppléer l'inventaire après la mort naturelle ou civile des époux, 1442. Preuve à laquelle est admise la femme ou ses héritiers pour établir, à défaut d'inventaire, la valeur du mobilier qui lui est échu pendant le mariage, 1504.

PREUVE testimoniale (la) n'est point admise contre et outre le contenu en l'acte de société, 1834 ; est reçue pour un mandat donné verbalement, 1985 ; elle n'est pas reçue en matière de bail verbal. Voyez *Baux*. Preuve en matière de dépôt. Voyez *Dépôt*.

PRÉVARICATION. Voyez *Abus*.

PRIMOGÉNITURE. (les enfans succèdent sans distinction de) 745.

PRIMORDIAL : (titre) ses effets , 1337.

PRINCIPAL, intérêts et frais, en matière de cautionnement. Voyez *Caution.*

PRISONS : mode d'y constater les décès , 84. Autorisation nécessaire à la validité des obligations de la femme pour tirer son mari de prison , 1427. Forme de l'aliénation de l'immeuble dotal pour tirer le mari ou la femme, 1558.

PRIVATION des droits civils. Voyez *Droits civils.*

PRIVILÉGES (règles relatives à la subrogation des) du créancier contre le débiteur, 1250. Effet de la consignation déclarée bonne et valable sur les priviléges du créancier, 1263. Effet de la novation relativement aux priviléges , 1278 et suiv. Cas où les priviléges peuvent autoriser , au préjudice des tiers , la réclamation d'une créance susceptible d'être éteinte par la compensation , 1299. Créanciers sur lesquels la femme et ses héritiers n'ont point de privilége pour la répétition de sa dot, 1572. Quel est le privilége que le gage donne au créancier , 2073.

Définition du privilége , 2095. Comment se règle la préférence entre les créanciers privilégiés , 2096. Cas où les créanciers privilégiés sont payés par concurrence, 2097. Le trésor public ne peut acquérir de privilége au préjudice des droits antérieurement acquis à des tiers , 2098. Sur quoi peuvent être les priviléges , 2099. Quelles sont les créances privilégiées sur la généralité des meubles, et dans quel ordre elles s'exercent , 2101.

Quelles sont les créances privilégiées sur certains meubles, et dans quel ordre elles s'exercent , 2102. Créances privilégiées sur les immeubles ; ordre dans lequel elles s'exercent , 2103. Priviléges qui s'étendent sur les meubles et les immeubles , 2104. Dans quel ordre se fait le paiement , lorsqu'à défaut de mobilier, les priviléges se présentent pour être payés sur le prix de l'immeuble , en concurrence avec les créanciers privilégiés sur l'immeuble , 2105. Comment se conservent les priviléges , 2106. Quelles sont les créances qui sont exceptées de la formalité de l'inscription, 2107.

Comment le vendeur conserve son privilége sur l'immeuble dont il a transmis la propriété ; quelles sont les obligations du conservateur des hypothèques , quant aux créances résultant du contrat de vente, tant en faveur du vendeur qu'en faveur du prêteur, 2108. Comment le cohéritier ou copartageant conserve son privilége sur les biens de chaque lot , ou sur le bien licité , pour la soulte , et retour de lot ou pour le prix de la licitation, 2109. Comment les architectes, entrepreneurs , maçons et autres ouvriers conservent leur privilége , 2110.

Comment les créanciers et légataires conservent leur privilége sur les immeubles de la succession à l'égard des créanciers , des héritiers ou représentans du défunt, 2111. Les cessionnaires des créances privilégiées exercent les mêmes droits que les cédans , 2112. Les créances privilégiées à l'égard desquelles les conditions conservatrices du privilége n'ont pas été accomplies, ne cessent pas d'être hypothécaires , 2113.

PRIVILÉGES établis sur un fonds reçu en antichrèse. Voyez *Antichrèse.* Subrogation aux priviléges en matière de cautionnement. Voyez *Subrogation.*

PRIX (diminution de) d'un objet vendu. Voyez *Délivrance.* Suplément de prix. Voyez *Supplément.* Vileté du prix. Voyez *Vileté.*

PRIX-FAIT : sa définition , 1711.

PRIX principal de la vente, (le vendeur qui use du pacte de rachat ne peut entrer en possession qu'après avoir payé) 1673.

PROCÉDURE CIVILE (le code de la) règle les formalités pour la levée des scellés, la confection des inventaires, les partages , 821 et 837.

PROCÈS (frais de) dont est ou n'est pas tenu l'usufruitier , 613. Procès en matière de transport. Voyez *Transport.*

PROCÈS-VERBAUX : ce que doivent contenir ceux de consignation et dépôt, 1259.

PROCÈS-VERBAUX qui assurent la date de l'acte sous seing-privé , 1328. Des experts. Voyez *Experts.*

PROCURATION des absens , (effet de la procuration des) 121 et 122. Les dettes contractées par la femme , en vertu de la procuration du mari sont à la charge de la communauté , et dues par elle, 1420. Le mandataire est tenu de faire raison au mandant de tout ce qu'il a reçu en vertu de sa procuration, 1993. Le mandant peut la révoquer quand bon lui semble , 2004. Voyez *Mandat.*

PRODIGUES : il leur est nommé un conseil judiciaire , 513.

PRODUITS (cas où le possesseur de mauvaise foi doit rendre les) de la chose au propriétaire , 549. Produits dont l'usufruitier a droit de jouir , 582 et suiv.

PROFESSIONS (les) des parties et des témoins sont énoncées dans les différens actes de l'état civil, 57, 63, 71 et 73. Effet de la profession du mari, relativement au rapport à la succession du père de sa femme, de la dot constituée à cette dernière , 1573.

PROFIT , (on peut donner à cheptel toutes sortes d'animaux susceptibles de) 1802. L'estimation donnée au cheptel dans le bail n'a d'autre

...bjet que la fixation du profit , 1805. Voyez *Cheptel.*

PROHIBITION de mariage entre frère et sœur, oncle , nièce et neveu, 161 et 164 ; entre l'adoptant et l'adopté , 348. Nullité des clauses , et conditions illicites insérée dans les contrats , 133 et 1172.

PROLONGATION du bail. Voyez *Bail.*

PROMESSES sous seing-privé, (forme et effet des) 1326.

PROMESSE DE VENTE. Voyez *Vente.*

PROMULGATION des lois. Voyez *Lois.*

PROPRIÉTAIRE DU FONDS. Effet du droit qu'il a d'obliger celui qui a fait des constructions ou plantations avec ses matériaux de les enlever, ou de les retenir, 555. Son droit sur un trésor découvert dans sa propriété , 716. L'obligation de livrer la chose et rend le créancier propriétaire, et la met à ses risques , 1138. Celui qui est en possession réelle de l'objet mobilier vendu successivement à deux personnes en demeure propriétaire, 1141.

Les propriétaires sont responsables du dommage causé par leurs animaux ou la ruine de leurs bâtimens, 1385 et 1386. Propriétaires voisins des fleuves et rivières. Voyez *ces deux mots.* Possession à titre de propriétaire. Voyez *Possession.* Propriétaire du fonds chargé d'un usufruit. Voyez *Usufruit.* Propriétaires voisins. Voyez *Voisinage.* Propriétaire de rente viagère. Voyez *Rente viagère.*

PROPRIÉTÉ , (on peut avoir et prétendre un droit de) sur les biens, 543. Définition de la propriété , 544. Ses effets, *ibid.* et suiv. Règles du droit de propriété d'une chose formée par l'union de plusieurs, 566 et suiv. Modifications différentes de la propriété , 578. La propriété des biens s'acquiert et se transmet par succession, donation, obligation, accession, incorporation, prescription et découverte, 711 et suiv. Effet de la cession de biens du débiteur sur la propriété de ses biens à l'égard de ses créanciers, 1269. Effet de la présomption légale à l'égard de la propriété, 1550. Manières diverses d'acquérir la propriété, 1370. Le mandat doit être exprès pour un acte de propriété , 1988. Bornage et clôture des propriétés. Voyez *Bornage* et *Clôture.* Nue propriété. Voyez *Nue propriété.* Servitudes et services fonciers sur les propriétés. Voyez *Servitudes.*

PROROGATION du délai que la veuve pourra demander pour faire sa renonciation à la communauté, 1458. Celle accordée par le créancier au débiteur, ne décharge pas la caution. Voyez

Caution. Comment peut être prouvée la prorogation d'une *société.* Voyez *Société.*

PROTECTION est due par le mari à sa femme, 213

PROTUTEUR : il en est, nommé un au mineur domicilié en France , qui a des biens dans les colonies , et réciproquement , 417.

PROVISION alimentaire. Voyez *Pension.*

PROVISIONNEL. (partage) Voyez *Partages.*

PROVISOIRE : (jugement) la poursuite en expropriation peut avoir lieu en vertu d'un jugement provisoire , 2215. Jugement provisoire en matière d'hypothèques. Voyez *Jugemens.*

PROXIMITÉ de parenté. Voyez *Parens.*

PUBLICATIONS de mariage. (formalité des) Voyez *Mariage.* La vente des biens du mineur se fait par publications et affiches. Voyez *Mineur. Idem,* pour celle des meubles d'une succession bénéficiaire. Voyez *bénéfice d'inventaire.*

PUBLIC. (ministère) Voyez *Ministère.*

PUBLICITÉ à donner à la séparation de biens, 1445. A l'acte de rétablissement de communauté entre époux séparés , 1451. Des registres du conservateur des hypothèques. Voyez *Hypothèques.*

PUBLICS. (deniers , établissemens et officiers) Voyez *Deniers , Établissemens et Officiers.*

PUBLIQUE. (possession) Voyez *Possession.*

PUISAGE (le droit de) est du nombre des servitudes discontinues , 688. Le droit de puiser de l'eau à la fontaine d'autrui, emporte le droit de passage, 696.

PUISSANCE maritale, (on ne peut déroger par le contrat de mariage aux droits résultant de la) 1588.

PUISSANCE PATERNELLE. L'enfant à tout âge doit honneur et respect à ses père et mère , 371. Jusqu'à quelle époque il reste sous leur autorité , 372. Qui exerce cette autorité durant le mariage, 373. Cas où l'enfant peut quitter la maison paternelle, sans la permission de son père , 374. Moyens de correction que peut employer le père qui a des sujets de mécontentement très-graves sur la conduite d'un enfant , 375 à 381.

Époque jusqu'à laquelle les père et mère ont la jouissance des biens de leurs enfans , 584. Charges de cette jouissance , 385. Cas où cette jouissance n'a pas lieu , 386. Biens auxquels elle ne s'étend pas , 387. On ne peut déroger par le contrat de mariage aux droits résultant de la puissance paternelle, 1588.

Puits, (obligations de celui qui fait creuser un), 674. Curement des puits des maisons données à bail. Voyez *Baux.*

Pupille. Voyez *Mineurs* et *Tuteur.*

Purger (mode de) les propriétés des hypothèques. Voyez *Hypothèques.*

Q.

Qualité d'héritier (le titre et la) pris dans un acte authentique ou privé emportent acceptation d'une succession , 778. Voyez *Bénéfice d'inventaire, Héritier* et *Successions.*

Qualité des personnes. Voyez *Condition des personnes.*

Quartiers-maitres de régiment (les) remplissent les fonctions d'officier de l'état civil, 89.

Quasi-contrats, (effet d'un commencement, de preuve à l'égard des obligations qui naissent des) 1348; leur nature et leur effet, 1371. Voyez *Contrats.*

Quasi-délits, (nature et effet des) 1382. Voyez *Délits.*

Question d'état. Voyez *Etat.*

Quittances (effet des) données sans réserves de la solidarité , 1211 et suiv. Les frais de quittances sont à la charge du débiteur, 1248. Forme de la quittance donnée au débiteur qui a employé l'emprunt pour se libérer , 1250. Effet de l'imputation dans les quittances de paiement, 1255 et 1256. Ecritures au dos des quittances qui peuvent opérer la libération du débiteur, 1552. Cas où la femme peut toucher ses revenus sur ses simples quittances, 1534. Causes pour lesquelles la femme peut être autorisée à toucher portion de ses revenus sur ses quittances, 1550. Voyez *Décharge.*

R.

Racines (récoltes pendantes par les) sont immeubles, 520. Le propriétaire d'un héritage sur lequel s'étendent les racines des arbres a le droit de les couper, 672.

Rachat de rente perpétuelle , 530. Voyez *Rentes.* Récompense due à l'un des époux lorsqu'il a été pris une somme sur la communauté, pour opérer le rachat de services fonciers dus par l'autre époux , 1437. Ce que c'est que la faculté de rachat ou de rémeré, 1659. Pour quel terme la faculté de rachat peut être stipulée , 1660.

Le terme fixé ne peut être prolongé par le juge , 1661. Cas où l'irrévocabilité de l'acquéreur a lieu , 1662. Cas où le délai court contre toutes personnes , même contre le mineur , sauf le recours contre qui de droit, 1663. Cas où le vendeur à pacte de rachat peut l'exercer contre un second acquéreur, 1664.

L'acquéreur à pacte de rachat exerce tous les droits de son vendeur contre qui il peut exercer la prescription , 1665. L'acquéreur peut opposer le bénéfice de la discussion aux créanciers de son vendeur , 1666. Cas où l'acquéreur à pacte de rémeré d'une partie indivise d'un héritage , peut forcer le vendeur à retirer le tout , 1667. Comment chacune des personnes qui ont vendu un héritage commun , conjointement et par un seul contrat, peut exercer l'action en rémeré , 1669.

Dans quel cas et pour quel motif l'acquéreur peut exiger que tous les covendeurs ou tous les cohéritiers soient mis en cause , 1670. Cas où plusieurs vendeurs peuvent exercer séparément l'action en rémeré , sans être obligés de retirer le tout , 1671. Comment l'action en rémeré peut être exercée contre chacun des héritiers de l'acquéreur, 1672. Lorsque la chose vendue est échue au lot de l'un d'eux, l'action en rémeré peut être instituée contre lui pour le tout , *ibid.*

Conditions sans lesquelles le vendeur qui use du pacte de rachat ne peut entrer en possession, 1673. Toute rente perpétuelle provenant de la vente ou de la cession à titre onéreux ou gratuit d'un immeuble, est essentiellement rachetable , 530. Le créancier a le droit de régler les clauses et conditions du rachat, *ibid.* Il peut aussi fixer le terme du remboursement , lequel terme ne peut excéder trente ans, *ibid.* Voyez *Remboursement.*

Radis dépendent du domaine public, 538.

Radiation en matière d'hypothèques. Voyez *Hypothèques.*

Rapport dans les successions. Ce que chaque cohéritier même bénéficiaire, doit rapporter à la masse, 829 et 843. Dans quel cas et jusqu'à quelle concurrence l'héritier peut retenir les dons et legs qui lui ont été faits , 844. Ce que peut retenir l'héritier qui renonce à la succession , 845. Cas où le donataire qui n'était pas héritier présomptif lors de la donation , mais qui se trouve successible au jour de l'ouverture de la succession , ne doit pas le rapport, 846.

Dons et legs réputés faits avec dispense du rapport, 847 , 848 et 849. Exceptions , *ibid.* Où se fait le rapport, 850. Choses dont le rapport est dû , 851. Choses qui n'y sont pas su-

jettes, 852 à 856. L'époque à compter de laquelle sont dus les fruits et les intérêts des choses sujettes à rapport, 856.

Par qui et à qui est dû le rapport, 857. Comment il se fait, 858. Cas où il peut être exigé en nature, à l'égard des immeubles, 859. Cas où le rapport n'a lieu qu'en moins prenant, 860. Impenses dont, dans tous les cas, il doit être tenu compte au donataire, 861 et 862. Dégradations et détériorations dont le donataire doit tenir compte, 863. Comment sont imputées celles faites par la personne à qui le donataire a vendu l'immeuble, 864.

Dans quel état doivent être les biens qu'on remit à la masse, lorsque le rapport se fait en nature, 865. Droit des créanciers ayant hypothèque, *ibid.* Lorsque le don d'un immeuble est fait avec dispense du rapport de l'immeuble, comment se fait le rapport de l'excédant, 856.

Jusqu'à quelle époque le cohéritier qui fait le rapport en nature d'un immeuble, peut en retenir la possession, 867. Comment se fait le rapport du mobilier, 868. Celui de l'argent, 869. La valeur des biens aliénés en rente viagère, ou avec réserve d'usufruit au profit d'un des successibles est sujette à rapport, 918. Rapports qui ont lieu dans le partage de la communauté entre époux, 1468. Effet de l'insolvabilité du mari relativement au rapport à la succession du père de sa femme, de la dot constituée à cette dernière, 1575.

RAPPORT d'experts en matière de lésion. Voyez *Rescision.*

RAPT. Voyez *Ravisseur.*

RATIFICATION (cas où le défaut de) d'un engagement donne lieu à une indemnité, 1120. La ratification du créancier valide le paiement fait à celui qui aurait reçu sans pouvoir, 1239. Effet de la ratification du mineur en majorité, 1311. Cas où l'acte de ratification est ou non valable, 1338 et 1339. Voyez *Approbation.*

RATURES (les) dans les actes civils doivent être approuvées, 42.

RAVAGES de la guerre en matière de bail, sont un cas fortuit extraordinaire. Voyez *Baux.*

RAVISSEUR (le) peut être déclaré père lorsque l'époque de l'enlèvement se rapporte à celle de la conception, 340.

RECÉLÉ : l'héritier qui recèle les effets d'une succession, perd la faculté d'y renoncer; il est déchu du bénéfice d'inventaire, 792 et 801. Effet du recélé d'objets de la communauté, contre la veuve et ses héritiers, 1460; d'objets de la communauté par l'un des époux, 1477.

RECETTES, Voyez *Décharge.*

RECHERCHE (la) de la paternité est interdite; celle de la maternité est admise, 340 et 341.

RÉCLAMATION d'état, (l'action en) est imprescriptible à l'égard de l'enfant, 328.

RÉCLAMATIONS en matière de succession : chaque co-partageant est admis à en proposer contre la formation des lots, 835. Délai passé lequel les réclamations ne sont pas admises au sujet du règlement des parts des associés. Voyez *Société.*

RÉCLUSION du mineur qui donne des sujets graves de mécontentement, et de la femme adultère, 298, 308, 376 et 468.

RÉCOGNITIFS. (actes) Voyez *Actes.*

RÉCOLTES qui sont immeubles, 520. La partie coupée d'une récolte est meuble, *ibid.* Les frais de récolte sont créances privilégiées, 2102.

RÉCOMPENSE qui n'a pas lieu entre l'usufruitier et le propriétaire, 585. Cas où il est dû récompense à l'un des époux en communauté, 1403, 1406 et suiv. 1409 et suiv. 1435 et suiv. Au légataire d'un effet mobilier, qui lui est donné par le mari en communauté, 1423. À la femme, pour les amendes encourues par son mari, et acquittées sur la communauté, 1424. Rapport des récompenses dans le partage de la communauté entre époux, 1468 et suiv. Voyez *Reprises.*

RÉCONCILIATION des époux, (la) éteint l'action en divorce, 272. Voyez *Divorce.*

RECONDUCTION TACITE en matière de bail. Voyez *Baux.*

RECONNAISSANCE (l'acte de) d'un enfant s'inscrit sur les registres de l'état civil, 62. Reconnaissance des enfans naturels, 334. Reconnoissances qui dispensent le créancier de représenter le titre primordial, 1337. L'hypothèque judiciaire résulte des reconnoissances ou vérifications faites en jugemens, signatures apposées à un acte obligatoire sous seing-privé, 2123.

RECONSTRUCTIONS auxquelles ne sont point tenus le propriétaire ni l'usufruitier, 607.

RECOURS du successeur à titre universel, qui a payé au-delà de sa part de la dette commune, contre les autres cohéritiers, 875. Des mineurs, des interdits, des femmes mariées, contre leurs tuteurs ou maris, 942. Contre le grevé et le tuteur, à l'exécution des dispositions par acte entre-vifs ou testamentaires, 1070. Recours résultant des obligations solidaires, 1214 et suiv. Effet du recours à l'égard des obligations divisibles et indivisibles, 1221 et 1225. Cas où l'effet de la clause pénale donne lieu au recours contre l'héritier qui a fait encourir la peine, 1232 et 1233.

Recours auquel donne lieu le paiement fait au préjudice d'une saisie ou opposition, 1242. La délégation, 1276. Cas où celui qui a payé ce qui était dû par un autre, n'a de recours que contre le véritable débiteur, 1377. Recours que le mari peut exercer contre sa femme, relativement à la garantie qu'il a donné à la vente que la femme a faite, d'un immeuble qui lui est personnel, 1432.

Recours réservé à celui des deux époux qui acquitte la totalité des dettes de la communauté, ou celles personnelles à l'un d'eux, 1484 et suiv. A la femme qui renonce à la communauté, contre son mari, 1494 et 1495. A l'époux privé de son préciput, par la vente qu'ont fait faire les créanciers, des effets qui le composaient, 1519. Recours en matière de cautionnement et en garantie. Voyez *Caution* et *Garantie.*

RECOUVREMENT (récompense due pour somme prise sur la communauté, afin d'obtenir le) du bien personnel de l'un des époux. Voyez *Contrat de Mariage.*

RECRÉPIMENT du bas des murailles des lieux d'habitation, (sont réparations locatives celles à faire au) 1754.

RECTIFICATION des actes de l'état civil, (le tribunal compétent statuera sur les demandes en) 99.

REDDITION de compte. Voyez *Compte.*

REDHIBITOIRES (vices) d'un objet vendu. Voyez *Garantie.*

REDUCTIBLES (les obligations contractées par le mineur émancipé sont) en cas d'excès, 484. Cas où le cautionnement est susceptible de réduction, 2014.

RÉDUCTION des dispositions entre-vifs et testamentaires. Voyez *Donations* et *Testamens.* En matière d'hypothèques. Voyez *Hypothèques.*

RENTES ET OBLIGATIONS. Voyez ces deux mots.

RÉFORMATION des actes de l'état civil. Voyez *État civil.*

REFUS de recevoir du débiteur, (le) donne lieu à des offres, 1257. Voyez *Offres.*

RÉGIE NATIONALE, (Le prix des meubles ou immeubles vendus d'une succession vacante est versé dans la caisse du receveur général de la), 813. Voyez *Domaines.*

RÉGIME dotal. Voyez *Dot.*

REGISTRES (les) et papiers domestiques du père et de la mère peuvent fournir la preuve par écrit de la filiation, 324. Preuve résultante des registres des marchands et particuliers, 1329 et suiv. Les voituriers par terre et par

eau, les entrepreneurs de roulages doivent tenir registre de tous les objets qui leur sont confiés, 1785.

REGISTRES DE L'ÉTAT CIVIL. Voyez *État civil*, *Naissance*, *Décès*, *Mariage* et *Adoption.*

REGISTRES PUBLICS. Conditions prescrites pour obtenir un commencement de preuve de la transcription d'un acte sur les registres publics, 1336.

RÉGLEMENTAIRE. (Disposition générale et) Il est défendu aux juges de prononcer par cette voie, 5.

RÉINTÉGRANDE, (la contrainte par corps a lieu à l'égard de celui contre qui il a été rendu un jugement de) 2060.

RELAIS DE LA MER qui dépendent du domaine public, 538. Le droit d'alluvion accordé aux propriétaires voisins des fleuves et rivières n'a pas lieu à l'égard des relais de la mer, 557.

RELIQUAT DE COMPTE DE TUTELLE (le) porte intérêt du jour de la clôture du compte, 474.

RELIQUATAIRE. (Mandataire) Voyez *Mandataire.*

RELOCATION d'une chose louée. Voyez *Baux.*

REMARIÉS. (Hommes et femmes) Voyez *Époux*, et *Pères* et *Mères.*

REMBOURSEMENT : délai dans lequel le créancier peut stipuler que la rente ne pourra lui être remboursée, 530. Le produit de la chose n'appartient au propriétaire qu'en remboursant les frais auxquels ce produit a donné lieu, 548. Remboursement auquel est tenu le propriétaire qui conserve les constructions et plantations faites sur son fonds, par un tiers, 555.

Cas où le propriétaire est tenu au remboursement des matériaux et main-d'œuvre des constructions et plantations faites sur son fonds, *ibid.* Effet du remboursement de services fonciers dus à des héritages propres à l'un des époux en communauté, 1433. L'acquéreur adjudicataire a son recours contre le vendeur, pour le remboursement de ce qui excède le prix stipulé par son titre, 2191. Voyez les articles *Capitaux* et *Rachat.*

RÉMÉRÉ. Voyez *Rachat.*

REMISE que ne peut faire l'héritier du créancier d'une obligation indivisible, 1224. Effet de la remise de la dette, 1234 à 1282. Remise des clefs. Voyez *Clefs.*

— des titres. Voyez *Titres.*

REMPARTS des places de guerre et des forteresses, font partie du domaine public, 540 et 541.

REMPLACEMENT

REMPLACEMENT (le) du tuteur d'un interdit peut se demander et s'obtenir au bout de dix ans , 508.

REMPLACEMENS d'arbres auxquels est tenu l'usufruitier, 590 et suiv.

REMPLOI (causes, forme et effets du) au profit de l'un des époux en communauté, 1453, 1454. Cas où le mari est ou n'est pas garant du défaut d'emploi ou de remploi du prix de l'immeuble aliéné par sa femme séparée, 1450. Prélèvement qui a lieu lors du partage de la communauté entre époux, des biens acquis en remploi, ou du prix de ceux aliénés et dont il n'a point été fait de remploi, 1470.

La femme qui renonce à la communauté reprend l'immeuble qui lui a été acquis en remploi, et le prix de ceux aliénés, dont le remploi n'a pas été fait, 1493. La vente peut avoir lieu entre époux, quand la cession que fait le mari à la femme même non séparée, a pour cause un remploi, 1595.

RENONCIATION (la femme d'un absent peut exercer le droit de) à la communauté, 124. Les créanciers de l'usufruitier peuvent faire annuller sa renonciation à l'usufruit, 622. Renonciation à une succession : on peut représenter celui à la succession duquel on a renoncé, 744. Cas où la renonciation au profit d'un ou de plusieurs héritiers emporte acceptation, 780. Où et comment elle doit être faite, 784.

L'héritier qui renonce est censé n'avoir jamais hérité, 785. Qui profite de la part du renonçant, lorsqu'il y a plusieurs cohéritiers, et lorsqu'il est seul, 786. Cas où les enfans viennent de leur chef et partagent par tête une succession, à laquelle ils auroient renoncé, 787. Dans quel cas et jusqu'à quelle concurrence la renonciation est annullée en faveur des créanciers, 788. Par quel temps se prescrit la faculté d'accepter ou de répudier une succession, 789.

Dans quel cas et dans quel délai les héritiers qui ont renoncé peuvent encore accepter la succession, 790. On ne peut, même par contrat de mariage, renoncer à la succession d'un homme vivant, 791. Dans quel cas les héritiers sont déchus de la faculté de renoncer à une succession, 792. Ce que peut retenir ou réclamer l'héritier qui renonce à la succession, 845. Les époux ne peuvent faire dans le contrat de mariage, de renonciation dont l'objet seroit de changer l'ordre légal des successions, 1389.

Règles et conditions relatives à la renonciation à la communauté entre époux, 1453 et 1492. Effet de celle de l'un des héritiers de la femme dans le partage de la communauté, 1475. Les époux peuvent stipuler qu'en cas de renonciation à la communauté, la femme reprendra ses apports, francs et quittes, 1497. Effet de cette clause, 1514. De celle de non renonciation, à l'égard du préciput, 1515. Cas où la clause par laquelle on assigne à chacun des époux des parts inégales dans la communauté, donne à la femme la faculté d'y renoncer, 1524.

La renonciation à tous droits, actions et prétentions, en matière de transaction, ne s'entend que de ce qui a rapport au différend qui y a donné lieu, 2048. Celle du créancier à l'hypothèque, éteint les privilèges et hypothèques, 2180. Voyez les articles *Mandat, Prescription, Société* et *Succession.*

RENTES : celles hypothéquées sur les immeubles d'une succession peuvent être remboursées, 872. En cas de partage d'une succession, la garantie de la solvabilité du débiteur d'une rente ne peut être exercée que dans les cinq ans qui suivent le partage, 886. Intérêts auxquels les arrérages de rentes donnent lieu, 1155. *Constitution, Rachat* et *Remboursement de rentes.* Voyez ces trois mots et l'article *Services fonciers* et *Arrérages.*

RENTES perpétuelles et viagères sont meubles, 529. Elles sont essentiellement rachetables, 530. Faculté qu'a le créancier de régler la clause du rachat, *ibid.* Rentes viagères dont les arrérages appartiennent à l'usufruitier, 588. Celles qui doivent être acquittées par le légataire universel de l'usufruit, 610. Lorsqu'une rente viagère a été léguée à titre d'alimens, les intérêts courent au profit du légataire dès le jour du décès, 1015.

Objets pour lesquels la rente viagère peut être constituée à titre onéreux et moyennant une somme d'argent, 1968. Cas où elle peut l'être à titre purement gratuit, et formes dont elle doit être alors revêtue, 1969. Cas où elle est réductible, 1970. Cas où elle est nulle, *ibid.* Sur la tête de qui elle peut être constituée, 1971. Elle peut l'être sur une ou plusieurs têtes, 1972. Cas où elle n'est point assujettie aux formes requises pour les donations, 1973.

Cas où le contrat ne produit aucun effet, 1974 et 1975. A quel taux elle peut être constituée, 1976. Dans quel cas le constitué peut demander la restitution du contrat, 1977. Le défaut de paiement des arrérages ne l'autorise pas à demander le remboursement du capital ou à rentrer dans le fonds par lui aliéné. Quels sont ses droits dans ce cas-là, 1978.

Obligations du constituant, 1979. Dans quelle proportion elle est acquise au propriétaire, 1980. Cas où elle peut être insaisissable, 1981. Elle ne s'éteint pas par la mort civile du propriétaire, 1982. Préalable sans lequel il n'en peut demander les arrérages, 1983. Voyez *Contrat.*

Renvois (les) des actes de l'état civil sont approuvés et signés, 42.

Réparations à la charge de l'usufruitier, 605. Les grosses réparations sont à la charge du propriétaire du fonds grevé d'usufruit, ibid. Exception, ibid. Nature des grosses réparations, 606. Cas où l'usager est assujetti à celles d'entretien, 635. Règles relatives aux réparations des murs mitoyens et aux dépenses qui en résultent, 655 et suiv.

Les réparations usufruitières sont à la charge de la communauté entre époux, 1409. Forme de l'aliénation de l'immeuble dotal pour faire de grosses réparations, 1558. Les réparations locatives sont créances privilégiées, 2102. Voyez Baux ; voyez aussi les articles Amélioration, Garantie et Immeuble.

Répétition (cas où la) de sommes payées peut avoir lieu, 1235. Voyez Restitution. Action en répétition en matière de cautionnement. Voyez Caution.

Représentans. Voyez Héritiers.

Représentation dans les successions : sa définition, 739. Comment elle a lieu dans la ligne directe descendante, 740. Elle n'a pas lieu en faveur des ascendans, 741. En faveur de qui elle est admise en ligne collatérale, 742. Comment s'opère le partage dans le cas où la représentation est admise, 743. Quelles sont les personnes qu'on ne peut, ou qu'on peut représenter, 744. On ne vient jamais par représentation d'un héritier qui a renoncé, 787. Ce que doit rapporter le fils qui ne vient que par représentation, 848.

Reprises ; biens sur lesquels les époux exercent leurs reprises lors du partage de la communauté, 1472. Nature de celles que peut faire la femme qui y renonce, 1493. Cas où le mari ne peut exercer la reprise du mobilier qui lui est échu pendant le mariage, 1504. Les apports mobiliers de la femme ne peuvent être repris que déduction faite de ses dettes personnelles, 1514.

La reprise des apports peut avoir lieu lorsqu'il est stipulé entre époux que la totalité de la communauté appartiendra au survivant, 1525. Voyez les articles Apports, Hypothèques, Prélévemens et Remploi.

Reproches contre des témoins. Voyez Preuve et Témoins.

Républicoles, (les témoins appelés à un testament doivent être) 980.

République (droits de la) sur les successions, (au partage desquelles il n'y a point d'héritiers appelés, 723, 724 et 768. Voyez Domaine.

Répudiation de succession. Voyez Successions.

Rescision en matière de partage de succession. Causes pour lesquelles les partages peuvent être rescindés, 887. Actes contre lesquels l'action en rescision est ou n'est pas admise, 888 et 889. Manière de juger s'il y a lésion, 890. A quel préalable le défendeur à la demande en rescision peut en arrêter le cours, et empêcher un nouveau partage, 891.

Cas où le cohéritier n'est pas recevable à intenter l'action en rescision pour dol ou violence, 892. Forme de l'action en rescision, pour défaut ou invalidité du consentement donné aux contrats, 1117. Causes et effets de l'action en rescision des conventions, 1304. De la ratification d'une obligation qui donne lieu à la rescision, 1338.

Rescision de la vente, pour cause de lésion. Cas où elle peut être demandée, 1674. Comment on peut savoir s'il y a lésion d'outre-moitié, 1675. Délai passé lequel la demande en rescision pour lésion n'est plus recevable même de la part de femmes mariées, absens, interdits et mineurs 1676. Cas où la preuve de la lésion ne peut être admise que par jugement, 1677. Cette preuve doit être faite par un rapport de trois experts qui dresseront un seul procès-verbal commun et donneront un seul avis, 1678. Comment doit être conçu le procès-verbal en cas d'avis différens 1679. Cas où les trois experts seront nommé d'office, 1680. Droit de l'acquéreur, dans le cas où l'action en rescision est admise. Ce droit s'étend au tiers possesseur, 1681.

Obligations de l'acquéreur, dans le cas où il garde la chose, et dans celui où il la rend 1682. La rescision pour lésion n'a pas lieu en faveur de l'acheteur, 1683. Elle n'a pas lieu pour les ventes qui ne peuvent être faites que d'autorité de justice, 1684. Les règles pour l'exercice de l'action en rescision sont les mêmes que pour les cas où plusieurs ont vendu conjointement ou séparément, et où le vendeur ou l'acheteur a laissé plusieurs héritiers, 1685.

La rescision en matière de transaction a lieu lorsqu'il y a erreur dans la personne, ou sur l'objet de la contestation, 2052. Cas où l'hypothèque peut y être soumise, 2125. Elle n'a pas lieu pour échange. Voyez Echange.

Réserves (effet des quittances données sans de la solidarité, 1211 et suiv.

La réduction des dispositions entre-vifs ne peut être demandée que par ceux au profit desquels la loi fait la réserve, 921. Il est permis au donateur de faire la réserve à son profit, 919. Les frais de la demande en délivrance de legs sont à la charge de la succession, sans néanmoins qu'il puisse en résulter de réduction de la réserve légale, 1016. Effet des réserves faites par le créancier,

ter auquel le débiteur a fait une délégation, 275 et 1276 ; par le créancier qui fait remise de la dette à l'un des cooblígés, 1285.

RÉSIDENCE en France pour l'exercice des droits civils. Voyez *Droits civils* et *Domicile.*

RÉSILIATION du bail pour perte de la chose louée. Voyez *Baux.*

RÉSILIATION en matière de vente. Voyez *Garantie,* du contrat de rente viagère. Voyez *Rente viagère.*

RÉSOLUTION du bail. Voyez *Baux*; de l'obligation. Voyez *Contrats*; de la vente. Voyez *Délivrance.*

RÉSOLUTOIRE. (condition) Voyez *Contrats.*

RESPECT (le) est dû, à tout âge, par l'enfant ses père et mère, 371.

RESPECTUEUX (acte) à qui il doit être notifié, 54. Voyez *Actes respectueux.*

RESPONSABILITÉ des fonctionnaires de l'état civil, 50 et suiv. De la tutrice qui se remarie et de son nouveau mari, 395 et 396. Des tuteur et protuteur d'un mineur domicilié en France, qui possède des biens dans les colonies, 417 ; des héritiers d'un tuteur 419 ; des tuteurs, nommés pour l'exécution des dispositions testamentaires, 1073 ; de l'usufruitier relativement l'usurpation d'un tiers sur le fonds sujet à l'usufruit, 614.

Responsabilité à laquelle donnent lieu les dommages résultant des délits et quasi-délits, 382. Celle du mari résultant du dépérissement des biens de sa femme causé par défaut d'actes conservatoires, 1428 ; de prescriptions et détériorations, 1562.

Responsabilité des architectes et entrepreneurs à l'égard des bâtimens construits à prix fait. Voyez *Devis* et *Marchés*; des conservateurs des hypothèques. Voyez *Hypothèques,* du créancier à l'égard de la caution. Cas où elle a lieu Voyez *Caution*; à l'égard des évènemens; Voyez *Évènemens*; des locataires pour cause d'incendie arrivé à la chose louée. Voyez *Baux*; des personnes qui ont emprunté conjointement la même chose. Voyez *Prêt.*

RESTITUTION (le tiers évincé par le propriétaire, qui n'aura pas été condamné à la) des fruits, ne peut être obligé à la suppression des ouvrages et constructions, 555. La révocation d'une donation force le donataire à la restitution des objets aliénés, 958. Demandes en restitution qui ne peuvent être admises en compensation, 1293.

RESTITUTION pour cause de nullité ou de rescision dans les conventions, 1305 et suiv. des choses reçues par erreur et non dues, 1376 et

1377. Mode et effets de la restitution de la dot, 1564. Cas où celui qui a fait le dépôt a l'action en restitution, 1926. La restitution de fruits perçus pendant une indue possession emporte la contrainte par corps, 2060. Voyez *Fruits.* Restitution des biens des absens. Voyez *Absens*; du gage. Voyez *Gage*; d'une chose prêtée. Voyez *Prêt*; d'une chose volée. Voyez *Vol*; restitution en matière de vente. Voyez *Garantie.*

RESTRICTION des clauses de l'engagement : cas où elle ne peut avoir lieu, 1164. Restriction en matière d'hypothèque. Voyez *Hypothèque.*

RETIREMENT d'une chose vendue à pacte de rachat. Voyez *Rachat.*

RETOUR en matière de partage d'une succession ; l'inégalité des lots en nature, se compense par un retour, 833. Le donateur peut stipuler le droit de retour des objets donnés, 951. Effet de ce droit, 952.

RETOUR de lots en matière de privilèges. Voyez *Privilèges* et l'article *Soulte.*

RETRANCHEMENT, (cas où les enfans d'un précédent mariage ont l'action en) 1496.

RETRANCHEMENS de constitutions de rentes. Voyez *Constitution de rente.*

RÉTROACTIF. (effet) Voyez *Effet rétroactif.*

RÉUNION des époux divorcés (la) ne peut avoir lieu, 295.

RÉUNION. Voyez *Confusion* et *Union.*

REVENDICATION : obligation par le possesseur de mauvaise foi, de rendre la chose au propriétaire qui la revendique, 549. l'action en revendication peut être exercée par les héritiers contre les tiers détenteurs des immeubles faisant partie des donations 930. Cas où celui qui a fait le dépôt a l'action en revendication, 1922. La revendication donne privilège sur les meubles, 2102.

REVENDICATION en matière de vente. Voyez *Vente.*

REVENTE. (cas où le vendeur peut empêcher la) 2102. Mode de la revente sur enchères en matière d'hypothèque. Voyez *Hypothèques.*

REVENUS. L'emploi de ceux d'un mineur se détermine par un conseil de famille, 455 et 456. Le mineur émancipé peut recevoir les siens, 481. Les revenus d'un interdit doivent être employés à adoucir son sort, 510. Intérêts auxquels les revenus donnent lieu, 1155. Revenus dont peuvent jouir les créanciers, des biens abandonnés par leur débiteur, 1269 ; qui entrent dans la communauté entre époux, 1401. Le survivant des époux qui néglige de faire faire inventaire, est privé de la jouissance des revenus de ses

enfans mineurs , 1442. Cas où la femme peut toucher ses revenus, 1534 , 1536 et 1550.

REVENUS des biens d'un absent. Voyez *Absens*; de l'usufruitier. Voyez *Usufruits.*

RÉVOCATION (formalités et effets de la) des donations entre-vifs et testamentaires , 953 et suiv. 1035. Voyez *Donations* et *Testamens.* Cas où la révocation d'un engagement souscrit par un tiers et celle des conventions, peuvent ou non avoir lieu, 1121 et 1134. Cause et effet de la révocation de l'obligation, 1183. Cas où l'aveu de la partie et l'aliénation de l'immeuble dotal peuvent ou non être révoqués , 1356 et 1550. Cas où la révocation de pouvoirs a lieu à l'égard de l'associé chargé de l'administration de la société , 1856. Révocation du mandataire. Voyez *Mandat.*

RISQUES résultant de l'obligation de donner ou livrer, 1138 et suiv. ; aux quels donne lieu la condition suspensive, 1182. Cas où la consignation a lieu aux risques du créancier, 1257. Le cheptel donné au fermier est à ses risques , 1822. Choses qui sont aux risques de l'associé et de la société , 1851.

RIVAGES qui dépendent du domaine public, 538. Rivages de la mer. Voyez *Mer* et l'article *Fonds riverains.*

RIVIÈRES navigables ou flottables, dépendent du domaine public, 538. Effet et bénéfice des atterrissemens et accroissemens aux fonds riverains d'une rivière, 556 ; de l'enlèvement subit d'une portion de champ par une rivière navigable porté vers un autre champ inférieur , ou sur la rive opposée, 559. Isles , ilots et atterrissemens formés dans les rivières navigables et flottables qui appartiennent à la nation ; 560.

Propriétaires voisins auxquels appartiennent les îles , ilots et atterrissemens qui se forment dans les rivières non navigables et non flottables , 561. Le propriétaire voisin d'une rivière qui, en se formant un nouveau bras, coupe et embrasse son champ et en fait une île, conserve la propriété de ce champ , 562. L'ancien lit d'une rivière appartient au propriétaire du fonds nouvellement occupé par cette rivière , 563. Les servitudes établies pour l'utilité publique ont pour objet le marche-pied le long des rivières, 650. Voyez *Fleuves.*

ROULAGES. (entrepreneurs de) Voyez *Voituriers.*

ROUTES dépendent du domaine public, 538. Voyez *Chemins.*

RUCHES A MIEL sont immeubles , 524. Voyez *Abeilles.*

RUES qui dépendent du domaine public, 538.

RUINE , (application du commencement de preuve aux dépôts faits en cas de) 1348.

RUINE de bâtimens. Voyez *Bâtimens.*

RURALES. (servitudes) Voyez *Servitudes.*

RURAUX. (bail de biens) Voyez *Baux.*

S.

SAGES-FEMMES (les) font les déclarations de naissance , 56.

SAILLIES qui peuvent ou non avoir lieu sur l'héritage voisin, 678 et 680.

SAIN D'ESPRIT (il faut être) pour faire une donation entre-vifs, 901.

SAISIE (forme de) de bateaux, navires, bacs et autres usines non fixées ; 531. Effet des paiemens faits au préjudice d'une saisie , 1242. Cas où elle empêche la compensation , 1298. La signification de la saisie à celui qu'on veut empêcher de prescrire, interrompt la prescription, 2244.

SAISIE-ARRÊT, (le dépôt ne peut être remis au déposant, lorsqu'il existe entre les mains du dépositaire une) 1944.

SAISINE des héritiers. Voyez *Successions.* Le testateur peut donner aux exécuteurs testamentaires la saisine de son mobilier, 1026 et 1027. Voyez *Exécuteurs testamentaires.*

SALAIRE de l'année échue, (le maître est cru , sur son affirmation, pour le paiement du) 1781. Celui dû au mandataire, 1999. Salaire pour louage d'industrie. Cas où l'ouvrier n'en peut réclamer. Voyez *Louage.*

SCELLÉS. La femme commune en biens, demanderesse ou défenderesse en divorce, peut en requérir l'apposition sur les effets mobiliers de la communauté, 270. Ils ne peuvent être levés qu'en faisant inventaire avec prisée , ibid. Le tuteur dans les dix jours qui suivent celui de sa nomination, requiert la levée des scellés, 451. Le conjoint survivant et l'administration des domaines qui prétendent droit à une succession sont tenus de les faire apposer, 769. Les frais de scellés sont à la charge de la succession, 810.

Cas où dans le partage des successions, l'apposition des scellés est ou n'est pas nécessaire , 819. Les créanciers d'une succession peuvent aussi requérir l'apposition des scellés, 820. Ils peuvent former opposition à leur levée, 821. Les exécuteurs testamentaires les font apposer s'il y a des héritiers mineurs , interdits ou absens, 1031. L'indication dans un procès-verbal de scellés d'un acte sous seing-privé, en assure la date, 1528.

SECOND MARIAGE. La femme ne peut se remarier qu'après dix mois révolus depuis la dissolution de son premier mariage, 228. L'époux ou femme tutrice qui se remarie, devient coututeur, 396. Dans le cas où les époux auraient des enfans d'un autre lit, ils ne peuvent se donner l'une part d'enfant légitime le moins prenant, 98.

SECONDES NOCES. Voyez *Mariage.*

SECOURS : les époux se doivent mutuellement secours, 212. Ceux fournis à un individu dans la minorité ou pendant six ans au moins, donnent droit d'exercer envers lui l'adoption, 5.

SECRET sur la naissance d'un enfant, est un motif pour le mari de le désavouer, 313. Exception à cet égard, 314.

SEING-PRIVÉ : (écrit sous) le mandat peut se donner par écrit sous seing-privé, 1985. Actes sous seing-privé. Voyez *Actes.* Vente par acte sous seing-privé. Voyez *Vente.*

SEL. (Magasin à) Voyez *Magasin.*

SEMENCES données aux *fermiers* ou *colons partiaires* : cas où elles sont immeubles, 524. Que doit rembourser celui qui veut jouir des fruits qu'elles ont produit, 548. Celles dont ne doit tenir compte le propriétaire au moment où finit l'usufruit, 585. Les fermiers sont contraignables par corps, pour la représentation, à la fin du bail, des semences, 2062. Elles sont créances privilégiées, à 102.

SÉNAT CONSERVATEUR (les membres du) sont exempts de tutelle, 427.

SÉPARATION de biens, Voyez ci-après, *Séparation de corps.*

SÉPARATION DE CORPS entre deux époux, dont mariage est attaqué ; par qui elle peut être demandée, 190. Cas où les époux peuvent la demander, 306. Manière d'intenter cette demande, 307. Dans quel cas, et comment la femme séparée de corps est condamnée à la réclusion dans une maison de correction, 508. Comment le mari peut arrêter l'effet de cette condamnation, 509.

Cas où l'époux originairement défendeur peut demander le divorce, 510. La séparation de corps emporte toujours la séparation de biens, 311. Dissolution de la communauté entre époux par la séparation de corps, et ses effets, 1441 suiv. Cause, forme et effets de la dissolution communauté entre époux, par la séparation biens, *ibid.*

Règles applicables à l'inventaire et renonciation à la communauté des femmes séparées de corps, 1463. Effet de la séparation de corps relativement au préciput, 1518. Restitution du mari, dans le cas de séparation de biens, lorsque les époux se sont mariés sans communauté, 1531. Effets de la clause de séparation de biens, 1536. À l'égard de la révocation de l'aliénation d'un immeuble dotal, 1560 et 1561. La mise en péril de la dot peut autoriser la femme à poursuivre sa séparation de biens, 1563. Le contrat de vente peut avoir lieu entre deux époux, dans le cas où l'un d'eux cède des biens à l'autre séparé judiciairement, en paiement de ses droits, 1595.

SÉPARATION. Voyez *Fossés, Haies* et *Murs.*

SEPTUAGÉNAIRES (les) peuvent refuser d'être tuteurs, 433. Ils ne sont contraignables par corps que pour crime de stellionat. Voyez *Contrainte par corps.*

SÉPULTURE. Voyez *Décès.*

SÉQUESTRE (causes et effets du) des meubles compris dans l'usufruit lors que l'usufruitier ne donne pas caution, 602. Différentes espèces de séquestre, 1955. Définition du séquestre conventionnel, 1956. Il peut n'être pas gratuit, 1957. A quelles règles il est soumis lorsqu'il est gratuit, 1958. Objet du séquestre, 1959.

Comment et dans quel cas le dépositaire du séquestre peut en être déchargé, 1960. Choses dont la justice peut ordonner le séquestre, 1961. Obligations réciproques du saisissant et du gardien judiciaire, 1962. Comment se nomme le gardien judiciaire, et quelles sont ses obligations à l'égard de la chose qui lui est confiée, 1963.

SÉQUESTRES sont sujets à la contrainte par corps pour la représentation des choses qui leur sont déposées 2060.

SERMENT (le) est prêté par les experts choisis pour l'estimation des meubles et immeubles d'un mineur, et le partage d'une succession, 453 et 466. Nature et effets du serment décisoire, 1358. Cas où le serment d'office peut ou ne peut pas être déféré, 1366. A qui on peut le déférer dans le cas d'opposition de prescription, 2275. Serment en matière de bail. Voyez *Baux.*

SERRURES, (sont réparations locatives celles à faire aux) 1754.

SERVICE MILITAIRE (le) pris chez l'étranger par un français lui fait perdre ses droits de citoyen, 21.

SERVICES qui donnent le droit d'exercer l'adoption, 345.

SERVICES FONCIERS sont immeubles, 526. On peut en avoir à prétendre sur les biens, 543. Voyez *Servitudes.* Remboursemens de services fonciers. Voyez *Remboursemens.*

SERVITUDES sont immeubles, 526. Celles dont l'usufruitier a droit de jouir, 597. Nature des diverses servitudes, 637. Effet de celles qui dérivent de la situation des lieux, 640; De celles établies par la loi, 649. Règles relatives à la mitoyenneté des murs et fossés, 653. Distance et ouvrages intermédiaires requis pour certaines constructions, 674. Vues qui peuvent ou non être établies sur la propriété du voisin, 675. Obligations des propriétaires, d'établir des toits pour l'écoulement des eaux pluviales, 681. Droit de passage, qui peut être réclamé sur les fonds voisins, 682. Servitudes diverses, qui peuvent être établies sur les biens, par le fait de l'homme, 686. Manières diverses d'acquérir et d'établir les servitudes, 690. Droits du propriétaire du fonds, auquel la servitude est due, 697.

Causes et effets de l'exécution des servitudes, 703. Servitudes à souffrir dans la chose louée. Voyez *Baux.* Qui grèvent l'héritage vendu. Voyez *Garantie.* En matière d'hypothèques, Voyez *Hypothèques.*

SÉVICES (les) sont une cause de divorce, 231. Lorsque la demande en divorce est formée pour cette cause, les juges, avant de l'admettre, autorisent la femme à quitter la compagnie de son mari, 259. Ils donnent lieu à la révocation des donations, et dispositions testamentaires, 953 et suiv. 1046.

SEXAGÉNAIRES (les) sont dispensés de la tutelle, 433.

SEXE (le) de l'enfant nouveau né doit être indiqué dans son acte de naissance, 57 et 58. Il détermine la présomption de survie d'individus appelés à succession, et qui périssent dans un même évènement, 720, 722. Les enfans ou leurs descendans succèdent sans distinction de sexe, 745. Influence du sexe, pour déterminer la violence envers les contractans, 1112.

SIÉGES d'appartemens, sont du nombre des meubles meublans, 534.

SIGNATURES des testamens, 973 et 974. Voyez *Testamens.*

Celles apposées à un acte obligatoire sous seing-privé, en matière d'hypothèques. Voyez *Reconnaissances.*

SIGNES de mort violente. Voyez *État civil.*

SIGNIFICATIONS (les) peuvent être faites au domicile élu, 111. Cas où la signification du transport doit être faite au débiteur, 1690.

SILENCE de la loi. Voyez *Lois* et *Juges.*

SITUATION des immeubles, en matière d'hypothèque. Voyez *Immeubles.*

SOCIALES. (dettes) Voyez *Dettes.*

SOCIÉTÉ (la reconnaissance dans la) d'un individu pour l'enfant du père, concourt à établir son état, 321. Actions et intérêts des compagnies de finances et de commerce, qui sont réputées meubles à l'égard de chaque associé durant la société, 529. Définition du contrat de société, 1832.

Quels doivent être l'objet et le but de toute société : ce que chaque associé doit y apporter, 1833. Cas où toutes sociétés doivent être rédigées par écrit, 1834. Dans aucun cas la preuve testimoniale n'est admise contre et outre le contenu en l'acte de société, ni sur ce qui serait allégué avoir été dit avant, lors, ou depuis cet acte, *ibid.* On distingue deux sortes de sociétés universelles, 1836. Définition de la société de tous biens présens, 1837.

Ce qu'on entend par la société universelle de gains, 18... La simple convention de société universelle, ... te sans autre explication, n'emporte que la ...iété universelle de gains, 1839. Entre qui p... avoir lieu une société universelle, 1840. D... ion de la société particulière, 1841 et 1842. D...... où commence la société, 1843. Cas où la ...iété est censée contractée pour toute la vie des associés, 1844.

Obligations de chaque associé envers la société, 1845. A compter de quel jour l'associé, qui devait apporter une somme dans la société, et qui ne l'a point fait, doit les intérêts de cette somme, et de celles qu'il a tirées de la caisse sociale, pour son profit particulier, 1846. Obligations des associés qui se sont soumis à apporter leur industrie, à la société, 1847.

Comment se règle l'imputation d'une somme qu'un associé reçoit de son débiteur, lequel se trouve également devoir à la société, 1848. Cas où un associé est tenu de rapporter à la masse commune, ce qu'il a reçu, 1849.

Chaque associé est tenu envers la société, des dommages qu'il a causés par sa faute, 1850. Quelles sont les choses qui sont aux risques de l'associé qui en est propriétaire, 1851. Cas où ces choses sont aux risques de la société, *ibid.* Pour quels objets un associé a action contre la société, 1852.

Fixation de la part de chaque associé qui a mis des fonds dans la société, et de celui qui n'a apporté que son industrie, 1853. Cas où le règlement des parts peut être attaqué. Délai passé lequel nulle réclamation à ce sujet n'est admise, 1854. Quelles sont les conventions, qui, sous peine de nullité, ne peuvent être stipulées dans un contrat de société, 1855.

Cas où l'associé chargé de l'administration de la société, peut faire tous les actes qui en

dépendent ; cas où ce pouvoir peut être révoqué, 1856. Cas où plusieurs associés peuvent faire chacun séparément tous les actes de cette administration, 1857. Cas où un seul administrateur ne peut agir en l'absence des autres, 1858. Dans quel cas ce que fait chaque associé pour la part de ses associés, est valable, lors même qu'il n'a pas pris leur consentement, 1859.

Cas où chaque associé peut se servir des choses appartenant à la société, et obliger ses associés à faire avec lui les dépenses nécessaires à la conservation de choses de la société, ibid. Nul associé ne peut faire des innovations sur les immeubles de la société sans le consentement des autres associés, ibid. Cas où un associé ne peut aliéner, ni engager les choses même mobilières de la société, 1860.

Chaque associé peut s'associer une tierce personne sans le consentement de ses associés, mais il ne peut, sans ce consentement, l'associer à la société, 1861. Société où les associés ne sont pas tenus solidairement des dettes de la société, 1862. Obligations des associés envers le créancier avec lequel ils ont contracté, 1863.

Cas où l'associé contractant est seul lié par la stipulation que l'obligation est contractée pour le compte de la société, 1864. Différentes manières dont finit la société, 1865. Comment peut être prouvée la prorogation à temps limité, 1866. Cas où la dissolution de la société a lieu, 1867. Droits des héritiers d'un associé décédé, 1868. Sociétés auxquelles s'applique la dissolution de la société par la volonté de l'une des parties, 1869.

Cas où la renonciation n'est pas de bonne foi, et où elle est faite à contre-temps, 1870. Cas où la dissolution des sociétés à terme peut être demandée par l'un des associés, avant le terme convenu, 1871. Règles applicables au partage entre associés, 1872. Dans quels points les dispositions ci-dessus s'appliquent aux sociétés de commerce, 1873.

SOCIÉTÉ D'ACQUÊTS. Voyez Acquêts.

SŒURS GERMAINES. Leurs maris concourent sans égard au nombre, à la composition du conseil de famille pour la nomination d'un tuteur, 408. Voyez Frères et Sœurs.

SOINS (les) donnés à un individu, dans sa minorité ou pendant six ans au moins, donnent le droit d'exercer envers lui l'adoption, 345.

SOL (la propriété du) emporte celle du dessus et du dessous, 552 et suiv. Cas où l'usufruitier a ou n'a pas droit de jouir du sol, sur lequel existaient des bâtimens détruits par suite de vétusté, ou d'accidens, 624.

SOLDATS. Voyez Militaires.

SOLES (le bail de terres labourables divisée par soles, est censé fait pour autant d'années qu'il y a de) 1774.

SOLIDAIRE, (responsabilité) de la mère tutrice qui se remarie, et de son second mari, 395 et 396.

SOLIDARITÉ : nature et effet des obligations solidaires, 1197 et suiv. La solidarité stipulée ne donne point à l'obligation le caractère d'indivisibilité, 1219. Chacun des obligés à une dette indivisible, est tenu pour le tout, quoique l'obligation ne soit pas solidaire, 1222. Effet de la novation à l'égard des débiteurs solidaires, 1280.

Effet de la remise de la dette, des titres relativement aux coobligés ou débiteurs solidaires, 1284; de la compensation à l'égard des codébiteurs solidaires, 1204; de la confusion à l'égard des coobligées solidaires, 1301 ; du serment décisoire, à l'égard des créanciers et codébiteurs solidaires, 1365 ; de l'obligation et de la vente solidaire, souscrites par le mari et la femme qui sont en communauté, 1431 et 1432.

Le défaut d'inventaire rend le subrogé tuteur solidairement responsable des condamnations prononcées au profit du mineur, 1442. Effet de l'obligation solidaire d'une femme pour une dette de communauté, 1487. Cas où la solidarité a lieu entre plusieurs mandataires établis par le même acte, 1995. Voyez Mandataires.

SOLIVES, (placement de) qui peut avoir lieu dans l'épaisseur du mur mitoyen, 657.

SOLVABILITÉ d'une caution : comment elle s'estime. Voyez Caution. Dans quel cas le vendeur d'une créance répond de la solvabilité du débiteur. Voyez Transport.

SOMMATION. Les intérêts de ce qui est dû au tuteur par le mineur, ne courent que du jour de la sommation de payer, 474. Cas où le débiteur doit être mis en demeure par une sommation, 1139. Cas où le créancier doit être sommé de retirer la consignation déposée, 1259. Sommation qui doit précéder la consignation et le dépôt, 1259 et 1264.

Lorsque l'acheteur a été sommé de payer le capital, il en doit l'intérêt du jour de la sommation, 1652. Ce que le nouveau propriétaire, qui veut se garantir de l'effet des poursuites, doit notifier aux créanciers dans le mois de la première sommation, 2185. Sommation en matière d'hypothèques. Voyez Hypothèques ; respectueuses. Voyez Actes respectueux.

SOMMES en argent. Voyez Argent.

SORT, (en matière de partage d'une succession, les lots sont tirés au) 466 et 854.

SOUCHE (en matière de succession, le partage s'opère par), 743. Les enfans ou leurs descendant succèdent par souche, 745. Les règles établies pour la division des masses à partager, sont également observées dans la subdivision à faire entre les souches copartageantes, 836.

SOULTE, (récompense due à l'époux lorsque l'échange de l'immeuble qui lui appartenait, a donné lieu à une) 1407. Voyez *Retour*. Règles applicables aux soultes du partage des biens de la communauté entre époux, 1476. Soulte de lots en matière de privilèges. Voyez *Privilèges*.

SOUPÇONS de mort violente. Voyez *Etat civil.*

SOURCE. Voyez *Eaux.*

SOURD-MUET. (le) qui sait écrire peut accepter les dons et legs qui lui sont faits : sinon l'acceptation est faite par un curateur, 936.

SOUS-LOCATAIRES.Voyez *Baux.*

SOUSSIGNATURES PRIVÉES, (actes) Voyez *Actes sous seing-privé.*

SOUTERRAIN, (cas où le droit du propriétaire ne nuit pas à la propriété acquise par un tiers d'un) sous le bâtiment d'autrui, 553.

STATUTS, (cas où les) sont immeubles, 525. Cas où elles sont au nombre des meubles meublans, 534.

STATUTS locaux : (l'association des époux ne peut plus être soumise à des) 1390. Abrogation de ces statuts, *ibid.*

STELLIONAT, (la contrainte par corps a lieu pour le) Voyez *Contrainte par corps.*

STIPULATIONS. Voyez *Contrats* et *Conventions.*

SUBROGATION. Cas où le tiers qui acquite l'obligation n'est pas subrogé aux droits du créancier, 1237. Règles et effets du paiement avec subrogation, 1249. L'immeuble changé contre celui de l'époux en communauté, est subrogé au lieu et place de ce dernier immeuble, 1407. Lorsque la subrogation ne peut plus, par le fait du créancier, s'opérer en faveur de la caution, celle-ci est déchargée, 2037.

SUBROGÉ tuteur : le curateur au ventre devient le subrogé tuteur de l'enfant aussitôt sa naissance, 393. Par qui est nommé le subrogé tuteur, 420. Ce que doit faire le tuteur avant d'entrer en fonctions, 421. A quelle époque a lieu la nomination du subrogé tuteur, 422. Dans quelle ligne il est pris, 423. Sous quelle peine il doit provoquer la nomination d'un nouveau tuteur, lorsque la tutelle est vacante, 424.

A quelle époque cessent les fonctions du subrogé tuteur, 425. En quoi elles consistent, 446, 448, 450 et suiv. et 453.

Il est nommé un subrogé tuteur à l'interdit, 505. Responsabilité du subrogé tuteur qui n'a point obligé le survivant des époux à faire inventaire, 1442. Subrogé tuteur en matière d'hypothèques. Voyez *Hypothèques.*

SUBSISTANCE. Voyez *Alimens* et *Pension alimentaire.*

SUBSTITUÉ. (cas où le mandataire répond de son) Voyez *Mandataire.*

SUBSTITUTION (les) sont prohibées, 896 et 897. La disposition par laquelle un tiers serait appelé à recueillir un don ou un legs, dans le cas où le donataire, l'héritier institué ou le légataire ne le recueilleraient pas, ne sera pas regardé comme une substitution, 898. Voyez l'article *Grevé de restitution.*

SUBSTITUTION de la dette (la) donne lieu à la novation, 1271.

SUBSTITUTS (les) du commissaire près le tribunal de cassation, sont dispensés de la tutelle, 427. Les substituts en général ne peuvent devenir cessionnaires des procès de la compétence de leur tribunal, 1597.

SUCCESSIONS : celles des condamnés à des peines emportant mort civile, sont ouvertes au profit de leurs héritiers, 25 et suiv. Il ne peut en être recueilli par le condamné à la mort civile, *ibid.* Le lieu où la succession s'ouvre, est déterminé par le domicile, 110. La succession de l'absent est ouverte du jour de son décès prouvé, 130 et suiv. Voyez *Absens.* Aucuns droits de successibilité ne peuvent être acquis, par l'adopté, sur les biens des parens de l'adoptant, mais ses droits sont les mêmes que ceux de l'enfant né en mariage, 350.

Les successions des adoptés morts sans postérité sont recueillies par les adoptans, 351 et 352. Un tuteur ne peut accepter ni répudier une succession échue au mineur sans autorisation, 461. Dans le cas où celle répudiée au nom du mineur, n'est pas acceptée par un autre, elle peut être reprise par le tuteur ou par le mineur devenu majeur, 462. Les successions abandonnées appartiennent à la nation, 539.

Des différentes manières dont on acquiert la propriété, 711 à 717. Des ouvertures des successions et de la saisine des héritiers, 718 à 724. Des qualités requises pour succéder, 725 à 730. Des divers ordres de successions, 731 à 738. De la représentation, 739 à 744. Des successions déférées aux descendans, 745. Des successions déférées aux ascendans, 746 à 749. Des successions collatérales, 750 à 755.

Des droits des enfans naturels sur les biens de leur père ou mère, et de la succession aux enfans naturels décédés sans postérité, 756 à

766, Des droits du conjoint survivant et de la République, 767 à 773. De l'acceptation et de la répudiation des successions, 774 à 783. De la renonciation aux successions, 784 à 792. Du bénéfice d'inventaire, de ses effets et des obligations de l'héritier bénéficiaire, 793 à 810.

Des successions vacantes, 811 à 814. De l'action en partage et de sa forme, 815 à 842. Des rapports, 843 à 869. Du paiement des dettes, 870 à 882. Des effets du partage et de la garantie des lots, 883 à 886. De la rescision en matière de partage, 887 à 892.

On ne peut renoncer à une succession non ouverte, ni faire aucune stipulation sur une pareille succession, 1130. L'héritier bénéficiaire est subrogé de plein droit aux créanciers de la succession qu'il solde, 1251. Effet des conventions des incapables, relativement au partage d'une succession, 1514. Effet de la preuve testimoniale à l'égard de la demande de choses provenantes de diverses successions, 1545.

Les époux ne peuvent faire, dans le contrat de mariage, de renonciation dont l'objet serait de changer l'ordre légal des successions, 1389. Objets provenans de successions qui entrent ou non dans l'actif de la communauté entre époux, 1401 et suiv. Mode et effet de l'extinction des dettes dépendant des successions échues aux époux en communauté, 1409 et suiv. Effet de l'insolvabilité du mari relativement au rapport à la succession du père de sa femme, de la dot constituée à cette dernière, 1573.

N'entrent dans la société de tous biens présens, que pour la jouissance, ceux qui peuvent avenir aux associés par succession, 1837. Est nulle l'inscription faite depuis l'ouverture d'une succession, 2146. La prescription court contre une succession vacante, 2258. Charges de la succession vendue. Voyez *Charges.* Dettes de la succession vendue. Voyez *Transport.* La succession d'une personne vivante ne peut être vendue. Voyez *Vente.*

SUPÉRIEURS d'établissemens publics. Voyez *Etablissemens publics.*

SUPPLÉANS des juges. Voyez *Juges.*

SUPPLÉMENT de prix d'un objet vendu. Voyez *Délivrance.*

SUPPLÉMENT d'hypothèque. (cas où le créancier peut obtenir un) Voyez *Hypothèques.*

SUPPRESSION d'état, (l'action criminelle contre un délit de) ne peut commencer qu'après le jugement définitif sur la question d'état, 327.

SÛRETÉ (les lois de) obligent tous ceux qui habitent le territoire, 3.

SURFACE. Voyez *Sol.*

SURPRISE (causes et effet de la) sur le consentement donné aux conventions et obligations, 1109 et suiv.

SURSIS : cas où les juges peuvent surseoir à l'exécution des poursuites contre le débiteur, 1244.

SURVEILLANCE en matière de succession : les actes purement de surveillance ne sont pas des actes d'adition d'hérédité, 779.

SURVEILLANCE des enfans des absens et des époux divorcés. Voyez *Absens et Divorce.*

SURVIE. Si plusieurs personnes périssent dans un même événement, la présomption de survie se détermine par les circonstances du fait ou par la force de l'âge ou du sexe, 720. Voyez *Succession.* Cas où toute donation entre-vifs des biens présens, faite entre époux par contrat de mariage, n'est point censée faite sous la condition de survie du donataire, 1092. Cas où la femme peut ou non exercer ses droits de survie, 1452.

SURVIVANT des époux, (on ne peut déroger par le contrat de mariage aux droits conférés au) 1388. Voyez *Epoux, Mariage* et *Tutelle.*

SUSCRIPTION : (l'acte de) celui par lequel un testateur déclare que son testament est de lui, sera dressé par un notaire, 976.

SUSPENSION (effet de la condition résolutoire relativement à la) de l'exécution de l'obligation, 1183. Le terme ne suspend point l'engagement, il n'en retarde que l'exécution, 1186. Cas de suspension de l'exécution des actes authentiques, 1319.

SUSPENSIVE. (condition) Voyez *Contrat.*

SYNALLAGMATIQUE : (contrat) ce qui le constitue, 1102. Cas où la condition résolutoire est sous-entendue dans le contrat synallagmatique, 1184. Forme et effet des actes sous signature privée, contenant des conventions synallagmatiques, 1325.

T.

TABLES sont du nombre des meubles meublans, 534.

TABLEAUX, (cas où les) sont immeubles ou meubles, 525 et 534. Conditions sous lesquelles l'usufruitier ou ses héritiers peut faire lever les tableaux qu'il aurait fait placer, 599. Collection de tableaux. Voyez *Collection.*

TABLETTES de cheminées, (sont réparations locatives, celles à faire aux) 1754.

TACITE. (réconduction) Voyez *Réconduction.*

TAILLES (les) corélatives à leurs échantillons font foi des fournitures qui y sont indiquées, 1333.

Table du Code civil.   13

TANTE et oncle. Voyez *Oncle* et *Tante*

TAPISSERIES entrent dans la désignation de meubles meublans, 534.

TAROETTES, (sont réparations locatives celles à faire aux) 1754.

TAUX auquel une rente viagère peut être constituée, 1976.

TÉMOINS, (les condamnés à mort civile ne peuvent être) 25. Ceux produits aux actes de l'état civil ne peuvent être que du sexe masculin, 37. Ils certifient la perte ou la non existence des registres de l'état civil, 46. Les actes de naissance sont rédigés en présence de deux témoins, 56 et 57.

Ils sont requis au nombre de sept, dans les actes de notoriété prescrits pour suppléer les actes de naissance, 71. Au nombre de quatre dans les actes de célébration des mariages, 75 et 76. Au nombre de deux dans les actes de décès, 78, 79 et suiv. Au nombre de trois dans les actes de décès relatifs à des militaires ou employés de l'armée, 96. Le demandeur en divorce nomme les témoins qu'il se propose de faire entendre, 242. Le défendeur propose ou fait proposer ses observations sur cette nomination, et nomme les siens, 243.

Les parties peuvent en désigner d'autres et proposer leurs reproches respectifs contre ceux qu'elles veulent écarter, 249 et 250. Les parens, à l'exception des enfans et descendans, et les domestiques ne sont pas reprochables, 251. Tout jugement en matière de divorce, qui admet une preuve testimoniale, dénomme les témoins, 252. Leurs dépositions sont reçues par le tribunal à huis clos, 253.

Les parties peuvent leur faire telles observations et interpellations qu'elles jugent à propos, *ibid*. Il leur est donné lecture du procès-verbal de leurs dépositions, *ibid*. Si le défendeur n'a pas produit de témoins, le tribunal renvoie les parties à l'audience publique, 256.

La preuve de filiation peut se faire par témoins, 323. L'enfant qui réclame sa mère est tenu de prouver ses droits par témoins, 341. En matière d'interdiction, ceux qui la poursuivent présentent les témoins, 493. Ceux requis pour les testamens, 971 et suiv. 980 et 988. Cas où la preuve de l'existence d'un acte par témoins peut être admise, 1336. Voyez *Preuve.*

TERME (cas où l'échéance du) met le débiteur en demeure, 1139. Influ... ... dans l'interprétation des conventi...s, ...suiv. Le terme de grâce n'est point un obstacle à la compensation, 1291. Le bail cesse de plein droit à l'expiration du terme fixé, 1757. Le prêteur ne peut redemander la chose avant le terme

convenu, 1899. Cas où le juge peut fixer à l'emprunteur un terme pour le paiement, 1901.

La caution peut exercer son action en indemnité contre le débiteur au bout de dix ans, lorsque l'obligation n'a pas de terme fixe d'échéance, 2032. Obligations à terme. Voyez *Contrats* ... *Délais.*

TESTAMENS. Les personnes mortes civilement ne peuvent tester, 25. Par qui peut être requise l'ouverture du testament d'un absent, 123. La femme peut tester sans l'autorisation de son mari, 226. Cas où l'adoption conférée par testament est valable, 366. Les pères et mères n'ont aucuns droits sur les biens légués à leurs enfans, 387. La nomination du conseil de tutelle peut être faite par testament, 392.

Définition du testament, 895. Condition requise pour faire un testament, 901. Fixation de la portion de biens disponible, 913. Réduction des dispositions qui excèdent la quotité disponible, 920. Comment on peut disposer par testament, 967. Le testament ne peut contenir que les dispositions d'une seule personne, 968. Ses différentes formes, 969.

Formalités requises pour la validité du testament olographe, 970. Ce que c'est qu'un testament par acte public, 971. Formalités à observer dans un testament reçu soit par deux notaires, soit par un seul, 972 et suiv. Désignation des personnes qui ne peuvent être prises pour témoins du testament par acte public, 97...

Formalités à remplir de la part du tuteur qui veut faire un testament mystique ou serret, 976 et 977. Qui sont ceux qui ne peuvent faire de testament mystique, 978. Sous quelle condition le testateur qui ne peut parler, mais qui peut écrire, a la faculté de faire un testament mystique, 979. Conditions exigées des témoins appelés pour un testament, 980.

Forme des testamens des militaires et employés dans les armées, hors du territoire de la République, 981. De ceux faits dans un lieu avec lequel toute communication est interceptée, à cause de maladie contagieuse, 985. Délai pendant lequel la disposition ci-dessus a lieu, après lequel elle est nulle, 986 et 987. Forme des testamens faits sur mer dans le cours d'un voyage, 988 et suiv.

Comment un français qui se trouve en pays étranger, peut faire son testament, 999. Formalités prescrites pour la mise à exécution des testamens faits en pays étrangers, 1000. Cause de nullité des testamens, 1001. Institution d'héritier et des legs en général, 1002. Mode de révocation des testamens, 1035. Ses effets, 1037.

Dispositions annullées par les testamens postérieurs qui ne révoquent pas d'une manière expresse les précédens, 1036. Effet de l'aliénation faite par le testateur de tout, ou partie de la chose léguée, 1038. Causes de caducité des dispositions testamentaires, 1039, 1040, 1042 et 1043.

Effet de la condition qui ne fait que suspendre l'exécution de la disposition testamentaire, 1041. Cas où il y a accroissement au profit des légataires, et où le legs est fait *conjointement*, 1044 et 1045. Causes de révocation des dispositions testamentaires, 1046. Dans quel délai doit être intentée la demande en révocation fondée sur une injure grave faite à la mémoire du testateur, 1047. Dispositions permises de la part des père et mère en faveur de leurs enfans à charge de restitution, 1048. Voyez *Grevés de restitution.*

Les père, mère et autres ascendans peuvent faire le partage de leurs biens, entre leurs enfans et descendans, 1075. Une rente viagère peut être constituée, à titre purement gratuit, par testament, 1969.

TESTIMONIALE. (Preuve) Voyez *Preuve.*

TÎTRE (partage par) des membres de la même branche, 743. Des enfans ou leurs descendans, 745. Des ascendans au même degré, 746. Des parens collatéraux, s'il y a concours, 753.

TIERS : toute disposition entre-vifs ou testamentaire qui charge de conserver et de vendre à un tiers, est nulle, 896. Le droit du propriétaire ne préjudicie point à la propriété acquise par un tiers par prescription, soit d'un souterrain ou autre partie de bâtiment, 553. Effet de la faculté qu'a le propriétaire d'obliger le tiers qui a fait des constructions et plantations de les enlever ou de les retenir, 555.

Cas où le propriétaire ne peut demander au tiers la suppression des ouvrages et constructions faites sur son fonds, et remboursemens qu'il doit lui faire, *ibid.* Nullité du consentement donné par la violence d'un tiers étranger à la convention, 1111. Cas où on peut se porter fort ou stipuler pour un tiers, et effets de l'obligation ou de la condition qui en résulte, 1119 et suiv. Effet des conventions à l'égard des tiers, 1165 et suiv. Cas où ils peuvent éteindre l'obligation par le paiement, 1236 et suiv. Règles et effets du paiement avec subrogation à l'égard d'un tiers, 1249.

La compensation des droits acquis à un tiers, n'a pas lieu, 1298 et 1299. Les contre-lettres n'ont point d'effet contre les tiers, 1321. Effet de la date des actes sous seing-privé à l'égard d'un tiers, 1328. Cas où une rente viagère peut être constituée au profit d'un tiers, 1973. Le gage peut être donné par un tiers. Voyez *Gage.* Transport d'une action sur un tiers. Voyez *Transport.* Association d'un tiers à la société. Voyez *Société.* Vente faite par un tiers ou à un tiers. Voyez *Vente.*

TIERS détenteurs : droits à exercer par le donateur contre les tiers détenteurs, 954. Formalités et conditions prescrites aux tiers détenteurs pour purger les biens par eux acquis de tous priviléges et hypothèques, 2180. Voyez *Hypothèques.*

TIERS possesseur (droits du) dans le cas où l'action en rescision est admise. Voyez *Rescision.*

TIERS privilégiés, (de quelle époque date l'hypothèque à l'égard des) 2113.

TIMBRE : les états de situation de la gestion d'un tuteur, n'y sont pas assujettis, 470. Tous les registres des conservateurs des hypothèques, doivent être en papier timbré, 2201.

TIRAGE au sort en matière de partage de succession, (les lots sont distribués par la voie du) 834.

TITRES relatifs à la possession d'état, 322 et suiv. Servitudes qui s'établissent par titres, 690. Effet de ces titres, 694 et suiv. Droits qu'ils donnent au propriétaire du fonds à qui la servitude est due, 698 et suiv. Effet de la remise des titres, quant au paiement de la dette, 1282. Notes au dos des titres, qui peuvent justifier la libération du débiteur, 1552.

Foi due aux titres, et preuve qui en résulte, 1334 et suiv. Cas où les titres peuvent suppléer l'inventaire que le mari est tenu de faire faire des successions échues aux époux en communauté, 1415. Les titres découverts postérieurement à la transaction ne sont pas une cause de rescision, 2057.

La remise des titres opère la délivrance de l'immeuble vendu. Voyez *Délivrance.* On ne peut prescrire contre son titre. Voyez *Prescription.*

TITRE authentique (nature, forme et effet du) 1317. La vente forcée d'un immeuble ne peut être poursuivie qu'en vertu d'un titre authentique et exécutoire, 2213.

TITRE exécutoire en matière de succession. Celui contre le défunt l'est pareillement contre l'héritier personnellement, 877.

TITRE purement gratuit. (rente viagère à) Voyez *Rente viagère.*

TITRE nul, (l'action en rescision a lieu contre toute transaction faite en exécution d'un) 2054.

TITRE onéreux. (rente viagère à) Voyez *Rente viagère.*

TITRE primordial ; son effet, 1557.

TITRE translatif de propriété, (le possesseur d'une chose qui ne lui appartient pas, est de bonne foi, quand il possède en vertu d'un) dont il ignore les vices, 550. Les îles, îlots et atterrissemens formés dans les fleuves et rivières, appartiennent à la nation, s'il n'y a titre contraire, 560. A qui doivent être remis les titres primordiaux, 842.

TOITS (propriétaires à la charge desquels sont les) d'une maison à diverse étages, et appartenant à des personnes différentes, 664. Forme de leurs égouts, 681.

TOISON, (ce que le bailleur et le preneur du cheptel à colon partiaire peuvent stipuler, au sujet de la) 1827.

TOLÉRANCE (actes de simple) ne peuvent fonder ni possession, ni prescription, 2232.

TONNES : cas où elles sont immeubles, 524.

TONTE, (le bailleur du cheptel doit être prévenu de la) 1814.

TOTALITÉ des biens : l'enfant naturel y a droit, lorsque ses père et mère ne laissent pas de parens au degré successible, 758. A défaut d'ascendans et de descendans, les libéralités par actes entre-vifs ou testamentaires peuvent épuiser la totalité des biens, 916.

TOURBIÈRES dont l'usufruitier ne peut jouir, 598.

TRADITION réelle ou feinte : le dépôt n'est fait que par la tradition réelle ou feinte de l'objet déposé, 1919.

TRAITÉ (tout) qui peut intervenir entre le tuteur et le mineur devenu majeur est nul, s'il n'a été précédé d'un compte de tutelle détaillé, 472.

TRAITEURS. Leur action à raison de la nourriture qu'ils fournissent, se prescrit par six mois, 2271.

TRANSACTIONS permises aux époux qui divorcent par consentement mutuel, 279. Le tuteur ne peut transiger au nom du mineur sans autorisation du conseil de famille, homologuée par le tribunal civil, 467. En rejettant une demande en interdiction, le tribunal peut néanmoins ordonner que le défendeur ne pourra désormais transiger, 499. Une transaction faite sur les difficultés que présente un acte de partage, est sujette à l'action en rescision ; exception à cet égard, 888. Voyez *Rescision.*

Définition des transactions, et manière de les rédiger ; 2044. Conditions sans lesquelles on ne peut transiger, 2045. Choses sur lesquelles on peut transiger, 2046. Les transactions n'empêchent pas la poursuite du ministère public, *ibid.,* Choses qu'on y peut stipuler, 2047. Elles se renferment dans leur objet, 2048. Dans tous les cas elles ne règlent que les différends qui s'y trouvent compris, 2049. Celui qui a transigé sur un droit qu'il a de son chef, n'est point lié, quant aux droits acquis postérieurement à la transaction, 2050.

Celle qui est faite par un des intéressés ne lie pas les autres intéressés, 2051. Elle a, entre les parties, l'autorité d'une chose jugée en dernier ressort ; elle ne peut être attaquée pour cause d'erreur de droit, ou pour lésion, 2052. Cas où elle peut être rescindée, 2053 et 2054. Exceptions à ces dispositions, 2057. Cas où elle est nulle, 2055, 2056 et 2057. Exception à ces dispositions, 2056. L'erreur de calcul doit être réparée, 2058.

TRANSCRIPTION : celle des actes contenant donation doit être faite au bureau des hypothèques, 939. A la diligence du mari, lorsque les biens donnés à sa femme, et à la diligence du tuteur lorsqu'ils sont donnés au mineur, 940. Le défaut de transcription peut être opposé par toutes personnes ayant intérêt, 941. Les mineurs, les interdits, les femmes mariées ne sont point restitués contre le défaut de transcription des donations, 942.

Les dispositions par actes entre-vifs ou testamentaires sont rendus publiques par la transcription, 1069. Le défaut de cette formalité peut être opposé par les créanciers, 1070. Il ne peut être suppléé, ni regardé comme ouvert, par la connaissance que les créanciers, ou les tiers acquéreurs peuvent avoir eue de la disposition, par d'autres voies que celle de la transcription, 1071.

Les donataires ou légataires ne peuvent opposer aux appelés à recueillir, le défaut de transcription, 1072. Le vendeur conserve son privilège par la transcription du contrat de vente, 2108. Frais de transcription, en matière d'hypothèques. Voyez *Hypothèques.*

TRANSCRIPTION sur les registres publics. Voyez *Registres publics.*

TRANSLATION de domicile. Voyez *Domicile.*

TRANSMISSION de propriété. Voyez *Propriété.*

TRANSPORT de droits successifs (le) emporte acceptation de la succession, 780.

TRANSPORT de créances et autres droits incorporels. Comment s'opère la délivrance entre le cédant et le cessionnaire, 1689. Cas où le cessionnaire est saisi à l'égard des tiers, 1690. Cas où le débiteur est valablement libéré pour

raison de transport, 1691. La vente ou cession d'une créance en comprend les accessoires, 1692. Dans tous les cas, le vendeur d'un droit incorporel doit en garantir l'existence au temps du transport, 1693.

Dans quel cas, et jusqu'à quelle concurrence il répond de la solvabilité du débiteur, 1694. Quelles sont les bornes de la solvabilité du débiteur, dans le cas où elle a été garantie, 1695. Cas où celui qui vend une hérédité, n'est tenu de garantir que sa qualité d'héritier, 1696.

Obligations du vendeur, à l'égard de l'acquéreur, 1697 ; de l'acquéreur envers le vendeur, 1698. Comment celui contre lequel on a cédé un droit litigieux, peut s'en faire tenir quitte par le cessionnaire, 1699. Cas où cette disposition cesse, 1701. Une chose est censée litigieuse, lorsqu'il y a procès et contestation sur le fond du droit, 1700. Acceptation du transport. Voyez *Acceptation.* Transport d'une action. Voyez *Action.* D'une créance. Voyez *Créance.* Frais de transport. Voyez *Frais.*

TRAVAIL. (gens de) Voyez *Gens.*

TRAVAUX, (frais de) à la charge du propriétaire qui veut jouir des fruits qu'ils ont produits sur sa chose, 548.

TRENTENAIRE, (prescription) 2262.

TRÉSOR (la propriété d'un) appartient en totalité à celui qui le trouve dans son propre fonds, et pour moitié à celui qui l'a découvert dans le fonds d'autrui, 716. L'usufruitier n'a aucun droit sur le trésor caché qui serait découvert pendant la durée de l'usufruit, 598.

TRÉSOR public ne peut obtenir de privilège au préjudice des droits antérieurement acquis à des tiers. Voyez *Privilèges.*

TRIBUNAL de cassation (le) connaît des jugemens en matière de divorce : le pourvoi est suspensif, 263. Les juges, le commissaire et les substituts sont dispensés de la tutelle, 427.

TRIBUNAUX d'appel : la connaissance leur est attribuée des jugemens relatifs aux actes de l'état civil, 54 et 99. Au divorce, au mariage, 178, 263, 293. Ils confirment en audience publique les jugemens qui admettent ou rejettent l'adoption, 357, 358. Les présidens peuvent révoquer ou modifier l'ordre de détention d'un fils de famille requise par ses parens, 382.

Le tribunal connaît des jugemens relatifs à la destitution de la tutelle, 448. En cas d'appel d'un jugement d'interdiction, le tribunal peut interroger l'interdit, 500. Son jugement ne peut être rendu que sur les conclusions du commissaire du Gouvernement, 515.

TRIBUNAUX de première instance (les) nomment un curateur spécial au condamné mort civilement, qui procède en justice, 25. Le président, ou le juge qui le remplace, cote et paraphe les registres de l'état civil, 41. Le double de ces registres est déposé au greffe, 43 et 44. Les extraits sont légalisés par le président, 45.

Toute contravention aux formalités prescrites pour les actes de l'état civil, est poursuivie devant le tribunal, et punie d'une amende, 50 et suiv. Il donne ou refuse son homologation aux actes de notoriété, 72. Il statue sur la rectification des actes de l'état civil, 99.

Il pourvoit à l'administration des biens d'un absent, ordonne une enquête pour constater l'absence, et statue sur la déclaration d'absence, l'administration des biens, l'envoi en possession provisoire ou définitif, l'inventaire, le partage, la vente, etc. 112 et suiv. Il prononce sur la demande en main-levée des oppositions au mariage, 174 et 177.

Il statue sur les demandes relatives aux pensions alimentaires dues par les enfans à leurs pères et mères, et réciproquement, 210 et 211. Au refus du mari, il autorise la femme à ester en jugement, à contracter, 218, 219, 221 et 222. Les demandes en divorce ne peuvent être formées qu'au tribunal de première instance : il ordonne les enquêtes, fait comparaître les parties, et prononce sur l'admission du divorce, 254 et suiv.

Il est seul compétent pour statuer sur les réclamations d'état, 326. Il homologue les actes de consentement respectif pour l'adoption, et sans aucune forme de procédure prononce : *il y a lieu* ou *il n'y a pas lieu à l'adoption,* 354 et suiv. Le président du tribunal, sur la demande des père et mère, ou des tuteurs, délivre l'ordre d'arrestation d'un mineur, 376.

Le tribunal est juge des excuses proposées pour refuser la tutelle, 440 ; de la délibération du conseil de famille qui destitue un tuteur, 448. Il homologue les délibérations qui autorisent le tuteur à emprunter, aliéner ou hypothéquer pour son mineur, 458.

Il nomme des experts pour l'estimation des biens dont le partage a lieu avec un mineur, et le président reçoit leur serment, 466. Son homologation est nécessaire pour valider les transactions faites au nom d'un mineur, 467 ; les emprunts faits par un mineur émancipé, 483. Il réduit, en cas d'excès, les obligations contractées par ce mineur, 484.

Toute demande en interdiction lui est portée, et il prononce après avoir interrogé l'individu contre lequel la demande est dirigée, 492 et

suiv. Il homologue l'avis du conseil de famille qui statue sur les conventions matrimoniales de l'enfant de l'interdit, 511.

Il nomme un conseil au prodigue, 513. Il statue sur les demandes d'envoi en possession d'une succession échue, soit à un conjoint survivant, soit à la République lorsqu'il n'y a point de parens successibles, 770. La renonciation à une succession se fait au greffe du tribunal sur un registre tenu à cet effet, 784; la déclaration d'acceptation sous bénéfice d'inventaire se fait de même, 793.

Le tribunal accorde ou refuse les délais demandés par l'héritier bénéficiaire, 798 et 800. Il nomme le curateur à une succession vacante, 812. Il connaît des actions en partage, des licitations, garantie de lots et rescision, 822. Tout testament olographe ou mystique, avant d'être mis à exécution, est ouvert par le président qui en dresse procès-verbal et en ordonne le dépôt entre les mains d'un notaire par lui commis, 1007.

TRIBUNAUX en général : règles prescrites aux juges à l'égard du droit d'accession, relatif aux choses mobilières, 566. Cas où les juges peuvent ordonner le délaissement de certains meubles à l'usufruitier qui n'a pas fourni caution, 603. Cas où ils peuvent prononcer l'extinction de l'usufruit, ou prescrire des obligations au propriétaire du fonds sujet à l'usufruit, en faveur de l'usufruitier, 618.

Dans les contestations relatives aux cours d'eau, les juges doivent concilier l'intérêt de l'agriculture avec le respect dû à la propriété, 645. Cas où ils peuvent modifier l'effet de la clause pénale, résultante d'une obligation, 1231; accorder des délais au débiteur et surseoir aux poursuites, 1244. Il n'est pas nécessaire pour la validité de la consignation qu'elle soit autorisée par le juge, 1259. Les tribunaux peuvent suspendre l'exécution des titres authentiques argués de faux, 1319. Cas où ils peuvent ou non déférer le serment d'office, 1366.

Les séparations de biens doivent être affichées dans les salles des tribunaux de commerce et de première instance, 1445. Prorogation de délai que la femme survivante peut demander aux tribunaux pour faire sa renonciation à la communauté, 1458. Permission de justice requise pour l'aliénation et l'échange de l'immeuble dotal, 1558 et 1559. Voyez les articles, *Appel*, *Greffes* et *Juges*.

TRIBUNS (les) sont dispensés de la tutelle, 427.

TROUBLE en matière de vente faite à pacte de rachat. Voyez *Acheteur*. Celui apporté à la jouissance de la chose louée. Voyez *Baux*.

TROUPEAU (responsabilité de l'usufruitier relativement à la perte de tout ou partie du) sujet à l'usufruit, 616.

TUMULTE, (le commencement de preuve s'applique aux dépôts faits dans les cas de) 1348.

TUTELLE et tuteur : le condamné à des peines emportant mort civile, ne peut être nommé tuteur, ni concourir aux opérations relatives à la tutelle, 25. Six mois après la disparition d'un père, si la mère est décédée, il est nommé un tuteur provisoire aux enfans, 142. L'enfant naturel non reconnu, ou dont les père et mère sont morts, ne peut se marier qu'avec le consentement d'un tuteur *ad hoc*, 159. Le tuteur ne peut former opposition au mariage de son pupille, qu'en vertu de l'autorisation du conseil de famille qu'il peut convoquer, 175. Dans le cas de désaveu d'un enfant de la part d'un mari ou de ses héritiers, l'action en justice est dirigée contre un tuteur *ad hoc* donné à l'enfant, 318.

De la tutelle des père et mère, 389 à 396; de la tutelle déférée par le père ou la mère, 397 à 401; de la tutelle des ascendans, 402 à 404; de la tutelle déférée par le conseil de famille, 405 à 419; du subrogé tuteur, 420 à 426; des causes qui dispensent de la tutelle, 427 à 441; de l'incapacité, des exclusions et destitutions de la tutelle, 442 à 449; de l'administration du tuteur, 450 à 468; des comptes de la tutelle, 469 à 475.

Il est pourvu à la nomination d'un tuteur et d'un subrogé tuteur à l'interdit, 505. Le tuteur exerce l'action en partage d'après l'autorisation du conseil de famille, 817. Il requiert l'apposition des scellés et l'inventaire, 819. Le mineur ne peut, même par testament, disposer au profit de son tuteur : il le peut, à sa majorité, si le compte de tutelle est apuré, 907. Sont exceptés les ascendans qui sont ou ont été ses tuteurs, *ibid.*

Le tuteur accepte la donation faite à son pupille, 935. Il est tenu sous sa responsabilité, de la faire transcrire aux hypothèques, 939, 940 et 942. Le testateur qui dispose à charge de restitution, peut nommer un tuteur pour l'exécution de ses dispositions, 1055.

La fonction de tuteur, qui ne peut être refusée, est un engagement involontaire, 1370. On ne peut déroger, par le contrat de mariage, aux droits conférés au survivant des époux par les titres de la tutelle, 1388. Cas où le tuteur est garant envers l'un des époux, des dettes qu'il a acquittées à la décharge de l'autre, 1513. Il ne peut se rendre adjudicataire des biens, dont il a la tutelle, 1596. Comment il peut

nsiger pour et avec le mineur ou l'interdit, 945. Mode de purger les hypothèques sur les biens des tuteurs, quand il n'existe pas d'inscription. Voyez *Hypothèques.* Dépôt fait par un tuteur. Voyez *Dépôt.*

TUTEUR officieux. Voyez *Adoption.*

TUYAUX servant à la conduite des eaux, sont immeubles, 523.

U.

UNILATÉRAL : (contrat) cas où il a lieu, 103.

UNION : tout ce qui s'unit à la chose, appartient au propriétaire, 551. Effet du droit d'accession relativement à l'union de deux choses formant un tout et appartenant à deux maîtres différens, 566 et suiv.

UNION des époux. Voyez *Mariage.*

URBAINES, (nature et effet des servitudes) 87.

USAGE, (choses susceptibles d'être consommées et dont l'usufruitier a droit de faire) à la charge d'en rendre pareille quantité ou valeur, 87. Règles sur la jouissance des droits d'usage t habitation, 625. Le simple usage d'une chose peut être l'objet d'un contrat, 1127. Voyez l'article *Eau.*

USAGES (effet des) relativement à la mitoyenneté d'un mur, 663. Obligation de se conformer aux usages, relativement à la distance et à des ouvrages intermédiaires requis pour certaines constructions entre voisins, 674.

USAGES locaux. Voyez *Statuts Locaux.* Influence de l'usage sur l'exécution des conventions, 135; sur l'interprétation des conventions, 1159.

USINES : les ustensiles nécessaires à leur exploitation sont immeubles, 524; celles qui sont meubles, 531; forme de leur saisie, *ibid.* Bail d'une usine. Voyez *Bail.*

USTENSILES aratoires (cas où les) sont immeubles, 524; ceux nécessaires à l'exploitation des forges, papeteries etc., sont immeubles, *ibid.* Le bail d'un bien rural peut être résilié, si le preneur ne le garnit pas des ustensiles nécessaires à son exploitation, 1766. Les sommes dues pour les ustensiles sont créances privilégiées sur le prix de ces ustensiles, 2102.

USUFRUIT. Celui des choses immobilières est immeuble, 526. Nature de l'usufruit, 578; droits de l'usufruitier, 582; ses obligations, 600; causes et effets de l'extinction de l'usufruit, 617. Il est permis au donateur de faire la réserve à son profit, ou de disposer au profit d'un autre

de l'usufruit des choses données, 949. Lorsqu'une donation est faite avec la réserve de ce droit, le donataire est tenu de prendre les effets donnés dans l'état où ils sont, 950.

Objets qui entrent comme usufruit dans la communauté entre époux, 1403. Cas où le mari est tenu des charges de l'usufruit, 1553. Cas où le mari ou ses héritiers doivent restituer le droit d'usufruit composant la dot, 1568. Le débiteur peut être exproprié de l'usufruit de ses immeubles, 2204.

USUFRUIT d'immeubles en matière d'hypothèques. Voyez *Immeuble.*

USUFRUITIER : le père jouissant des biens de ses enfans a les mêmes charges qu'un usufruitier, 385. Le mari est tenu, à l'égard des biens dotaux, des obligations de l'usufruitier, 1562. Le mari qui jouit des biens paraphernaux de la femme, est tenu des obligations de l'usufruitier, 1580. Usufruitier ne prescrit jamais, 2236. Voyez *Usufruit.*

USUFRUITIÈRES. (réparations) Voyez *Réparations.*

USURPATION dont est responsable l'usufruitier, 614; celles faites sur le fonds loué. Voyez *Baux.*

UTÉRINS (les parens) ne sont pas exclus des successions par les germains, 733 et suiv. En matière de partage ils prennent part chacun dans leur ligne seulement, 752.

UTILITÉ publique, (cas où on peut être contraint de céder sa propriété pour cause d') 545. La source qui fournit de l'eau aux habitans d'une commune ou village, ne peut être changé, 643. Nature et effet des servitudes établies pour l'utilité publique, 649 et suiv.

V.

VACANCE de succession. Voyez *Succession.* De tutelle. Voyez *Tutelle.*

VACANS. (biens) Voyez *Biens vacans.*

VAINE PATURE. (parcours et) Voyez *Parcours.*

VAISSEAUX : (naissance et décès sur les) mode de les constater, 59 et 86. De quelle manière sont reçus les testamens, 988.

VALEUR ESTIMATIVE, (cas où le créancier ne peut requérir l'inscription de l'hypothèque que jusqu'à concurrence d'une) 2132.

VALIDITÉ des testamens (la) est soutenue par les exécuteurs testamentaires, 1031. Règles sur la validité des paiemens, 1236. La validité, en matière de transaction, a lieu quand le juge-

ment rendu entre les parties est susceptible d'appel, 2056.

VALIDITÉ des conventions. Voyez *Contrats.*

VALIDITÉ ou invalidité des offres, consignation et dépôts. Voyez *ces mots en particulier.*

VEAUX (lorsqu'une ou plusieurs vaches sont données pour les loger et les nourrir , le bailleur n'a que le profit des) qui naissent, 1831. Voyez *Cheptel.*

VENDEUR (le) sous réserve d'usufruit , est dispensé de donner caution, 601. Voyez *Ventes.* Son privilége ne s'exerce qu'après celui du propriétaire, 2102. Il est créancier privilégié sur l'immeuble vendu, 2103. Voyez *Privilége.*

VENTES. Les tuteurs sont obligés de faire faire la vente des meubles des mineurs, 452. Les père et mère, tant qu'ils ont la jouissance des biens du mineur , sont dispensés de les faire vendre , 453. Le mineur émancipé ne peut vendre ses immeubles sans observer les formes prescrites au mineur non émancipé, 484. Ce que comprend la vente d'une maison meublée et celle d'une maison avec tout ce qui s'y trouve , 535 et 536.

Objets qui peuvent être vendus, et le prix de la vente placé, lorsque l'usufruitier ne fournit pas caution , 603. Effet de la vente des droits de la chose sujette à l'usufruit , 621. Les droits successifs emportent acceptation de la succession, 780. Formes prescrites pour la vente des effets, meubles et immeubles d'une succession , 796, 805, 806, 826, 827 et 1031.

Le prix des ventes d'objets provenans des successions vacantes est versé dans la caisse du receveur des domaines, 813. Désignation des ventes, qui peuvent donner lieu à l'action en rescision , 888 et 889. Ventes auxquelles font procéder les grevés de restitution , 1062. Celle que peuvent faire faire les créanciers des biens abandonnés par leur débiteur, 1269.

Effet de la bonne foi, relativement à la vente d'une chose reçue, et qui n'était pas due , 1380. Effet des ventes d'immeubles des époux, faites par eux ou l'un d'eux, 1432 et 1433. La vente peut être faite par acte authentique ou sous seing-privé , 1582. La propriété est acquise de droit à l'acheteur , à l'égard du vendeur , dès qu'on est convenu de la chose et du prix , 1583.

Différentes manières dont elle peut être faite, et comment se règle son effet, 1584. A quel préalable la vente des marchandises vendues à la mesure , au compte ou au poids est parfaite, et dans quel cas l'acheteur peut demander des dommages-intérêts , 1585. Cas où la vente des marchandises vendues en bloc est parfaite, 1586.

Conditions , sans lesquelles le vin , l'huile et autres marchandises qu'on est dans l'usage de goûter avant l'achat , ne sont pas censées vendues, 1587.

Ce que c'est qu'une vente faite à l'essai, 1588. Cas où la promesse de vente vaut vente , 1589. Si la promesse de vente faite avec des arrhes ne s'effectue pas , celui qui les a données les perd , et celui qui les a reçues restitue le double , 1590. Le prix de la vente doit être déterminé par les parties , 1591. Cas où il n'y a pas de vente, lorsque le prix de la chose vendue a été laissé à l'arbitrage d'un tiers , 1592.

A la charge de qui sont les frais d'acte et autres accessoires , 1593. Qui sont ceux qui peuvent acheter ou vendre , 1594. Cas où le contrat de vente peut avoir lieu entre époux, 1595. Qui sont ceux qui , sous peine de nullité , ne peuvent se rendre adjudicataires , ni par eux-mêmes , ni par personnes interposées , 1596. Qui sont ceux qui ne peuvent devenir cessionnaires des procès, droits et actions litigieux, 1597.

Tout ce qui est dans le commerce peut être vendu, 1598. La vente de la chose d'autrui est nulle. Cas où elle peut donner lieu à des dommages - intérêts en faveur de l'acheteur , 1599. On ne peut vendre la succession d'une personne vivante , 1600. Si au moment de la vente, la chose était périe en totalité , la vente est nulle. Si une partie seulement est périe , l'acquéreur a le choix d'abandonner la vente , ou de demander la partie conservée , dont le prix est déterminé par ventilation, 1601.

Tout pacte obscur ou ambigu s'interprète contre le vendeur , 1602. Obligation du vendeur, délivrance de l'objet vendu , 1603. Voyez *Délivrance.* La résolution du contrat de vente peut avoir lieu , par l'exercice de la faculté de rachat , et par la vileté du prix , 1658. Voyez *Rachat.* La vente d'un immeuble dont on n'est pas propriétaire rend coupable de stellionat , 2059. Voyez les mots *Aliénation , Cession* et *Hypothèques.*

VENTILATION, en matière de vente. Voyez *Vente.*

VENTRE. (curateur au) Voyez *Curateur au ventre.*

VERBAL. (bail) Voyez *Baux.*

VERBALEMENT. Le mandat peut être donné de cette manière, 1985.

VÉRIFICATION d'écritures : cas où elle a lieu , 1324; d'un ouvrage à plusieurs pièces. Voyez *Devis* et *Marchés.*

VÉRIFICATIONS FAITES EN JUGEMENT en matière d'hypothèque. Voyez *Reconnaissances.*

VÉTUSTÉ

VÉTUSTÉ (le propriétaire ni l'usufruitier ne sont tenus de rebâtir ce qui est tombé de) 607. Effet de l'écroulement par vétusté d'un bâtiment sujet à l'usufruit , 624. Les locataires ne sont pas tenus des réparations locatives occasionnées par vétusté , 1755.

VEUVES : règles et conditions relatives à leur acceptation ou renonciation à la communauté, 1453 et suiv. Veuves des condamnés. Voyez *Condamnés.* Voyez aussi l'article *Femmes.*

VIABLE , (l'enfant né avant le 180e. jour du mariage ne peut être désavoué par le père, s'il n'est pas déclaré) 314. L'enfant qui n'est pas né viable , ne peut succéder , 725. Le testament ou la donation faite en faveur d'un enfant conçu, n'a d'effet qu'autant qu'il est né viable , 906.

VICES , (effet de la possession de bonne foi à l'égard de celui qui jouit en vertu d'un titre dont il ignore les) 550. Actes contre lesquels on ne peut opposer les vices de forme , 1338. Dommage auquel donne lieu la ruine d'un bâtiment arrivée par le vice de construction , 1386. Le preneur ne répond pas de l'incendie arrivé à la chose louée par vice de construction, 1733. Qui doit garantir les vices de la chose louée, Voyez *Baux.* Vices redhibitoires. Voyez *Redhibitoires.*

VIE , (faculté d'adopter l'individu qui nous a sauvé la) 345.

VIGNES , (droit qu'a l'usufruitier de prendre dans les bois des échalas pour les) 595. Est censé fait, pour un an, le bail à ferme sans écrit d'une vigne, 1774.

VIGNERONS : forme de leurs billets ou promesses, 1326.

VILETÉ DU PRIX de la chose vendue à pacte de rachat. Voyez *Rachat.*

VILLAGES (le cours de la source qui fournit de l'eau aux habitans des) ne peut être changé, 643.

VINGT-UN-ANS, (la majorité est fixée à) 488.

VINS , ne sont pas compris dans le mot *Meubles*, 533. Vente de vins. Voyez *Vente.*

VIOLENCE , (les partages peuvent être rescindés pour cause de) à moins que le cohéritier qui s'en plaint, n'ait vendu tout ou partie de son lot depuis que la violence a cessé, 887 et 892. Causes et effets de la violence sur le consentement donné aux conventions et obligations, 1109 et suiv. Epoque à compter de laquelle court l'action résultante de la violence dans les conventions, 1304. Les actes de violence ne peuvent fonder une possession capable d'opérer la prescription, 2233. Voyez l'article *Dol.*

VIRILE , (les héritiers d'une succession sont tenus des dettes et charges pour leur part et portion) 873.

VITRES , (cas où sont réputées locatives les réparations à faire aux) 1754.

VIVANTES (les personnes) ne peuvent être représentées pour une succession , 744.

VOLONTÉ. Toute donation entre-vifs , dont l'exécution dépend de la seule volonté du donateur est nulle, 944.

VOYAGES DE MER , (forme des actes de naissance, de décès et des testamens pendant les) 59 , 86 et 988. Voyez *État civil.*

VOIE PUBLIQUE , (l'égout des toits peut avoir lieu sur la) 681.

VOIES DE FAIT commises sur la chose louée, 1727.

VOISINAGE , (Engagemens qui naissent du) 1370. Voyez *Servitudes.*

VOISINS , (causes et effets de la mitoyenneté d'un mur , d'une haie , d'un fossé , entre) 653 et suiv. 666 et suiv. Distances et ouvrages intermédiaires requis dans certaines constructions pour éviter de nuire au voisin , 674. Vues qui peuvent ou non être établies sur la propriété voisine , 675. Obligation d'établir l'égout des toits , de manière que les eaux pluviales ne s'écoulent point sur le fonds voisin , 681. Cas où le passage peut avoir lieu sur l'héritage voisin , 682.

VOITURE (frais de) sont créances privilégiées , 2102.

VOITURIERS par terre et par eau : leurs obligations à l'égard des choses qui leur sont confiées , 1782. Désignation des choses sur lesquelles porte leur responsabilité , 1783 et 1784. Les voituriers par terre et par eau, les entrepreneurs de roulages publics doivent tenir registre de tous les objets dont ils se chargent , 1785. Ils sont , en outre, assujettis à des réglemens particuliers , 1786.

VOL. La perte de la chose volée ne dispense pas celui qui l'a soustraite , de la restitution du prix , 1302. Les aubergistes et hôteliers répondent du vol des objets qui leur sont confiés , à moins qu'il n'ait été fait par une force majeure , 1953 et 1954.

Fin de la Table alphabétique des matières.

TABLE ALPHABÉTIQUE

Des Conseillers d'Etat, et des Tribuns qui ont fait des Rapports et prononcé des Discours ou Opinions dans le cours de la discussion du Code civil.

MESSIEURS,

BERLIER, *Livre Ier.* Titre VIII, sur l'Adoption et la Tutelle officieuse. Titre X, sur la Minorité, la Tutelle et l'Emancipation, Loi transitoire sur les Adoptions. — *Livre II.* Titre IV, sur les Servitudes ou Services fonciers. — *Livre III.* Titre V, sur le Contrat de mariage. Titre XIII, sur le Mandat. Titre XVII, sur le nantissement.

BIGOT - PRÉAMENEU, *Livre Ier.* Titre IV, sur les Absens. Titre VII, sur la Paternité et la Filiation. — *Livre III.* Titre II, sur les Donations entre-vifs et Testamens. Titre III, sur les Contrats ou Obligations conventionnelles en général. Titre VII, sur l'échange. Titre XV, sur les Transactions. Titre XVI, sur la Contrainte par Corps. Titre XX, sur la Prescription. Loi concernant les Actes respectueux.

EMMERY, *Livre Ier.* Titre II, sur le Domicile. Titre XI, sur la Majorité, l'Interdiction et le Conseil judiciaire.

GALLY, *Livre II.* Titre III, sur l'Usufruit, l'Usage et l'Habitation. — *Livre III.* Titre VIII, sur le Louage. Titre X, sur le Prêt.

PORTALIS. Titre préliminaire sur la Promulgation, l'effet et l'application des lois. — *Livre Ier.* Titre V, sur le Mariage. — *Livre II.* Titre II, sur la Propriété. — *Livre III.* Titre VI, sur la Vente. Titre XII sur les Contrats aléatoires. Loi sur la Réunion des lois civiles en un seul corps sous le titre de *Code civil.*

RÉAL. *Livre Ier.* Titre IX, sur la Puissance paternelle. Loi transitoire sur le Divorce. — *Livre III.* Titre XI, sur le Dépôt et Séquestre.

TREILHARD. *Livre Ier.* Titre Ier. sur la Jouissance et la Privation des droits civils. Titre VI, sur le Divorce. — *Livre II.* Titre Ier. sur la distinction des Biens. — *Livre III.* Titre Ier. sur les Successions. Titre IV, sur les engagemens qui se forment sans Convention. Titre IX, sur le Contrat de société. Titre XIV, sur le Cautionnement. Titre XVIII, sur les Privilèges et Hypothèques. Titre XIX, sur l'Expropriation forcée. Loi transitoire sur les Enfans naturels.

4

TRIBUNS;

Rapporteurs des Commissions, ou Orateurs du Tribunat au Corps législatif.

MESSIEURS,

ALDISSON. *Livre Ier*. Titre IX, sur la puissance paternelle. — *Livre II*. Titre IV sur les Servitudes et services fonciers — *Livre III*. Titre V, sur le Contrat de Mariage. Titre X, sur le Prêt. Titre XV, sur les Transactions.

BERTRAND DE GREUILLE. *Livre Ier*. Titre XI, sur la Majorité, l'Interdiction et le Conseil judiciaire. — *Livre III*. Titre IV, sur les engagemens qui se forment sans Convention. Titre XIII, sur le Mandat.

BOUTTEVILLE. *Livre Ier*. Titre V, sur le Mariage. Loi transitoire sur l'Adoption. *Livre III*. Titre IX, sur le Contrat de société.

CARRION-NISAS. *Livre Ier*. Titre VI, sur le Divorce. *Livre III*. Titre V, sur le Contrat de mariage.

CHABOT (de l'Allier.) *Livre Ier*. Titre II, sur les Actes de l'état civil. — *Livre III*. Titre Ier, sur les successions. Titre XIV, sur le Cautionnement.

DUVEYRIER. *Livre Ier*. Titre VII, sur la Paternité et la Filiation. — *Livre III*. Titre V, sur le Contrat de mariage. Titre XII, sur les Contrats aléatoires.

FAURE. Titre préliminaire sur la Promulgation, les effets et l'application des lois — *Livre II*. Titre II, sur la Propriété. Titre VI, sur la Vente. Titre VII, sur l'Echange.

FAVARD. *Livre III*. Titre II, sur les Donations entre-vifs et Testamentaires. Titre III, sur les Contrats ou Obligations conventionelles en général. Titre XI, sur le Dépôt et Séquestre.

GARY. *Livre Ier*. Titre Ier. sur la Jouissance et la Privation des Droits civils. Titre VIII, sur l'Adoption et la Tutelle officieuse. — *Livre II*. Titre III, sur l'Usufruit, l'Usage et l'Habitation. — *Livre III*. Titre XVI, sur la Contrainte par corps. Titre XVII, sur le Nantissement.

GILLET. *Livre Ier*. Titre V, sur le Mariage. Titre VI, sur le Divorce. Loi transitoire sur les Adoptions. — *Livre II*. Titre IV, sur les Servitudes et Services fonciers. — *Livre III*. Titre IX, sur le Contrat de société. Titre XV, sur les Transactions. Loi concernant les Actes respectueux.

GOUPIL-PRÉFELN. *Livre II*. Titre Ier, sur la Distinction des biens. — *Livre III*. Titre XIV, sur le Cautionment. Titre XVI, sur la Contrainte par corps. Titre XX, sur la Prescription.

GRENIER. Titre préliminaire sur la Promulgation, les Effets et l'application des Lois. Loi transitoire sur les Enfans naturels. — *Livre II*. Titre II, sur la Propriété. — *Livre III*. Titre VI, sur la Vente. Titre XVIII, sur les Priviléges et Hypothèques.

HUGUET. *Livre Ier*. Titre IV, sur les Absens. Titre X, sur la Minorité, la Tutelle et l'Emancipation. Loi transitoire sur les enfans naturels.

JAUBERT. *Livre III*. Titre II, relatif aux Donations entre-vifs et Testamentaires. Titre III, sur les Contrats ou Obligations conventionnelles en général. Titre VIII, sur le Contrat de louage. Loi sur la réunion des Lois civiles en un seul corps, sous le titre de *Code civil des Français*.

LAHARY. *Livre III*. Titre XIV, sur le Cautionnement. Titre XIX, sur l'Expropriation forcée.

LE ROY. *Livre Ier*. Titre IV, sur les Absens. Titre X, sur la Minorité, la Tutelle et l'Emancipation.

MALHERBE. *Livre Ier*. Titre III, sur le Domicile.

MOURICAULT. *Livre Ier*. Titre III, sur le Domicile. — *Livre III*. Titre III, sur les Contrats ou Obligations conventionnelles en général. Titre VIII, sur le Contrat de louage.

PERREAU. *Livre Ier*. Titre VIII, sur l'Adoption et la Tutelle officieuse. — *Livre II*. Titre III, sur l'Usufruit, l'Usage et l'Habitation.

SAVOYE-ROLLIN. *Livre Ier*. Titre VI, sur le Divorce. Loi transitoire relative aux Divorces. — *Livre II*. Titre Ier. sur la Distinction des biens.

SÉDILLEZ. *Livre III*. Titre II, sur les Donations entre-vifs et testamentaires.

SIMÉON. *Livre Ier*. Titre II, sur les Actes de l'état civil. — *Livre III*. Titre II, sur les Donations entre-vifs et testamentaires. Titre V sur le Contrat de mariage. Titre XII sur les Contrats aléatoires.

TARRIBLE. *Livre Ier*. Titre XI, sur la Majorité, l'Interdiction et le Conseil judiciaire. *Livre III*. Titre IV, sur les Engagemens qui se forment sans conventions. Titre XIII, sur le Mandat.

VIZIN. *Livre Ier*. Titre IX, sur la Puissance paternelle.

NOTICE

Des Ouvrages relatifs au Code civil, qui se trouvent chez RONDONNEAU, *au Dépôt des Lois, ci-devant place du Carrousel, maintenant* HÔTEL DE BOULOGNE, *rue Saint-Honoré, n°. 75, près Saint-Roch.*

NOTA. *Les fonctionnaires publics jouissent sur tous ces ouvrages d'une remise de dix pour cent, lorsque la demande est de 5o f⁻ ·es, et de quinze pour cent, lorsqu'elle est au-dessus de 100 francs.*

Projet du Code civil présenté en l'an X par la Commission, avec le Discours du Conseiller d'état Portalis, in-8°. 3 fr. — 4 fr.

Observations du Tribunal de cassation et des Tribunaux d'appel, sur ce projet, imprimées par ordre du Gouvernement, *édition originale*, 4 volumes *in-4°*, prix 24 fr. pris à Paris.

Le mérite de cet Ouvrage est d'offrir la discussion la plus approfondie des principales questions de droit civil ; et le rapprochement des dispositions de notre ancien droit écrit ou coutumier, pour développer les observations sur le nouveau, lui attache un degré d'intérêt que les Juges, les Commissaires impériaux et les Jurisconsultes sauront apprécier.

Il est reconnu généralement que cet Ouvrage est le Livre élémentaire de l'Étude de notre nouveau Droit.

Les personnes qui ont acheté, en l'an X et en l'an XI, les premières parties qui ont paru, pourront se compléter au Dépôt des Lois, au prix le plus modéré.

On leur offre la facilité d'échanger ce qu'elles ont reçu, contre un exemplaire complet, distribué par ordre alphabétique de tribunaux.

Analyse des Observations des Tribunaux, rapprochées du texte, par Crussaire, un fort volume *in-4°* de 1020 pages 13 fr. — 20 fr. franc de port.

Procès-verbaux du Conseil d'état, contenant la Discussion du *Code civil*, rédigés par M. Locré, imprimés par ordre du Gouvernement, *édition originale*, 5 volumes *in-4°*, prix 42 fr. pris à Paris.

Les Procès-verbaux du Conseil d'état sont indispensables pour les personnes qui, vouées à l'étude des Lois à raison de leurs fonctions ou de leur * , ont besoin d'approfondir les dispositions du Code civil, et de puiser dans un texte pur c. exact les motifs de leurs jugemens, de leurs décisions et de leurs avis.

L'édition annoncée ci-dessus est la seule qu'ils puissent consulter avec confiance. Toute autre n'en serait qu'une copie plus ou moins exacte ; et comme les moindres fautes dans un ouvrage consulté et cité comme autorité, peuvent entraîner de grandes conséquences, tous les exemplaires seront revêtus de la signature RONDONNEAU.

Les personnes qui ont souscrit pour les procès-verbaux en l'an X et en l'an XI, et qui n'ont que la première livraison ou la seconde, sont invitées à faire retirer le plus promptement possible au Dépôt des Lois, le complément de ce Recueil.

Les souscripteurs qui n'ont que la première livraison de l'an IX et de l'an X, ont à payer pour les 4 volumes de l'an XI et de l'an XII, ... 37. fr.

Les souscripteurs qui ont les livraisons des années IX, X et XI, ont à payer pour les volumes de l'an XII. . . . . 22 fr.

La Table alphabétique des matières de cet important Recueil, dont s'occupe M. RONDONNEAU, *recevra un nouveau dégré d'intérêt, par le raprochement des Observations des Tribunaux, sur les divers articles du projet de* Code civil.

Elle formera un volume in-4°. La mise en vente sera annoncée par les Journaux, et par des avis particuliers aux souscripteurs.

Code civil des Français, édition originale et seule officielle, revêtue du sceau de l'État :

in - 4°. Papier fin. . . . . 12 f.	— 15 f.	75°.
in - 4°. Papier ordinaire. 8	— 11	75
in - 8°. 4	— 5	5o
in -32°. . . . . 1 8o°.	— 2	45

Table Alphabétique des Matières, rédigée sur l'édition officielle, *in-8°.* 2 fr. 40°. — 3 fr. franc de port.

Édition particulière de cette Table, format *in - 4°,* pour l'édition officielle *in-4°.* Prix 3 francs. — 4 francs, *franc de port.* — Papier fin, 4 francs. — 5 francs, *franc de port.*

Recueil des Lois composant le Code civil, avec les Discours, Rapports et Opinions, terminé par une Table alphabétique générale des matières; caractères *cicéro,* beau papier, onze volumes *in-8°.* 33 fr. — 45 fr.

Dictionnaire raisonné des matières de Législation civile, criminelle, de finance et administrative, par l'auteur du Répertoire du domaniste. *Les dispositions du Code civil, décrété en l'an XI,* sont refondues dans cet ouvrage. Tome 1er, 2 3, et 4. Chaque volume prix 5 fr. et 6 fr. 25 c. *franc de port.*

Conférences sur les Lois formant le Code civil, par Hua, jurisconsulte, 4 vol. *in-12,* 12 fr. — 15 fr.

Abrégé méthodique des *Lois civiles* et du *droit commun* de la France, considérées dans leur rapports avec celles composant le Code civil, 2 vol. *in-8°.* 6 fr. — 7 fr. 50 c.

Les Pandectes françaises, ou Recueil complet des lois composant le Code civil, avec des observations tirées des *Lois romaines,* coutumières, édits, etc. chaque vol. 5 fr. et 6 fr. 50 c. franc de port.

Les sept premiers sont en vente.

Cours de Droit civil français, ou Recueil des maximes fondamentales de la Jurisprudence actuelle, par Bernardi, 1er. vol. 2 fr. — 2 fr. 75 c.

Analyse raisonnée du Droit français, par Gin, Tome 1er. 4 fr. — 5 fr. 50 c.

Règles du Droit français, servant d'introduction au Code civil, par Tissandier, *in*-12, 2 fr. — 2 fr. 75 c.

Commentaire sur la Loi du 26 ventose an XI, concernant le mariage, par Bernadi, *in*-8° 2 fr. — 2 fr. 40 c.

Notions élémentaires du nouveau droit civil, par Pigeau, auteur de la procédure civile du Châtelet de Paris, 2 vol. *in*-8°. 5 fr. — 6 fr. 50 c.

Code de la Tutelle et de la Curatelle, ou Recueil des Lois sur les mineurs et les interdits, avec formules d'actes, par L. A. Lebrun, juge de paix, 1 vol. *in*-12. Prix, 1 fr. 80 c. — 2 fr. 40 c. *franc de port.*

Code des Successions, ou Traité complet sur les successions, donations, testamens, partages, etc. avec des modèles des principaux actes, par A Firmigier-Lanoix, 2 vol. *in*-12 6 fr. — 7 fr. 50 c.

Nouveau Traité des Donations entre-vifs, testamentaires et des Successions, suivant les principes du Code civil, par l'auteur du nouveau Style des Notaires de Paris, 2 vol. *in*-8°. Prix, 10 fr. — 13 fr. 50 c.

Traité du Contrat de Mariage, avec des modèles et formules des contrats de mariage et autres actes, suivant les régimes en communauté et dotal, par le même, 2 vol. *in*-8°. 10 fr. — 13 fr. *franc de port.*

Code des Enfans naturels, ou Recueil complet des Lois qui fixent leur état et leur droits, suivi d'actes de reconnaissance, par P. A. Garrez, 2 fr. — 2 fr. 50 c.

Traité sur l'Adoption, avec le Recueil complet des Lois et des Arrêtés relatifs à cette institution, et à la Tutelle officieuse, suivi de formules d'actes, 1 fr. 20 c. — 1 fr. 50 c.

Méthode du Droit civil, par L. B. Cotelle. Tome Ier. 5 fr. — 6 fr. 50 c. *franc de port.*

Tableau de la Législation ancienne sur les *Successions*, et de la Législation nouvelle, établie par le Code civil, par Chabot, (de l'Allier) Tribun, 2 fr. 40 c. — 3 fr.

Commentaire sur la loi du 11 floréal an XI, relative aux Donations et aux Testamens, par J. E. Bernadi, ex-législateur, chef au Ministère du grand-juge, 4 fr. — 5 fr. *franc de port.*

Nouveau Traité du Mariage, et des conventions matrimoniales, ou du régime de la communauté et du registre dotal, suivant les dispositions du Code civil, suivi de modèles et de formules des Contrats de mariage, inventaires, liquidations et partages de la communauté, par M. F. B*...., *in*-8°. 5 francs. — 6 fr. 50 cent. *franc de port.*

Conférences des Lois relatives au Divorce, d'après le Code civil, avec la procédure et les formules d'un divorce, par Ch. Contant, *in*-8°. 1 fr. 60 cent. — 1 fr. 80 cent.

Projet de Code criminel, édition originale, *in*-4°. 4 fr. — 5 fr. *franc de port.*

Projet de Code de la Procédure civile, 1 fr. 80 cent. — 2 fr. 40 cent. *franc de port.*

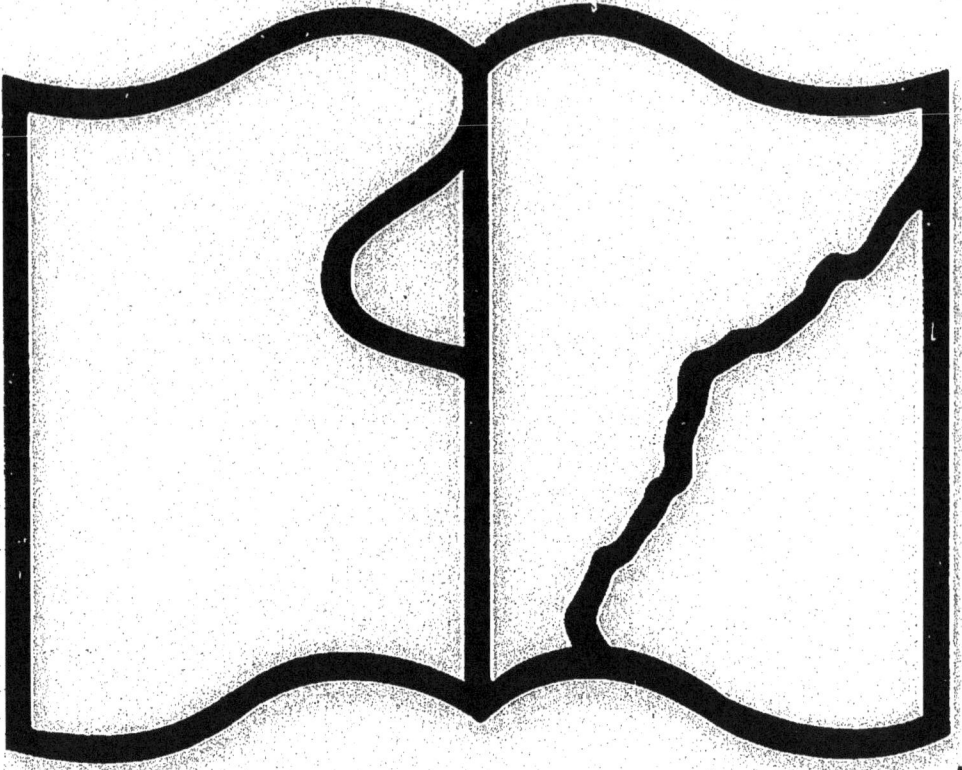

Texte détérioré — reliure défectueuse

NF Z 43-120-11

Contraste insuffisant

NF Z 43-120-14